1

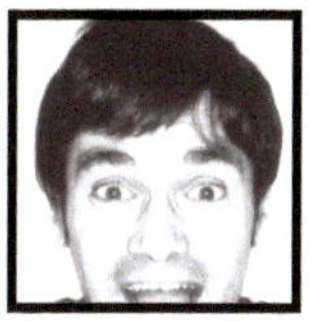

en acción

curso de español

Elena Verdía (Coordinadora)

Marisa González

Felipe Martín

Inmaculada Molina

Conchi Rodrigo

Queremos dedicar este libro muy especialmente a:
Oussama Abatourab, Luis Barreira, Pablo Brereton, Ildefonso González, Josefina Lleó, Juan Luis Montoussé, José Luis Saráchaga (in memóriam) y M.ª Teresa Saráchaga.

Agradecimientos:
Pepa Alarcón, José Alba, Belén Castillo, Rebeca Gutiérrez, Diana Krenn, Abel Murcia, Rafael Pisot y José Salvador.
International House (Madrid), Hotel Occidental Miguel Ángel (Madrid) y Nowtilus S.L.

Traductores del léxico:
Traducciones Vox populi y Ana Isabel Pérez

Grabaciones:
Matthew Brereton, Ana Doblado, Driss El Rharib, Leticia Fiallos, Lucía Ventura y Crab Ediciones Musicales S. A.

Directora editorial:
Raquel Varela Méndez

Equipo editorial
Edición: Susana Gómez Sánchez
Corrección: Elena Moreno
Diseño y puesta en página: DC Visual
Ilustraciones: Fernando Kano y DC Visual
Cubierta: Marcelo Spotti
Fotografía: Santi Burgos, Nowtilus S.L. y COVER

ISBN: 978-84-96942-90-5
Depósito legal: S-1.264-2011
Impreso en España por RODONA Industria Gráfica, S.L.

ÍNDICE 1

ÍNDICE 1

UNIDAD 9
DE COMPRAS

- Descubrir tiendas donde comprar determinadas cosas en tu ciudad
- Recomendar qué ropa ponerse o cómo vestirse para una determinada situación
- Buscar soluciones para problemas de salud
- Localizar productos hispanos en tu ciudad y en tu país

COMUNICACIÓN
Describir ropa y modos de vestir
Valorar ropa, calzado y complementos
Hablar del tiempo atmosférico
Recomendar o aconsejar
Expresar acuerdo y desacuerdo con una opinión
Hablar de síntomas y enfermedades
Expresar dolor
Hablar de productos de exportación e importación

SISTEMA DE LA LENGUA
Establecimientos comerciales
Ropa, calzado y complementos
Formas, materiales y colores
Tiempo atmosférico
Problemas de salud y medicamentos
Tener dolor de + sustantivo
Partes del cuerpo
Verbos *costar* y *doler*
Oraciones condicionales
Imperativo afirmativo (singular)
Tener que / Deber + infinitivo

CULTURA E INTERCULTURA
Formas de vestir en diferentes situaciones
Tiendas y establecimientos comerciales
Marcas y productos de exportación e importación

TEXTOS
Catálogo de venta por correo
Artículo de revista con consejos para vestir adecuadamente
Predicción meteorológica en la prensa
Agenda personal
Página web sobre salud
Mensajes en un foro en Internet
Logos de empresas españolas
Artículo sobre marcas comerciales

UNIDAD 10
CUÉNTAME

- Contar una pequeña autobiografía
- Escribir una carta de presentación del Currículum Vítae
- Hablar de los planes de futuro de tus compañeros de clase
- Hacer una entrevista a un hispanohablante que vive en tu ciudad

COMUNICACIÓN
Referirse a hechos y acontecimientos del pasado
Hablar de hechos fundamentales en la vida personal y profesional
Relacionar diferentes acontecimientos del pasado
Situar cronológicamente un acontecimiento del pasado
Hablar de planes y proyectos
Hablar de acciones en curso
Reaccionar ante una información
Presentar una causa y una consecuencia

SISTEMA DE LA LENGUA
Pretérito indefinido y marcadores temporales
Se impersonal
Recursos para relacionar acontecimientos del pasado
Ir a + infinitivo y marcadores para referirse al futuro
Estar + gerundio; *seguir* + gerundio
Estaciones del año
Conjunción consecutiva *por eso*

CULTURA E INTERCULTURA
Personajes conocidos
CV y carta de presentación
Países de origen y de destino de los inmigrantes
Factores determinantes para la inmigración

TEXTOS
Textos biográficos y autobiográficos
Conversaciones informales sobre acontecimientos del pasado
Anuncios de empleo en la prensa
Currículum vítae
Cartas de presentación del CV
Respuestas a una encuesta sobre planes para el futuro
Entrevistas a personas que emigraron

UNIDAD 11
EXPERIENCIAS Y VIAJES

- Hablar de experiencias personales interesantes
- Seleccionar los acontecimientos más importantes de la historia de la humanidad
- Contar un viaje
- Comentar las diferentes formas que tenemos de viajar por la diversidad de un mismo país

COMUNICACIÓN
Hablar de experiencias de nuestra vida y valorarlas
Hablar de hechos y acontecimientos del pasado
Hablar de hechos históricos
Situar cronológicamente hechos históricos
Relatar lo que se hizo durante un viaje o excursión

SISTEMA DE LA LENGUA
Pretérito perfecto de indicativo
Expresiones de frecuencia
Deportes de aventura
Marcadores temporales de pretérito perfecto
Tipos de películas
Ya - todavía no
Pretérito perfecto y pretérito indefinido
Superlativos: *lo mejor, lo peor*
Recursos para situar un hecho en el tiempo

CULTURA E INTERCULTURA
Acontecimientos históricos y sociopolíticos de diferentes países
Diversidad cultural y paisajística dentro de un mismo país
Destinos turísticos que se ofertan en España

TEXTOS
Conversaciones informales en un programa radiofónico
Tira cómica
Billetes de autobús
Facturas y recibos
Tarjetas de establecimientos
Relato de un viaje
Página web de una agencia de viajes
Mapas de rutas
Textos de guía turística

UNIDAD 12
HISTORIAS Y RECUERDOS

- Descubrir cambios experimentados por un compañero
- Describir un lugar de tu infancia y contar un recuerdo
- Contar una anécdota especial que te ocurrió
- Hablar de malentendidos y conflictos entre personas de diferentes países

COMUNICACIÓN
Hablar de recuerdos
Describir personas, objetos, lugares y situaciones del pasado
Comparar un lugar y una persona antes y ahora
Comparar la vida antes y ahora
Hablar de acciones habituales en el pasado y en la actualidad
Expresar sorpresa y extrañeza
Contar una anécdota
Valorar una experiencia o hecho del pasado

SISTEMA DE LA LENGUA
Pretérito imperfecto de indicativo
Pretérito imperfecto y pretérito indefinido
Recursos para expresar sorpresa y extrañeza
Recursos para empezar a contar una anécdota
Recursos para relacionar diferentes acontecimientos entre sí
Recursos para introducir el desenlace final de una anécdota

CULTURA E INTERCULTURA
La vida en el siglo XX
Cambios políticos, económicos y sociales
Anécdotas relacionadas con el aprendizaje de una lengua
Malentendidos culturales

TEXTOS
Canciones
Página web de un grupo de amigos
Conversaciones informales en un programa radiofónico
Cartas de lectores en revistas
Descripciones sobre acontecimientos de la infancia y la juventud
Mensajes electrónicos donde se cuenta un accidente
Viñetas

UNIDAD DE REPASO (MÓDULO C)

PREPARACIÓN PARA EL PORTFOLIO
Sección *Dossier*: selección de los trabajos que deseas incluir en tu dossier
Sección *Biografía*: reflexión sobre los objetivos del nivel A2 que has alcanzado y los objetivos que deseas alcanzar a corto y a largo plazo
Sección *Pasaporte*: reflexión sobre los certificados y diplomas de conocimientos de idiomas que tienes y los que te propones obtener

REVISTA
Remedios naturales para dolores o enfermedades
Biografía de un famoso actor hispano: Antonio Banderas
Viajes de nuestros lectores: Guinea Ecuatorial
Leyenda sobre el origen del chocolate

ÍNDICE 2

	ESCUCHAR	LEER	INTERACTUAR ORALMENTE	INTERACTUAR POR ESCRITO	HABLAR
UNIDAD 1	Puede entender las instrucciones de clase que da el profesor. Puede entender cuando le saludan o se despiden.	Puede entender un cuestionario sobre intereses de aprendizaje. Puede entender instrucciones escritas del libro.	Puede intercambiar información con otra persona para empezar a conocerse. Puede saludar y despedirse y contestar al saludo.	Puede escribir carteles con frases útiles para la clase de español. Puede escribir sobre sus intereses de aprendizaje de español.	Puede hablar de sus necesidades e intereses de aprendizaje del español. Puede hablar de aspectos del mundo hispano que conoce o que le gustaría conocer. Puede preguntar el significado o la traducción de una palabra, pedir que repitan, o decir que no entiende.
UNIDAD 2	Puede entender los números de teléfono y las direcciones. Puede entender cuando le piden sus datos personales.	Puede entender un formulario con datos personales para cumplimentarlo. Puede entender los datos que figuran en una tarjeta de visita y en un sobre. Puede entender un folleto publicitario de cursos.	Puede intercambiar información con otra persona sobre estudios o trabajos que realizan. Puede dar y pedir información personal básica.	Puede cumplimentar un formulario con sus datos personales. Puede participar en un *chat* presentándose y contando a qué se dedica.	Puede hablar de los estudios que realiza o de su situación laboral. Puede hablar de los estudios que le gustaría realizar.
UNIDAD 3	Puede identificar a la persona de la que se habla.	Puede entender un texto sencillo en el que se describe a una persona. Puede entender un cuestionario sobre su familia.	Puede hacer y contestar preguntas relacionadas con la familia. Puede hacer preguntas a una persona para conocerla. Puede presentar a alguien y contestar cuando es presentado.	Puede escribir un texto presentándose y describiéndose. Puede contestar a preguntas de un cuestionario sobre datos personales y familiares.	Puede describir a personas. Puede explicar con quién vive.
UNIDAD 4	Puede entender instrucciones para llegar a un sitio próximo.	Puede entender una postal en la que se describe un lugar. Puede entender un folleto con información sobre una ciudad y lo que se puede hacer allí.	Puede pedir y dar información para ir a un lugar.	Puede escribir una postal describiendo el lugar en el que está. Puede escribir un mensaje electrónico describiendo y valorando una ciudad.	Puede hablar de lo que le interesa hacer en un lugar que visita. Puede describir la zona o el barrio en el que vive, un pueblo o una ciudad. Puede recomendar zonas o lugares para visitar en una ciudad.

ÍNDICE 2

	ESCUCHAR	LEER	INTERACTUAR ORALMENTE	INTERACTUAR POR ESCRITO	HABLAR
UNIDAD 5	Puede entender las preguntas que le hacen al realizar un pedido de comida por teléfono.	Puede entender una guía de restaurantes para elegir uno. Puede entender los ingredientes que lleva un plato y la forma en que está cocinado.	Puede encargar comida y bebida por teléfono. Puede hablar con los demás para conocer sus gustos relacionados con las comidas y para confeccionar un menú.	Puede hacer la lista de la compra.	Puede hablar de precios de productos. Puede hablar de ingredientes de los platos y las formas de cocinarlos. Puede hablar de sus gustos y preferencias relacionados con la comida. Puede hablar de hábitos y comportamientos sociales a la hora de comer fuera.
UNIDAD 6	Puede entender entrevistas y encuestas sobre actividades cotidianas y de tiempo libre.	Puede leer un test para descubrir si es una persona organizada. Puede entender una postal donde una persona escribe sobre las actividades que realiza. Puede entender una entrevista a una persona sobre hábitos y aficiones. Puede entender un artículo sobre actividades de tiempo libre.	Puede intercambiar información con otra persona sobre hábitos y costumbres. Puede buscar personas que tienen sus mismas aficiones. Puede entrevistar a una persona para conocer sus hábitos, costumbres y aficiones.	Puede preparar preguntas para entrevistar a alguien.	Puede hablar de sus hábitos y aficiones y del uso que hace de su tiempo libre. Puede hablar de los lugares que hay en su ciudad para pasar el tiempo libre.
UNIDAD 7	Puede entender a personas que hablan de cómo van a decorar una habitación. Puede entender la información principal de un programa radiofónico en el que se debate sobre la situación de la vivienda.	Puede entender anuncios de viviendas o anuncios de intercambios de viviendas en Internet. Puede entender titulares de periódicos sobre el tema de la vivienda.	Puede reservar una habitación por teléfono. Puede ponerse de acuerdo con otra persona para colocar objetos o muebles.	Puede completar un formulario de Internet para describir su vivienda con objeto de intercambiarla.	Puede valorar una vivienda y hablar de sus preferencias en cuanto a tipos de vivienda. Puede hablar de las actividades que realiza en su casa.
UNIDAD 8	Puede entender indicaciones para llegar a un lugar a pie o en coche. Puede entender a personas que hablan de cómo celebran algunas fiestas. Puede entender una conversación telefónica para quedar con alguien.	Puede leer carteles y anuncios con ofertas culturales. Puede entender un programa o folleto de actividades de tiempo libre. Puede entender un mensaje electrónico en el que se le invita a realizar alguna actividad. Puede entender un plano de un barrio o una zona.	Puede quedar con otras personas para hacer algo juntos. Puede hablar con otra persona de los planes que tiene para el fin de semana. Puede ponerse de acuerdo con otros para elegir un regalo para una persona. Puede preguntar por los gustos e intereses de una persona.	Puede dar instrucciones por escrito para explicar cómo se llega a un lugar.	Puede dar indicaciones para llegar a un sitio. Puede hablar de la oferta cultural de su lugar de residencia. Puede hablar de las ocasiones en las que hace regalos, qué tipo de regalos hace y a quién. Puede hablar de los acontecimientos que celebra.

ÍNDICE 2

	ESCUCHAR	LEER	INTERACTUAR ORALMENTE	INTERACTUAR POR ESCRITO	HABLAR
UNIDAD 9	Puede entender lo que dicen los dependientes en los comercios. Puede entender consejos relacionados con la salud.	Puede entender un catálogo de moda. Puede entender recomendaciones sobre ropa. Puede entender consejos sobre salud. Puede entender un artículo sobre marcas y productos españoles.	Puede preguntar dónde se pueden comprar determinados productos. Puede aconsejar a otra persona sobre problemas de salud.	Puede escribir recomendaciones sobre la forma de vestir. Puede hacer una lista de la ropa que necesita para un viaje. Puede escribir un mensaje electrónico con recomendaciones sobre la ropa que conviene llevar a un viaje. Puede participar en un foro virtual dando recomendaciones para solucionar problemas de salud.	Puede hablar de las actividades que se pueden realizar en su lugar de residencia. Puede hablar de los productos que exportan algunos países. Puede hablar de los productos hispanos que conoce y de los lugares donde se pueden adquirir.
UNIDAD 10	Puede entender a una persona hablando de lo que hizo en momentos del pasado. Puede entender a una persona que habla de sus planes para el futuro. Puede entender una entrevista a personas que hablan de sus experiencias viviendo en otro país.	Puede entender la biografía de una persona. Puede entender ofertas de empleo, un currículum vítae y cartas de presentación. Puede entender declaraciones de personas sobre sus planes para el futuro.	Puede intercambiar información sobre personajes famosos con otras personas. Puede hablar con alguien de planes para las vacaciones. Puede realizar una entrevista a un hispano que vive en su ciudad.	Puede escribir una carta de presentación para su currículum vítae. Puede escribir un texto describiendo sus planes.	Puede hablar de hechos que le ocurrieron en el pasado. Puede hablar de sus planes personales y profesionales para el futuro. Puede hablar de experiencias de personas que han vivido fuera de su país.
UNIDAD 11	Puede entender a personas que hablan de sus experiencias. Puede entender a una persona que cuenta un viaje.	Puede entender un relato de un viaje. Puede entender la página web de inicio de una agencia de viajes.	Puede hablar con otras personas de los deportes que practica. Puede hablar con otras personas de los intereses que tiene a la hora de viajar. Puede hacer recomendaciones sobre lugares de interés para viajar.	Puede escribir un breve relato de un viaje que ha realizado.	Puede hablar de experiencias personales interesantes. Puede hablar de acontecimientos históricos. Puede contar un viaje.
UNIDAD 12	Puede entender a una persona que cuenta recuerdos de su infancia o juventud de forma sencilla. Puede entender a una persona que cuenta una anécdota de forma sencilla.	Puede entender un texto en el que se describen personas en el pasado. Puede entender un texto en el que una persona cuenta sus recuerdos de la primera vez que fue al cine. Puede entender mensajes electrónicos en los que una persona narra de forma sencilla algo que le ha ocurrido. Puede entender una anécdota contada de forma sencilla.	Puede hablar con otras personas de recuerdos de la infancia, de la adolescencia… Puede hablar con una persona de cómo era su vida antes.	Puede escribir un texto en el que narra la primera vez que fue al cine.	Puede describir personas y lugares de su pasado. Puede comparar aspectos de la vida del pasado con el presente. Puede contar experiencias personales y valorarlas de forma sencilla. Puede contar una anécdota que le ha ocurrido.

INTRODUCCIÓN

Al escribir *En acción 1* nos hemos propuesto hacer un manual con el que los estudiantes y el profesor se sintieran cómodos. Por eso, *En acción 1* es fácil de usar en el aula, ya que es un material dinámico, actual y variado, con un amplio repertorio de actividades, situaciones y realidades culturales dirigido a diferentes tipos de alumnos.

En acción 1 es un manual que puede adaptarse a distintos contextos de enseñanza-aprendizaje: grupos monolingües o plurilingües, grupos que aprenden en países de habla hispana o grupos que no se encuentran en contexto de inmersión.

El manual sigue las orientaciones del *Marco común europeo de referencia* y, por lo tanto, considera al alumno como miembro de una sociedad en la que, movilizando sus competencias, lleva a cabo actividades y tareas lingüísticas y no lingüísticas. *En acción 1* pretende desarrollar en el alumno, a través de tareas comunicativas, no solo las competencias comunicativas (lingüísticas, pragmáticas y sociolingüísticas), sino también las competencias generales (conocimientos, destrezas y habilidades, competencia existencial y capacidad de aprender).

El **libro del alumno** consta de 12 unidades didácticas y 3 unidades de refuerzo con actividades de preparación al *Portfolio* y una revista. Se compone, por tanto, de un total de 15 unidades que se distribuyen en tres módulos. El libro del alumno va, además, acompañado de un amplio resumen léxico y gramatical, así como de tablas con la conjugación de verbos. El **cuaderno de actividades** sugiere actividades que fomentan la reflexión, el trabajo individual y la utilización de estrategias para consolidar el aprendizaje y el uso eficaz del español. En la **guía didáctica** se ofrecen, junto a sugerencias de explotación del libro del alumno, otras actividades que complementan la secuencia didáctica. Las **Actividades para PDI (Pizarra Digital Interactiva)** permiten crear secuencias multimedia a partir de los contenidos de cada unidad. El **DVD** sigue la estructura del libro del alumno con explotaciones didácticas que tienen muy en cuenta el componente no verbal en la comunicación. El **CD-Rom** ofrece actividades y ejercicios que cuentan con la posibilidad de la autocorrección.

En acción 1 cubre entre 120 y 150 horas de clase y se corresponde con los niveles A1 y A2 del *Marco común europeo de referencia*.

ESQUEMA GRÁFICO DEL LIBRO DEL ALUMNO

- Título de la unidad
- Doble página para introducir el tema, en la que se ofrecen actividades para activar los conocimientos previos del alumno y presentar los contenidos que se van a tratar.
- Objetivos que se van a trabajar en la unidad

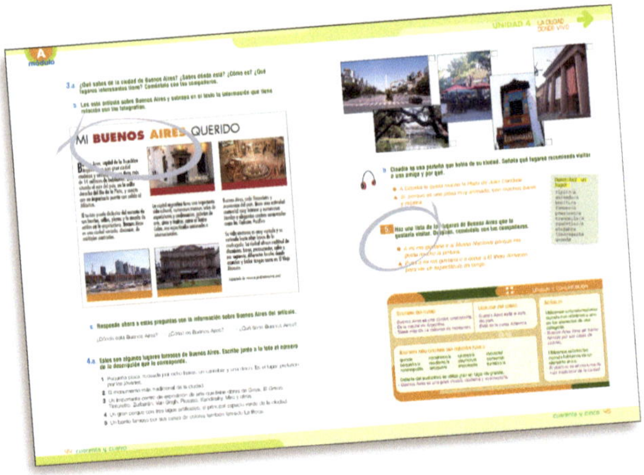

- Tres dobles páginas centradas en el desarrollo de las competencias léxico-semántica, gramatical, sociolingüística o pragmática.
- Cada doble página ofrece una serie de tareas comunicativas que culminan en una actividad global.

- En estas tres dobles páginas se le proporciona input al alumno a través de textos orales y escritos auténticos y se le proponen actividades de reflexión y práctica de los contenidos presentados.

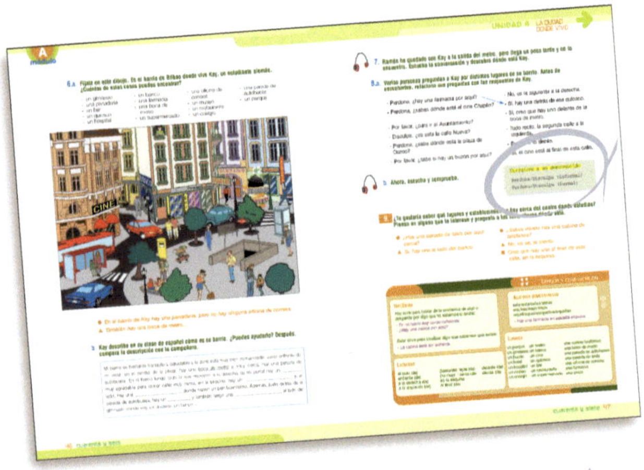

- Asimismo, se le ofrecen ayudas en forma de *post-it*, para la realización de actividades (vocabulario, gramática, pronunciación, etc.), así como muestras de lo que tendrá que producir.

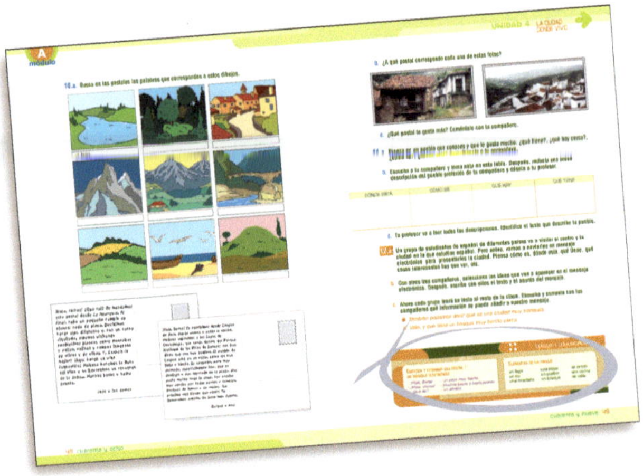

- Cada una de estas tres dobles páginas se cierra con un apartado titulado "Lengua y comunicación", donde se sistematizan los contenidos gramaticales, funcionales y discursivos presentados.

- Cada unidad termina con una doble página centrada en el desarrollo de las competencias generales, que invita a la reflexión y al desarrollo de la competencia intercultural, siempre en relación con el tema.

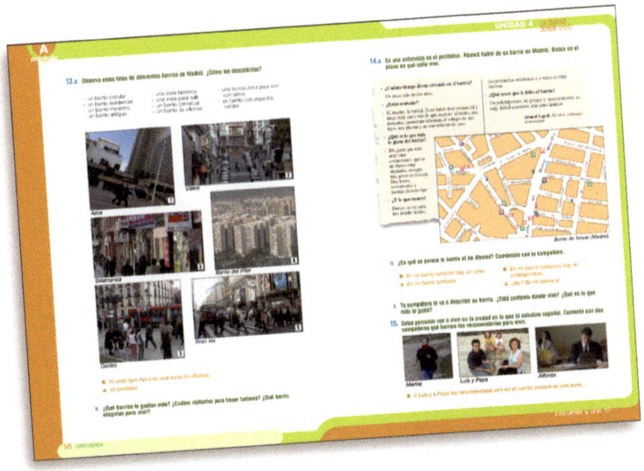

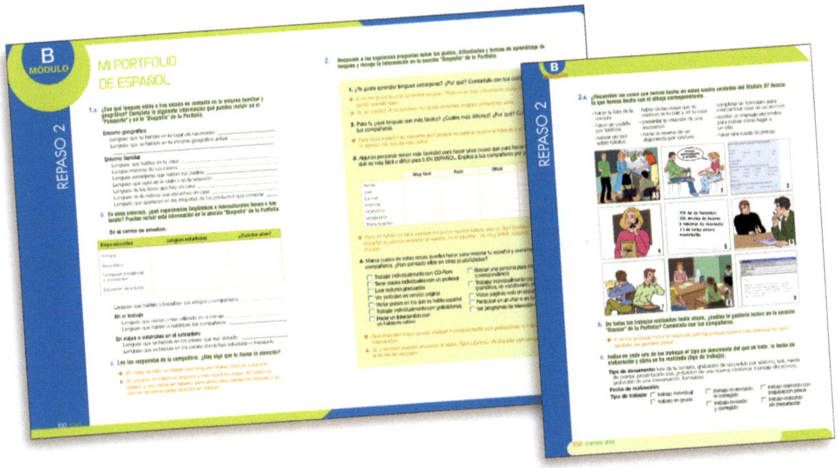

- Cada cuatro unidades encontramos tres páginas con actividades orientadas a que el alumno pueda reflexionar sobre su proceso de aprendizaje, autoevaluar y registrar distintos aspectos de este, así como de su competencia lingüística y multicultural, tal como propone el *Portfolio Europeo de las Lenguas.*

- Cierra esta sección una revista, *Mundo Latino*, que incluye distintos tipos de textos y actividades para trabajar contenidos socioculturales, reforzar los contenidos trabajados a lo largo de las unidades anteriores y motivar al alumno a la lectura de textos auténticos.

A
MÓDULO

UNIDAD 1

En esta unidad te proponemos:

APRENDEMOS ESPAÑOL

Hacer carteles con frases útiles para la clase de español

Familiarizarte con palabras y sonidos del español

Completar un cuestionario de aprendizaje

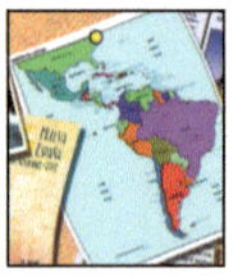

Hacer un mural con todo lo hispano que conoces o que te gustaría conocer

1.a. Escucha la conversación y marca a cuál de estas imágenes corresponde.

Presente de indicativo

Ser

(yo)	soy
(tú)	eres
(él) (ella) (usted)	es

Presente de indicativo

Llamarse

(yo)	**me** llam**o**
(tú)	**te** llam**as**
(él) (ella) (usted)	**se** llam**a**

b. Escucha de nuevo y responde a las siguientes preguntas:

- ¿Cómo se llama la profesora?
- ¿Cómo se llama el chico inglés?
- ¿De dónde es Sofía?
- ¿Cómo se llama el chico belga? ¿De dónde es?

2. Vamos a conocer a los compañeros de clase. Descubre cómo se llaman y de dónde son.

● *¡Hola! Me llamo Nadia, ¿y tú?*

▲ *Cécile. ¿De dónde eres?*

■ *Marroquí, ¿y tú?*

▼ *Canadiense.*

Nacionalidades

Masculino	Femenino
-o	**-a**
italian**o**	italian**a**
mexican**o**	mexican**a**
brasileñ**o**	brasileñ**a**
-cons.*	**-cons. + a**
francé**s**	frances**a**
sudané**s**	sudanes**a**
españo**l**	español**a**

no cambian

marroqu**í**, canadiens**e**,
belg**a**, estadounidens**e**

*-cons. = -consonante al final de palabra

3.a. **Vamos a conocer este libro. Con un compañero, busca las respuestas a estas preguntas. ¡Tenéis diez minutos!**

¿CONOCES ESTE LIBRO?

1. ¿Cuántos módulos tiene el libro?

☐ Uno ☐ Dos ☐ Tres ☐ Cuatro ☐ Cinco

2. ¿Cuántas unidades?

☐ Once ☐ Doce ☐ Trece ☐ Catorce ☐ Quince

3. ¿Cuántas páginas tiene cada unidad?

☐ Seis ☐ Siete ☐ Ocho ☐ Nueve ☐ Diez

4. ¿En qué página estamos? *(escribe en letras)*

____

5. ¿Y qué hay al final del libro? *(escribe en letras)*

_______________ páginas con conjugaciones de verbos.
_______________ páginas con vocabulario.
_______________ páginas de gramática.

6. El símbolo  en una actividad significa que vamos a…

☐ leer ☐ hablar con un compañero ☐ escuchar ☐ escribir

7. ¿A qué situaciones corresponden las siguientes instrucciones de este libro?

A. En parejas, comenta con tu compañero…
B. Lee el texto para descubrir…
C. Escucha para comprobar…
D. Observa las fotos y escribe…

b. **Compara las respuestas con las de tus compañeros.**

4.a. Observa las ilustraciones y completa los bocadillos con las siguientes frases:

- Adiós. - ¿Cómo se escribe *hola*? - No sé. - ¿Puedes repetir?

b. Escucha y comprueba.

TAREA FINAL

5.a. Escribe ocho palabras o frases que te parecen importantes para aprender y hablar español.

b. En pequeños grupos, comprueba si tus compañeros tienen otras palabras o frases.

● *Para mí es importante: "Cómo se dice".*
▲ *Sí, sí. Para mí también.*
■ *Pues para mí es muy útil: "No entiendo".*
▼ *Y para mí son muy importantes los números.*

c. Con tu grupo, escribe esas palabras y frases en carteles para ponerlos en las paredes de la clase.

Lengua y comunicación*

Números del 0 al 30

0 cero		
1 uno	11 once	21 veintiuno
2 dos	...	...
3 tres		
...		
10 diez	20 veinte	30 treinta

Frases para mantener la comunicación

- ¿Cómo se dice *ciao* en español?
- ¿Cómo se escribe *hola*?
- ¿Qué significa *claro*?
- No sé.
- ¿Puedes repetir?
- No entiendo.
- ¿Puedes escribirlo en la pizarra?

* Véase p. 156 de Lengua y comunicación.

6.a. ¿De dónde eres? ¿Cuántas lenguas hablas? Coméntalo con tus compañeros.

Lenguas

inglés	portugués	japonés
francés	finés	árabe
alemán	sueco	chino
italiano	eslovaco	ruso

b. En total, ¿cuántas lenguas se hablan en clase?

● *En clase se hablan cinco lenguas: italiano, inglés, árabe, francés y español.*

▲ *Y también se habla alemán. En total, seis.*

La conjunción y

y se sustituye por **e** cuando la palabra que sigue comienza por *i-* o *hi-*.

Hablo italiano **e** inglés.

c. ¿Y cuántas personas hablan esas lenguas?

● *En clase, doce personas hablan inglés, siete francés...*

▲ *Tres personas, árabe...*

Presente de indicativo

Hablar

(yo)	habl**o**
(tú)	habl**as**
(él) (ella) (usted)	habl**a**
(nosotros/as)	habl**amos**
(vosotros/as)	habl**áis**
(ellos) (ellas) (ustedes)	habl**an**

7.a. Escucha estas palabras y fíjate en su pronunciación. Identifica los sonidos que existen en tu lengua y márcalos.

☐ /b/ **b**ien, **v**entana	☐ /f/ **f**amilia, **f**oto	☐ /s/ me**s**a, **s**í
☐ /k/ **c**uatro, **q**uince	☐ /ɲ/ espa**ñ**ol, espa**ñ**ola	☐ /x/ **g**ente, **J**erez
☐ /t͡ʃ/ **ch**a-**ch**a-**ch**á, o**ch**o	☐ /r/ **r**epetir, **r**otulador	☐ /θ/ pi**z**arra, **c**ero

b. ¿Qué palabras conoces en tu lengua con esos sonidos?

c. Señala ahora qué sonidos de la lista anterior existen en otras lenguas que conoces.

TAREA FINAL

8.a. **Escucha cómo se dicen estas cosas en español y otras lenguas. Señala cuál es la palabra española (a, b o c).**

1

a [X] *teléfono*
b [ ]
c [ ]

2

a [ ]
b [ ]
c [ ]

3

a [ ]
b [ ]
c [ ]

4

a [ ]
b [ ]
c [ ]

5

a [ ]
b [ ]
c [ ]

6

a [ ]
b [ ]
c [ ]

7

a [ ]
b [ ]
c [ ]

8

a [ ]
b [ ]
c [ ]

b. **Escribe la palabra en español debajo de cada imagen. Si tienes dudas, pregunta a tu compañero o al profesor.**

- *¿Cómo se escribe pasaporte?*
- *Pe, a, ese, a, pe, o, erre, te, e.*
- *Gracias.*

Lengua y comunicación

Abecedario

a	a	**A**lemania
b	be	**B**ahamas
c	ce	**C**orea
d	de	**D**inamarca
e	e	**E**stados Unidos
f	efe	**F**rancia
g	ge	**G**uatemala
h	hache	**H**olanda
i	i	**I**talia
j	jota	**J**apón
k	ca	**K**urdistán
l	ele	**L**ituania
ll	elle	Mede**ll**ín
m	eme	**M**arruecos
n	ene	**N**oruega
ñ	eñe	Espa**ñ**a
o	o	C**o**ngo
p	pe	**P**araguay
q	cu	Tur**q**uía
r	erre	Costa **R**ica
s	ese	**S**uecia
t	te	**T**ailandia
u	u	**U**ruguay
v	uve	Boli**v**ia
w	uve doble	Tai**w**án
x	equis	Oa**x**aca
y	i griega	**Y**ugoslavia
z	zeta	Vene**z**uela

Escritura y pronunciación

- b y v se pronuncian igual: *bien, ventana*.
- c se pronuncia /k/ delante de a, o y u; se pronuncia /θ/ delante de e y de i: *casa, cero*.
- También la k (en todos los casos) y la q (en que, qui) se pronuncian /k/: *kilo, que*.
- g se pronuncia /x/ en ge, gi. También j se pronuncia /x/ en todos los casos: *general, jirafa*.
- g se pronuncia /g/ en ga, go, gu. Y también en gue, gui: *gato, guitarra*.
- La h no se pronuncia: *hotel*.

9.a. Kathrin, John y Nezha están completando un cuestionario sobre el español y las clases de español. Fíjate en el dibujo y comenta con tu compañero para qué quieren aprender español.

- Trabajar en México
- Estudiar en la universidad
- Viajar a otros países
- Hablar por teléfono
- Conocer otras culturas y gente diferente
- Hablar con su familia española

Presente de indicativo

Querer

(yo) quier**o**
(tú) quier**es**
(él) (ella) (usted) quier**e**

● *Kathrin quiere aprender español para viajar a otros países y conocer otras culturas y gente diferente.*

▲ *Sí, y John, para...*

b. Escucha la conversación entre Kathrin, John y Nezha para confirmar tus hipótesis.

c. Escucha y señala qué quieren hacer Kathrin, John y Nezha en clase de español.

	Kathrin	John	Nezha
Escribir mensajes electrónicos			
Trabajar en parejas o grupos	✗		
Trabajar solo			
Hablar con los compañeros de clase			
Escuchar canciones			
Hacer ejercicios gramaticales			
Ver películas			
Utilizar Internet			
Leer periódicos y revistas			

d. Y tú, ¿qué quieres hacer en clase? Coméntalo con tus compañeros.

● *Yo quiero hablar con los compañeros de clase y hacer ejercicios gramaticales.*

▲ *Yo también quiero hablar y escribir mensajes.*

10. Completa este cuestionario con tus necesidades e intereses de aprendizaje en español.

TAREA FINAL

CUESTIONARIO DE APRENDIZAJE DE ESPAÑOL

DATOS PERSONALES

Nombre: ____________________ Nacionalidad: ______________ Edad: _____

NECESIDADES

¿Para qué estudias español?

Para trabajar en __________ Para estudiar en __________ Para viajar por __________

(Indica el país o los países)

Para hablar con

- ☐ amigos
- ☐ desconocidos
- ☐ clientes
- ☐ familiares
- ☐ compañeros de trabajo
- ☐ __________

Para entender

- ☐ la tele
- ☐ a mis amigos hispanos
- ☐ la radio
- ☐ las películas
- ☐ la letra de las canciones
- ☐ __________

Para escribir

- ☐ cartas o postales
- ☐ en un chat
- ☐ documentos de trabajo
- ☐ mensajes electrónicos
- ☐ artículos
- ☐ __________

Para leer

- ☐ prensa
- ☐ libros y artículos especializados
- ☐ novelas
- ☐ __________

INTERESES

Señala qué otros intereses tienes relacionados con el español y las culturas hispanas:

- ☐ la cocina
- ☐ la historia
- ☐ la literatura
- ☐ el cine
- ☐ las tradiciones
- ☐ el deporte
- ☐ la gente
- ☐ el arte
- ☐ otras cosas __________

(Señala cuáles)

LENGUA Y COMUNICACIÓN

EXPRESAR INTENCIONES

(yo)	quiero
(tú)	quieres + infinitivo
(él/ella/usted)	quiere

- *Yo **quiero hablar** con los compañeros de clase.*

EXPRESAR INTERÉS

(a mí)	me	
(a ti)	te	interesa/interesan
(a él/ella/usted)	le	

- ***Me interesa** la cocina y el cine.*
- ***Me interesan** las tradiciones.*

LAS TRES CONJUGACIONES

En español, los verbos terminan en *-ar, -er* o *-ir:*

-AR: trabajar, estudiar, viajar, hablar, escuchar, utilizar...
-ER: leer, entender, conocer, hacer...
-IR: escribir, vivir...

EXPRESAR FINALIDAD: *PARA* + INFINITIVO

- *Kathrin quiere aprender español **para viajar** a otros países.*

11.a. Aquí tienes imágenes de diferentes personajes y aspectos del mundo hispano. Asocia cada foto con alguna de estas palabras:

- ☐ deportistas
- ☐ obras literarias
- ☐ cantantes
- ☐ películas
- ☐ comidas y bebidas
- ☐ bailes
- ☐ lugares
- ☐ costumbres
- ☐ pintores

1

2

3

4

5

6

7

8

9

b. ¿Qué personas o cosas de las fotos del apartado anterior conoces? Coméntalo con tus compañeros.

- ● *El número 9 es Almodóvar, ¿verdad?*
- ▲ *Sí, es un director de cine español. ¿Y la foto número 1?*
- ■ *Es Tenerife.*

Confirmar una hipótesis

El número 9 es Almodóvar, **¿verdad?**

c. ¿Conoces otros deportistas, películas, paisajes...? En parejas, vamos a hacer una lista y a ponerla en común con los compañeros.

- ● *Otros deportistas hispanos: Fernando Alonso, David Beckham...*
- ▲ *No, David Beckham es inglés. Maradona, Pau Gasol...*
- ■ *¿Pau Gasol?*
- ▲ *Sí, es español. Es un jugador de... ¿Cómo se dice* basketball *en español?*
- ▼ *Baloncesto.*
- ▲ *Gracias. Pues Pau Gasol es un jugador de baloncesto.*

12.a. En grupos, vamos a hacer un mural con todo lo hispano que conocemos y nos interesa conocer. Decide con tus compañeros las secciones que más os interesan. Pueden ser una o varias.

- ● *A mí me interesan las costumbres.*
- ▲ *Y a mí. Y también me interesa el cine.*

- Literatura (obras literarias, escritores...)
- Lugares
- Arte (pintura, escultura...)
- Cine (películas, actores...)
- Comidas y bebidas
- Música (cantantes, bailes...)
- Deportes (jugadores de baloncesto, fútbol...)
- Costumbres o tradiciones
- Otros (política, historia, geografía...)

b. Con tu grupo, recoge en el mural todo lo que conoces relacionado con esa sección. Puedes escribir, dibujar, pegar fotos, pequeños artículos, etc. A lo largo del curso podéis completar el mural.

A
MÓDULO

UNIDAD 2

En esta unidad te proponemos:

NOS CONOCEMOS

Completar la agenda de la clase

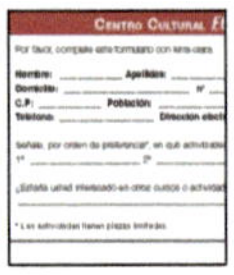

Rellenar un formulario de inscripción en un curso

Dar a conocer a qué se dedican tus compañeros

Descubrir formas de conocer a gente que habla español

1.a. **Estos son algunos hispanos famosos. Clasifica sus nombres y apellidos en la tabla.**

Pedro Duque

Enrique Iglesias

Penélope Cruz

Antonio Banderas

Carolina Herrera

Esther Cañadas

Raúl González

NOMBRES DE MUJER	NOMBRES DE HOMBRE	APELLIDOS
Penélope	Enrique	

b. **¿Conoces otros nombres y apellidos hispanos? Escríbelos en la tabla y haz una puesta en común con toda la clase.**

● *En nombres de mujer tengo Marta, Raquel y Elena. En nombres de hombre, Luis, Arturo y Pedro. En apellidos, López, Sánchez, García y Nieto.*

▲ *Yo, en nombres de mujer...*

2.a. Subraya las profesiones que aparecen en estas tarjetas de visita.

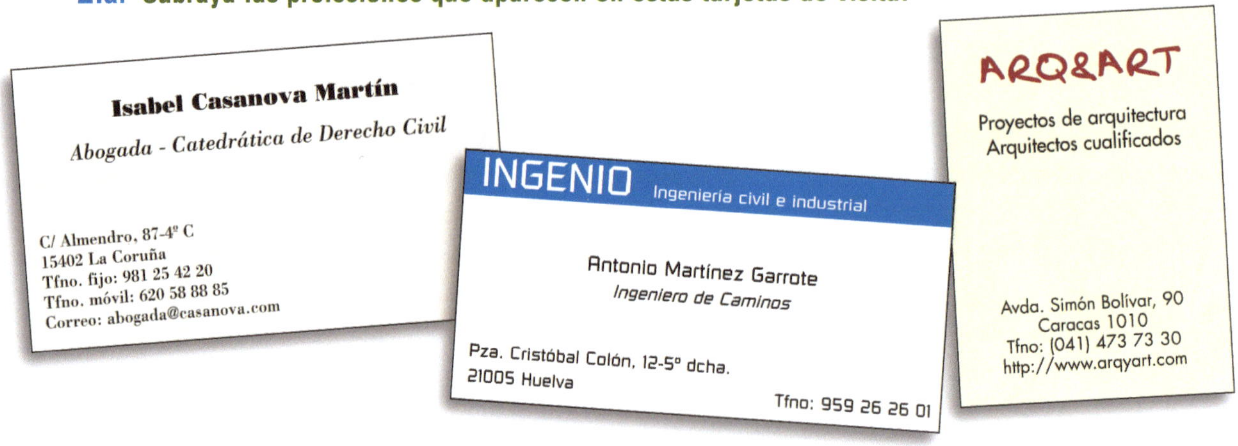

b. Escucha a dos estudiantes que practican la pronunciación de una profesión en español. ¿Qué hacen para aprender a pronunciarla mejor?

c. Practica la técnica anterior (pronunciación regresiva) con estas u otras palabras que te resultan difíciles de pronunciar.

- Abogada	- Arquitecto	- Ingeniero
- Catedrática	- Arquitectura	- Ingeniería

● *Ería, ería, ería... Niería, niería, niería... Geniería, geniería, geniería... Ingeniería, ingeniería, ingeniería.*

3.a. Con tu compañero, ayuda a Chiara a completar este formulario con sus datos. Después, comprueba los resultados con toda la clase.

Por favor, completa los siguientes datos:

Nombre:	*Chiara*
Primer apellido:	____________
Segundo apellido:	____________
Nacionalidad:	____________
Edad:	____________
Dirección actual:	____________
Teléfono fijo / móvil:	____________
Correo electrónico:	

- 653 21 39 68
- C/ Azorín, nº 45-2º B
- Bambrilla
- italiana
- c.bambrilla@claroline.com
- 24

b. Escucha la conversación de Chiara con la secretaria y relaciona estas preguntas con sus respuestas:

¿Cómo te llamas?	Bambrilla
¿Cómo te apellidas?	En la calle Azorín, 45-2º B
¿Y tu segundo apellido?	No tengo. En Italia no tenemos
¿De dónde eres?	Italiana
¿Cuántos años tienes?	Chiara
¿Tienes correo electrónico?	24
¿Dónde vives?	El 6-53-21-39-68
¿Cuál es tu (número de) teléfono?	Sí, c.bambrilla@claroline.com

Numerales ordinales

1º primero
2º segundo
3º tercero
4º cuarto
5º quinto
6º sexto

c. Ahora completa un formulario como el del apartado 3.a. con tus datos.

4. Vamos a calcular la media de edad de la clase. De pie, pregunta a tus compañeros su edad y toma nota. Después, suma el total y divide el resultado por el número de compañeros.

Decimales

31,3 se lee treinta y uno con tres.

- *Creo que la media es 31,3.*
- *Yo tengo 32,5.*
- *Pues yo también tengo 31,3.*

5. Vamos a hacer nuestra agenda de clase. Habla con tus compañeros y tu profesor para tomar nota de sus datos.

TAREA FINAL

- *A ver, Sophie, ¿cómo te apellidas?*
- *Stevenson.*
- *¿Y dónde vives?*

Lengua y comunicación

Pedir datos personales

Nombre: ¿Cómo te llamas?
Apellidos: ¿Cómo te apellidas?
¿Y de apellido? ¿Y tu segundo apellido?
Nacionalidad: ¿De dónde eres?
Edad: ¿Cuántos años tienes?
Domicilio: ¿Dónde vives?
Teléfono: ¿Cuál es tu (número de) teléfono?
Dirección electrónica: ¿Tienes correo electrónico?

Dar direcciones electrónicas

- guión @ arroba _ guión bajo . punto

Números del 30 al 100

30 treinta
31 treinta y uno
32 treinta y dos
33 treinta y tres
...

40 cuarenta
41 cuarenta y uno
...

50 cincuenta
60 sesenta
70 setenta
80 ochenta
90 noventa
100 cien

6.a. **Señala qué actividades y cursos te interesan del centro cultural EUREKA y de la Universidad Virtual Abierta (UVA).**

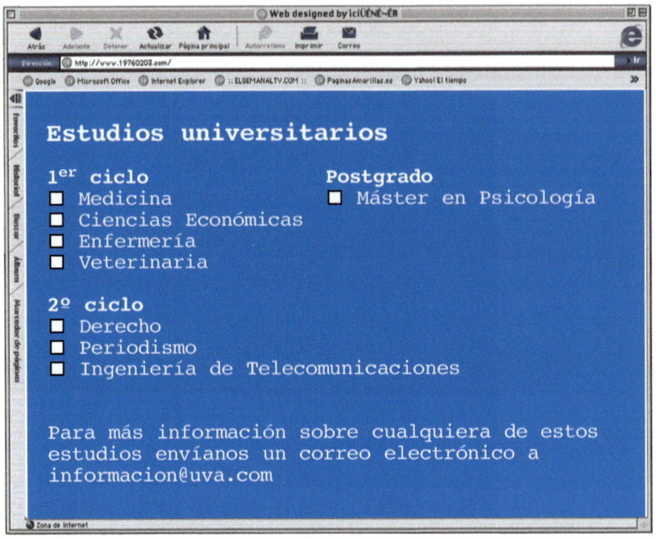

b. **Manuela y Wilfredo quieren hacer alguna de las actividades anteriores. Escúchalos y señala qué quiere hacer cada uno.**

● *Wilfredo quiere hacer el máster en Psicología de la UVA.*
▲ *Sí, y también quiere...*

c. **Con la ayuda de toda la clase, toma nota de otros estudios que te interesen y que no ofrece ni EUREKA ni la UVA.**

● *¿Cómo se dice en español* MBA*?*
▲ *Es igual. Eme-be-a.*

d. **En grupos de cuatro. ¿Te gustaría estudiar algo? ¿Y a tus compañeros?**

● *¿Qué quieres estudiar, Valentina?*
▲ *A mí me gustaría estudiar francés y Derecho, ¿y a ti?*
● *A mí nada, solo español.*
■ *Pues a mí me gustaría estudiar...*
▼ *Y a mí...*

Expresar deseos

(A mí) Me gustaría	estudiar francés. hacer taichi. hacer aeróbic. tocar el piano.

7. **Relaciona cada una de estas palabras con un elemento de las direcciones. Comprueba los resultados con tu compañero.**

calle | avenida | código postal (C.P.) | población | país | sexto piso | número

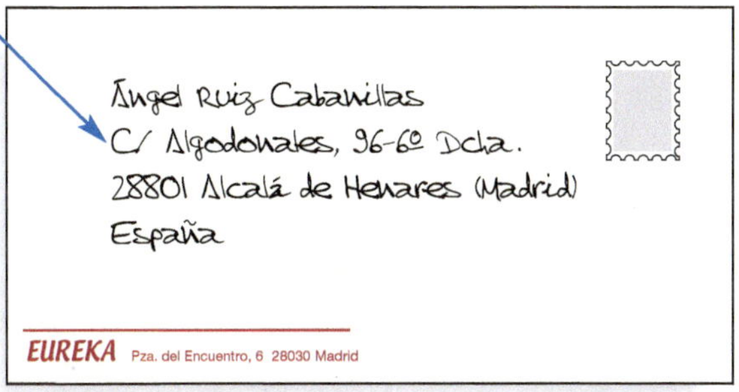

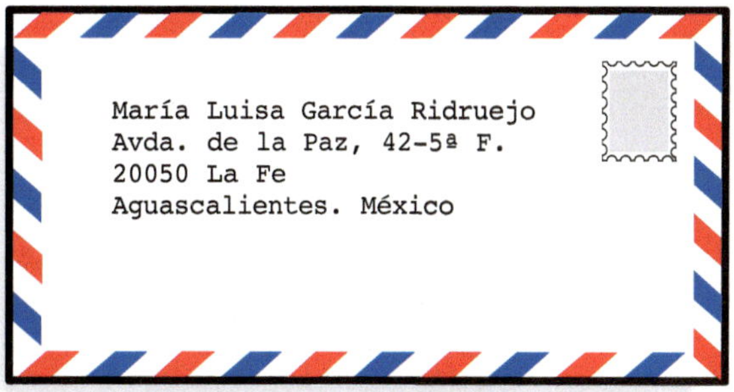

provincia | puerta F | derecha | quinta planta

8. **Tu compañero quiere pedir información a EUREKA. Hazle preguntas para completar el formulario.**

TAREA FINAL

CENTRO CULTURAL EUREKA Formulario de inscripción

Por favor, complete este formulario con letra clara.

Nombre: ____________ **Apellidos:** __________________________ **Edad:** ______
Domicilio: __________________________ **nº** ________ **Piso:** ____ **Puerta:** _____
C.P: ____________ **Población:** ________________ **Provincia:** ____________________
Teléfono: ___________________ **Correo electrónico:** ______________________________

Señale, por orden de preferencia*, en qué actividades desea inscribirse.
1º ______________________ 2º _________________________ 3º ____________________

¿Estaría usted interesado en otros cursos o actividades que EUREKA no ofrece?
____

* **Las actividades tienen plazas limitadas.**

LENGUA Y COMUNICACIÓN

NUMERALES ORDINALES

1º primero*	2ª segunda	4º cuarto	5ª quinta
1ª primera	3º tercero*	4ª cuarta	6º sexto
2º segundo	3ª tercera	5º quinto	6ª sexta

* Delante de un sustantivo se usa 1er (primer) y 3er (tercer):
- *El primer estudiante de la cola*
- *El tercer piso*

EXPRESAR DESEOS

(a mí)	me	
(a ti)	te	gustaría + infinitivo
(a él/ella/ usted)	le	

● *¿Y tú qué estudias?*
▲ *Periodismo, pero también **me gustaría** estudiar Derecho.*

9.a. ¿Qué crees que hacen estas personas? Relaciona cada frase con la foto correspondiente.

- [ ] Estoy jubilado.
- [ ] Soy psicóloga, pero no trabajo. Estoy en paro.
- [ ] Soy ingeniero. Trabajo en una empresa consultora.
- [ ] Soy médica y trabajo en una clínica
- [ ] privada.
- [ ] Soy azafata.
- [ ] Estudio Periodismo.
- [2] Soy taxista.
- Trabajo en un banco, en el Departamento de Recursos Humanos.

1

2

3

4

5

6

7

8

b. Escucha y comprueba.

10. Y tú, ¿qué haces? ¿Estudias? ¿Trabajas? Si no sabes cómo se dice lo que haces, pregúntalo.

● *¿Cómo se dice* steward *en español?*

▲ *Depende. En España se dice* auxiliar de vuelo*; en otros países,* aeromozo.

● *¿Y* airline?

▲ Compañía aérea.

11. Responde a esta chica que has conocido en un chat.

Nick> ¿Y de dónde eres?
Lupe33> Soy mexicana.
Nick> ¿De dónde?
Lupe33> De Acapulco, pero vivo en España.
Nick> ¿A qué te dedicas?
Lupe33> Trabajo en el Departamento de Formación de una empresa de telecomunicaciones en Barcelona. Y tú, ¿de dónde eres? ¿Qué haces?
Nick> ...

12.a. En grupos de cinco. Completa esta tabla con información de tus compañeros de grupo.

TAREA FINAL

- ● *¿A qué te dedicas, Luiggi?*
- ▲ *Soy arquitecto.*
- ● *¿Y dónde trabajas?*
- ▲ *En una empresa constructora en Roma. Y tú, ¿qué haces?*

Nombre	Ocupación	Lugar

b. **Ahora cambia de grupo y explica a qué se dedican tus compañeros.**

- ● *Luiggi es arquitecto. Trabaja en Roma, en una empresa constructora.*
- ▲ *¿Y Naima?*
- ● *Es dentista. Trabaja en una clínica en Casablanca.*

Lengua y comunicación

Presente de indicativo (singular)

	-AR	-ER	-IR
(yo)	trabaj**o**	com**o***	viv**o**
(tú)	trabaj**as**	com**es**	viv**es**
(él/ella/usted)	trabaj**a**	com**e**	viv**e**

Verbos irregulares:	**ser**	**estar**	**tener***
(yo)	**soy**	**estoy**	ten**go**
(tú)	**eres**	est**ás**	tien**es**
(él/ella/usted)	**es**	est**á**	tien**e**

Verbos reflexivos: llamarse	
(yo)	**me** llam**o**
(tú)	**te** llam**as**
(él/ella/usted)	**se** llam**a**

Preguntar por el trabajo y los estudios

2ª persona singular	**3ª persona singular**
¿A qué te dedicas?	¿A qué se dedica?
¿Qué haces?	¿Qué hace?
¿En qué trabajas?	¿En qué trabaja?
¿Estudias o trabajas?	¿Estudia o trabaja?
¿Dónde estudias /trabajas?	¿Dónde estudia /trabaja?
¿Qué estudias?	¿Qué estudia?

* Los verbos *hacer*, *tener* y *estar* son irregulares en la 1ª persona del singular. El verbo *tener* también es irregular en la 2ª y 3ª persona del singular (e>ie).

13.a. TAREA FINAL

En la prensa hay un artículo sobre diferentes formas de hacer amigos. Relaciona cada una con el dibujo correspondiente.

1

2

3

4

Cómo hacer nuevos amigos

Una encuesta nos descubre qué hace la gente para conocerse:

- Participar en un chat
- Hacer deporte (ir al gimnasio, jugar al fútbol...)
- Entrar en un club o en una asociación
- Hacer un curso de inglés, francés, fotografía, cocina...
- Poner un anuncio en la web, en la universidad...
- Pasear al perro
- Hablar con otra persona en una discoteca, en una cafetería...
- Hacer un intercambio de conversación (español y otro idioma)

5

6

7

8

b. **Escucha a estos dos chicos. ¿Qué hace Julio José para conocer gente que hable francés en París? ¿Y Luis Alfredo en Veracruz?**

c. **Con ayuda de tus compañeros y del profesor piensa en otras formas de hacer amigos.**

- ● *¿Cómo se dice voyage organisé?*
- ▲ *No sé... ¿Cómo se dice en inglés?*
- ■ Package tour.
- ▼ *¡Ah! Hacer un viaje organizado.*

d. **En tu país, ¿qué actividades te parecen más útiles para que un extranjero haga amigos? Coméntalo con tu compañero.**

- ● *En mi país, para hacer amigos, puedes hacer un curso de idiomas, ir a un gimnasio...*

e. **Y en el lugar donde estudias, ¿qué se puede hacer para conocer gente que habla español? Coméntalo con toda la clase.**

f. **En grupos de cuatro: ¿vas a hacer algo para conocer gente que habla español?**

- ● *Yo voy a buscar gente para jugar al fútbol.*
- ▲ *Yo voy a participar en un chat en español.*
- ■ *Pues yo voy a hablar con los españoles de mi clase de inglés.*

Hablar de intenciones

(Yo) Voy a + infinitivo

Voy a buscar amigos en el chat.

A
MÓDULO

UNIDAD 3

En esta unidad te proponemos:

ENTRE AMIGOS

Escribir un mensaje presentándote y describiéndote

Dar y pedir información de familiares y amigos

Presentar a un amigo, familiar o conocido

Descubrir distintos tipos de familias españolas

1.a. Elige una persona de las fotos. Tus compañeros van a hacerte preguntas para adivinar en quién has pensado. Contesta *sí* o *no*.

● *¿Está en la calle?*
▲ *No.*

● *¿Está con su familia?*
▲ *Sí.*

● *¿Es un chico?*
▲ *No, es una chica.*

● *¿Es esta?*
▲ *Sí.*

b. Relaciona alguna de estas frases con las personas de las fotos:

- tiene los ojos negros
- tiene el pelo largo
- tiene el pelo rizado
- es rubio/a
- es moreno/a
- es muy guapo/a
- es delgado/a
- lleva gafas
- parece muy simpático/a

● *Esta chica tiene el pelo rizado, es delgada y rubia.*
▲ *Sí, y lleva gafas.*

1

2

3

4

2.a. Escucha y marca en esta lista con quién vive Héctor (H) y con quién Claudia (C).

- ☐ Con su novio / novia
- ☐ Con su padre / madre
- ☐ Con su marido / mujer
- ☐ Con un amigo / amiga
- ☐ Con su hermano / hermana
- ☐ Con sus abuelos
- ☐ Con su hijo / hija

b. ¿Y tú? ¿Con quién vives?

● *Yo vivo con mis padres y mi hermana pequeña.*
▲ *Pues yo vivo sola.*

3.a. **Esta es la página web de Fernando. Léela y descubre en la foto quién es él.**

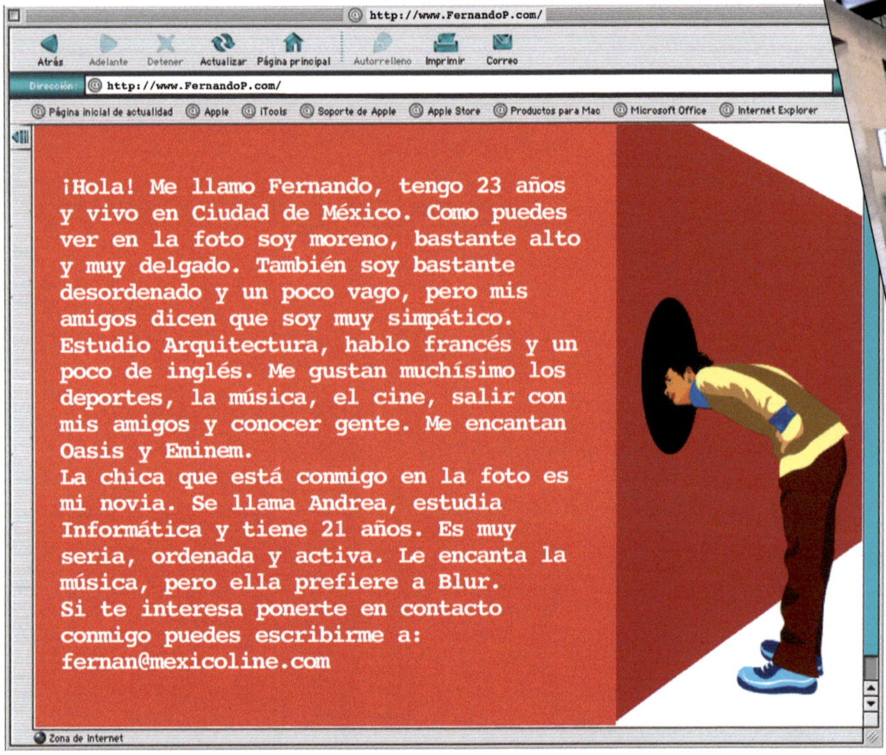

¡Hola! Me llamo Fernando, tengo 23 años y vivo en Ciudad de México. Como puedes ver en la foto soy moreno, bastante alto y muy delgado. También soy bastante desordenado y un poco vago, pero mis amigos dicen que soy muy simpático.
Estudio Arquitectura, hablo francés y un poco de inglés. Me gustan muchísimo los deportes, la música, el cine, salir con mis amigos y conocer gente. Me encantan Oasis y Eminem.
La chica que está conmigo en la foto es mi novia. Se llama Andrea, estudia Informática y tiene 21 años. Es muy seria, ordenada y activa. Le encanta la música, pero ella prefiere a Blur.
Si te interesa ponerte en contacto conmigo puedes escribirme a:
fernan@mexicoline.com

● *Yo creo que Fernando es este.*

▲ *Sí, yo también. Es muy alto.*

b. **¿Tienes algo en común con Fernando o con Andrea? Completa las frases y coméntalo con tu compañero.**

Soy como Fernando / Soy como Andrea:

Yo también	soy ______________________	trabajo ______________________
	tengo ______________________	llevo ______________________
	estudio ______________________	hablo ______________________
A mí también	me gusta ______________________	me encanta ______________________

Expresar coincidencia

● Fernando **estudia** Arquitectura.
▲ **Yo** también.
● **Me gusta/encanta** viajar.
▲ **A mí** también.

● *Yo tengo más cosas en común con Andrea. A mí también me gusta la informática y...*

4. **Escucha y responde utilizando *yo también* o *a mí también*, si tienes algo en común.**

5.a. Los otros chicos de la foto son Omar y Laura, dos amigos de Andrea. Elige las palabras para describir a Omar y completa la descripción de Laura.

Omar es alto/bajo, delgado/gordito, moreno/rubio/pelirrojo y muy/bastante guapo.
Tiene el pelo largo/corto y los ojos claros/oscuros.

Laura es ...., y ....
Tiene ....
Parece ....

b. Escucha cómo describe Andrea a Omar y a Laura y toma notas para completar sus descripciones.

6.a. Vamos a crear la página web de la clase con la descripción de todos. ¿Cómo eres tú? Descríbete.

TAREA FINAL

b. En grupos de tres; ¿qué puedes decir de tus compañeros? Coméntaselo.

● *Yo creo que es una persona muy interesante.*

▲ *Sí, yo también.*

c. Revisa tu descripción y añade lo que tus compañeros dicen de ti.

Creo que soy muy abierta. Me gusta mucho viajar y conocer gente nueva
Mis compañeros dicen que soy...

Lengua y comunicación

Valoraciones positivas

es parece	muy simpática bastante guapo

Descripción del carácter

ser + adjetivo

- *Soy **abierta** y muy **activa**.*
- *Dicen que **soy** muy **simpático**.*

Valoraciones negativas

es parece	muy desordenado bastante antipático un poco vago

Descripción física

ser	moreno/a, castaño/a, rubio/a, pelirrojo/a guapo/a, atractivo/a, feo/a (se suele decir *no muy guapo/a*) alto/a, bajo/a, delgado/a, gordo/a (se suele decir *gordito/a*)
tener	los ojos grandes/pequeños/claros/oscuros azules/verdes/marrones el pelo largo/corto/rizado/liso

Actividades de tiempo libre

escuchar música
practicar un deporte
salir con amigos/por la noche
jugar al baloncesto/al fútbol
leer novelas/revistas

7.a. **Observa esta foto de César y su familia. ¿Qué relación crees que tiene cada persona con César? Discútelo con tu compañero.**

Relaciones de parentesco

su abuelo/a
su padre/madre
su tío/tía
su hermano/a mayor
su hermano/a menor
su primo/a
un/a amigo/a suyo/a

● *Esta es su madre.*

▲ *No sé... Yo creo que es su hermana mayor y que su madre es esta.*

b. **César muestra su foto a Mila. Escucha y comprueba tus hipótesis.**

● *La de pelo corto es su tía y su hermano mayor es el de gafas.*

▲ *No, no es su tía. Es su madre. Su tía es la de pelo largo.*

Identificar a una persona

Su hermano es **el de** gafas.

La de pelo largo es su tía.

8. **La revista *UNIVERSIA* quiere conocer el perfil de sus lectores. Responde a este cuestionario.**

revista universia

1) ¿A qué te dedicas y cuántos años tienes?

____

2) ¿Estás casado/a? ¿Tienes pareja?

____

3) ¿Tienes hijos?

____

4) ¿Vives con tu familia? ¿Vives solo/a? ¿Con amigos?

____

5) ¿Tienes hermanos?

____

6) ¿Viven tus abuelos? ¿Cuántos años tienen?

____

9.a. En la radio hay un concurso para descubrir un personaje secreto. Escúchalo y descubre quién es.

b. En grupos de tres. Piensa en una persona famosa. Tus compañeros te van a hacer preguntas para descubrir quién es.

- ● *¿Es hombre o mujer?*
- ▲ *Mujer.*
- ■ *¿De dónde es?*
- ▲ *Estadounidense.*

10.a. ¿Tienes una foto de tu familia? Si no, dibuja una "foto" con tus familiares y amigos.

TAREA FINAL

Presente de indicativo

3ª persona del singular

(él) (ella) (usted)	vive tiene

3ª persona del plural

(ellos) (ellas) (ustedes)	viven tienen

b. En grupos de tres, comparte las fotos con tus compañeros y hazles preguntas para conocer a sus familiares y amigos.

- ● *¿Y el de gafas quién es?*
- ▲ *Es mi novio, Ángelo.*
- ■ *Parece muy guapo, ¿no? ¿Cómo es?*
- ▲ *Bueno, no es feo... Es bastante alto, moreno y tiene los ojos azules.*
- ● *¿Y qué hace? ¿Trabaja? ¿Estudia?*

Lengua y comunicación

La familia

el abuelo/la abuela	el tío/la tía	el sobrino/la sobrina
el marido/la mujer	el primo/la prima	el hermano/la hermana
el padre/la madre	el hijo/la hija	(pequeño/a, mayor/menor)
el suegro/la suegra	el nieto/la nieta	el cuñado/la cuñada

Identificar a personas

- *Fernando es **el de** la izquierda.*
- *Laura es **la de** la derecha.*
- ***El de** gafas es Fernando.*
- ***La de** pelo largo es su tía.*

Adjetivos posesivos

Para expresar relación o propiedad:		Cuando nos referimos a una persona o a un elemento entre varios:	
mi(s) tu(s) su(s) nuestro/a(s) vuestro/a(s) su(s)	+ sustantivo	sustantivo +	mío/a(s) tuyo/a(s) suyo/a(s) nuestro/a(s) vuestro/a(s) suyo/a(s)

- ● *¿**Tus** hermanos viven aquí?*
- ▲ ***Mi** hermano mayor sí, pero el pequeño vive en Valencia.*

- *Este chico es un primo **mío**.*
- *Carmen y Beatriz son amigas **suyas**.*

En español el adjetivo posesivo siempre concuerda con el sustantivo al que acompaña, nunca con el poseedor.

Hablar del estado civil

estar	casado/a(s) soltero/a(s) divorciado/a(s) separado/a(s) viudo/a(s)

- *Mis padres están **divorciados**.*
- *Yo estoy **soltera**.*

11.a. **Es la fiesta de graduación de Clara. Ordena estas dos conversaciones:**

☐ ▼ *Encantado.*

1 ● *Mira, mamá, quiero presentarte a nuestro decano. Ahora está solo (...)*

☐ ▲ *Encantada de conocerle, Señor Palacios.*

☐ ● *Señor Palacios, le presento a mi madre: Ángela Ruiz.*

○ ▼ *Hola, encantado. Es verdad que Clara habla mucho de ti (...)*

○ ▲ *Hola, Maite, muchas gracias. Mira, Pablo, esta es Maite, la profesora de la que siempre te hablo. Pablo es mi novio.*

1 ● *Clara... Enhorabuena por tu graduación.*

○ ● *Hola, Pablo, ¿qué tal?*

b. **Escucha y comprueba.**

c. **Identifica a las personas que has escuchado.**

● *Yo creo que este es el decano; la de la izquierda es la madre y su hija...*

▲ *Sí, y estos son Pablo, Maite y...*

12.a. **Robert acaba de llegar a Madrid y Juan le presenta a algunas personas. Observa las imágenes e imagina: ¿dónde están? ¿Qué relación tiene Juan con esas personas?**

Localizar

están en clase
en casa
en una discoteca

Probablemente están en ....
y Marta y Ana son ....

Probablemente están en ....
y Teresa y Jorge son ....

b. **Escucha y completa las palabras de Juan.**

13.a. **Hoy en clase de español vas a cambiar de personalidad. Decide de dónde eres, dónde vives, qué estudias, si trabajas o no y tu estado civil. Después, de pie, coméntalo con tus compañeros.**

TAREA FINAL

● *¿De dónde eres?*

▲ *Japonesa, ¿y tú?*

b. **Ahora presenta a personas que puedan estar interesadas en conocerse.**

● *Fred, esta es Lucy, una nueva profesora. Fred es policía.*

▲ *Ah, encantado.*

PRESENTACIONES — **LENGUA Y COMUNICACIÓN**

Menos formal	Más formal
● *Rafa, esta es Fleur. Fleur es danesa y estudia español en la Universidad de Copenhague.* ▲ *Hola, ¿qué tal?* ■ *Hola, Fleur, ¿qué tal?*	● *Sr. Palacios, le presento a mi madre: Ángela Ruiz.* ▲ *Encantada de conocerle, Sr. Palacios.* ■ *Encantado.*

14.a. TAREA FINAL **La revista *Actual* ha publicado un artículo sobre la familia española. Observa las fotos y anota cuántas personas hay en cada familia.**

Seis familias españolas

Mucho trabajo y poco tiempo para la familia.
Menos hijos, menos bodas y más divorcios.
Así son las familias españolas de hoy.

1

una mujer, un hombre y tres niños

2

....

3

....

4

....

5

....

6

....

Tipos de familias

Pareja mixta: cada miembro es de una nacionalidad diferente.

Pareja de hecho: viven juntos, pero no están casados.

Familia monoparental: solo hay padre o madre.

Familia numerosa: tres o más hijos.

b. ¿Qué relación crees que hay entre las personas de cada foto?

- *En la primera foto hay una pareja con sus hijos.*
- *Sí, el padre, la madre y sus tres hijos.*

c. Busca un pie de foto para cada imagen y comprueba los resultados con tu compañero.

- [6] Pareja mixta con hijos
- [ ] Familia numerosa
- [ ] Juntos y sin hijos
- [ ] Familia monoparental
- [ ] En casa hasta los treinta
- [ ] Papás a los cuarenta

d. **¿Cuántas personas hay en tu familia? ¿Tienen algo en común con las familias de las fotos? Coméntalo con tus compañeros.**

- ● *En mi familia somos dos, mi madre y yo, como en la familia de la segunda foto.*
- ▲ *Nosotros también, pero yo vivo con mi padre.*
- ■ *Pues en mi casa somos cinco, mi mujer, mis dos hijos, mi suegro y yo. Mi familia es más o menos como la familia...*

e. **Imagina un artículo sobre las familias de tu país; ¿qué tipos de familias crees que son más comunes? Piensa en las fotos y descríbelas con un pie de foto. Presenta tu selección a la clase.**

f. **Imagina que vas a estudiar español en España. ¿Con qué familia te gustaría estar? ¿Y a tus compañeros?**

- ● *A mí me gustaría estar con la familia de la tercera foto. Parecen muy simpáticos.*
- ▲ *Pues a mí me gustaría estar con la familia de la foto número seis para aprender español con personas diferentes.*
- ■ *Yo prefiero vivir con la familia de la primera foto porque es como la mía.*

UNIDAD 4

En esta unidad te proponemos:

LA CIUDAD DONDE VIVO

Hablar de los lugares que te gustaría visitar en una ciudad

Dar y comprender indicaciones sencillas para ir a un lugar

Escribir un mensaje electrónico describiendo la ciudad donde estudias español

Conocer una ciudad por sus diferentes barrios y recomendarlos para vivir

1.a. Fíjate en estas fotos de Nueva York, Río de Janeiro, París, Lisboa, Londres y Ciudad de México. ¿Conoces alguna de estas ciudades?

Localizar

Está al norte/sur/este/oeste.
Está en el centro.

b. Lee estas informaciones. ¿Con qué ciudades asocias cada una de ellas? Ten en cuenta que algunas pueden corresponder a más de una ciudad. Coméntalo con tu compañero.

- Tiene un río muy famoso.
- Es una ciudad cosmopolita.
- Está en el centro del país.
- Hay muchos edificios muy altos y modernos.
- Hay muchos cafés antiguos.
- Está en Europa.
- Es la capital del país.
- Está al sur del país.
- Hay una avenida muy grande en el centro, llena de cafés, restaurantes y tiendas de moda.

2.a. Escucha a estos dos chicos que hablan sobre una de las ciudades. ¿Sabes a cuál se refieren?

b. Escucha y comprueba.

c. Ahora escoge tú una ciudad y da alguna información sobre ella: tu compañero tendrá que adivinar cuál es.

3.a. ¿Qué sabes de la ciudad de Buenos Aires? ¿Sabes dónde está? ¿Cómo es? ¿Qué lugares interesantes tiene? Coméntalo con tus compañeros.

b. Lee este artículo sobre Buenos Aires y subraya en el texto la información que tiene relación con las fotografías.

MI BUENOS AIRES QUERIDO

Buenos Aires, capital de la República Argentina, es una gran ciudad moderna y cosmopolita que tiene más de 14 millones de habitantes. Está situada al este del país, en la orilla derecha del Río de la Plata, y cuenta con un importante puerto con salida al Atlántico.

El turista puede disfrutar del encanto de sus barrios, calles, plazas y la mezcla de estilos en la arquitectura. Buenos Aires es una ciudad variada, dinámica, de múltiples contrastes.

La capital argentina tiene una importante vida cultural, numerosos museos, salas de exposiciones y conferencias, galerías de arte, cines y teatros, como el Teatro Colón, con espectáculos nacionales e internacionales.

Buenos Aires, sede financiera y económica del país, tiene una actividad comercial muy intensa y numerosas tiendas y elegantes centros comerciales como las Galerías Pacífico.

Su vida nocturna es muy variada y se extiende hasta altas horas de la madrugada. La ciudad ofrece multitud de discotecas, bares, restaurantes, cafés y, por supuesto, diferentes locales donde escuchar y bailar tangos como en El Viejo Almacén.

(adaptado de vwww.argentinaturistica.com)

c. Responde ahora a estas preguntas con la información sobre Buenos Aires del artículo.

- ¿Dónde está Buenos Aires? - ¿Cómo es Buenos Aires? - ¿Qué tiene Buenos Aires?

4.a. Estos son algunos lugares famosos de Buenos Aires. Escribe junto a la foto el número de la descripción que le corresponde.

1. Pequeña plaza, rodeada por ocho bares, un cantobar y una disco. Es el lugar preferido por los jóvenes.

2. El monumento más tradicional de la ciudad.

3. Un importante centro de exposición de arte que tiene obras de Goya, El Greco, Tintoretto, Zurbarán, Van Gogh, Picasso, Kandinsky, Miró y otros.

4. Un gran parque con tres lagos artificiales, el principal espacio verde de la ciudad.

5. Un barrio famoso por sus casas de colores también llamado La Boca.

El obelisco

Los bosques de Palermo

La plaza de Julio Cortázar

La Boca

Museo Nacional de Bellas Artes

b. **Claudia es una porteña que habla de su ciudad. Señala qué lugares de los que aparecen en 3b y 4a recomienda visitar a una amiga y por qué.**

- ● *A Claudia le gusta mucho la Plaza de Julio Cortázar.*
- ▲ *Sí, porque es una plaza muy animada, con muchos bares y música.*

Describir un lugar

típico/a
animado/a
bonito/a
famoso/a
precioso/a
tranquilo/a
romántico/a
elegante
interesante
grande

5. TAREA FINAL **Haz una lista de los lugares de Buenos Aires que te gustaría visitar. Después, coméntalo con tus compañeros.**

- ● *A mí me gustaría ir al Museo Nacional porque me gusta mucho la pintura.*
- ▲ *Pues a mí me gustaría ir a cenar a El Viejo Almacén para ver un espectáculo de tango.*

Lengua y comunicación

Describir una ciudad

- *Buenos Aires **es** una ciudad cosmopolita.*
- ***Es** la capital de Argentina.*
- ***Tiene** más de 14 millones de habitantes.*

Localizar una ciudad

- *Buenos Aires **está** al este del país.*
- ***Está** en la costa Atlántica.*

Adjetivos para describir una ciudad/un pueblo

grande	romántico/a	ruidoso/a	industrial
pequeño/a	moderno/a	aburrido/a	comercial
cosmopolita	antiguo/a	importante	turístico/a

Delante del sustantivo se utiliza *gran* en lugar de *grande*.

- *Buenos Aires es una **gran** ciudad, moderna y cosmopolita.*

Artículos

Utilizamos *un/una/unos/unas* cuando nos referimos a uno de los elementos de una categoría.

- *Buenos Aires tiene **un** barrio famoso por sus casas de colores.*

Utilizamos *el/la/los/las* cuando hablamos de un elemento único.

- *El obelisco es **el** monumento más tradicional de la ciudad.*

6.a. Fíjate en este dibujo. Es el barrio de Bilbao donde vive Kay, un estudiante alemán. ¿Cuántas de estas cosas puedes encontrar?

PDi

- un gimnasio
- una panadería
- un bar
- un quiosco
- un hospital
- un banco
- una farmacia
- una boca de metro
- un supermercado
- una oficina de correos
- un museo
- un restaurante
- un colegio
- una parada de autobús
- un parque

● *En el barrio de Kay hay una panadería, pero no hay ninguna oficina de correos.*

▲ *También hay una boca de metro...*

b. Kay describe en su clase de español cómo es su barrio. ¿Puedes ayudarlo? Después, compara la descripción con tu compañero.

PDi

Mi barrio es bastante tranquilo y agradable y la zona está muy bien comunicada. Justo enfrente de mi casa, en el centro de la plaza, hay una <u>boca de metro</u> y, muy cerca, hay una parada de autobús. En el barrio tengo todo lo que necesito: a la derecha de mi portal hay un ________ muy agradable para tomar café; muy cerca, en la esquina, hay un ________________ y, al lado, hay una ________________ donde hacen un pan buenísimo. Además, justo detrás de la parada de autobús, hay un _________ y también tengo una ________________ al lado del gimnasio donde voy, un quiosco, un banco...

7. **Ramón ha quedado con Kay a la salida del metro, pero llega un poco tarde y no lo encuentra. Escucha la conversación y descubre dónde está Kay.**

8.a. **Varias personas preguntan a Kay por distintos lugares de su barrio. Antes de escucharlas, relaciona sus preguntas con las respuestas de Kay.**

- Perdone, ¿hay una farmacia por aquí?
- Perdona, ¿sabes dónde está el cine Chaplin?
- Por favor, ¿para ir al Ayuntamiento?
- Disculpe, ¿es esta la calle Nueva?
- Perdone, ¿sabe dónde está la plaza de Cuzco?
- Por favor, ¿sabe si hay un buzón por aquí?

- No, es la siguiente a la derecha.
- Sí, hay una detrás de ese quiosco.
- Sí, creo que hay uno delante de la boca de metro.
- Todo recto, la segunda calle a la izquierda.
- Pues no, lo siento.
- Sí, el cine está al final de esta calle.

b. **Ahora, escucha y comprueba.**

Dirigirse a un desconocido

Perdona/Disculpa (informal)

Perdone/Disculpe (formal)

9. **¿Te gustaría saber qué lugares y establecimientos hay cerca del centro donde estudias? Piensa en alguno que te interese y pregunta a tus compañeros dónde está.**

TAREA FINAL

● *¿Hay una parada de taxis por aquí cerca?*

▲ *Sí, hay una al lado del banco.*

● *¿Sabes dónde hay una cabina de teléfono?*

▲ *No, no sé, lo siento.*

■ *Creo que hay una al final de esta calle, en la esquina.*

LENGUA Y COMUNICACIÓN

HAY/ESTAR

Hay sirve para hablar de la existencia de algo o para preguntar por algo que no sabemos si existe:

- *En mi barrio **hay** varias cafeterías.*
- *¿**Hay** una cabina por aquí?*

Estar sirve para localizar algo que sabemos que existe:

- *La cabina **está** ahí enfrente.*

LOCALIZAR

al lado (de)	(bastante)	lejos (de)	delante (de)
enfrente (de)	(no muy)	cerca (de)	detrás (de)
a la derecha (de)	en la esquina		
a la izquierda (de)	al final (de)		

ADJETIVOS DEMOSTRATIVOS

este/esta/estos/estas
ese/esa/esos/esas
aquel/aquella/aquellos/aquellas

- *Hay una farmacia en **aquella** esquina.*

LUGARES

un parque	un teatro	una cabina de teléfono
un gimnasio	un banco	una boca de metro
un buzón	un cine	una parada de autobús
un hotel	un quiosco	una parada de taxis
un hospital	un bar	una oficina de correos
un museo	un restaurante	una farmacia
un colegio	un supermercado	una plaza

10.a. Busca en el texto de las postales el nombre de los elementos de un paisaje que correspondan a estos dibujos. Puedes consultar Lengua y comunicación en la pagina 49.

un lago

¡Hola, chicos! ¿Qué tal? Os mandamos esta postal desde La Axarquía. Al final, hubo un pequeño cambio de planes: nada de playa. Decidimos hacer algo diferente y, con un coche alquilado, estamos visitando pueblecitos blancos entre montañas y valles, colinas y campos inmensos de olivos y de viñas. Y, ¿sabéis lo mejor? ¡Aquí hacen un vino fantástico! Mañana hacemos la Ruta del Vino y os llevaremos un recuerdo de la zona... Muchos besos y hasta pronto.

Inés y los demás

¡Hola, Berta! Te escribimos desde Cangas de Onís, donde vamos a pasar la noche. Mañana subiremos a los Lagos de Covadonga, que están dentro del Parque Nacional de los Picos de Europa: nos han dicho que son muy bonitos. El pueblo de Cangas está en un valle, entre los ríos Sella y Güeña. Es pequeño, pero muy animado, especialmente hoy, que es domingo y hay mercado en la plaza. Nos gusta mucho toda la zona, hay prados muy verdes por todas partes y también bosques de hayas y de robles. ¡La próxima vez tienes que venir! Te llamaremos pronto. Un beso muy fuerte.

Quique y Ana

b. ¿A qué postal corresponde cada una de estas fotos?

c. ¿Qué postal te gusta más? Coméntalo con tu compañero.

11.a. Piensa en un pueblo que conoces y que te gusta mucho: ¿qué tiene?, ¿qué hay cerca?, ¿cómo es?, ¿dónde está? Descríbeselo a tu compañero.

b. Escucha a tu compañero y toma nota en esta tabla. Después, redacta una breve descripción del pueblo preferido de tu compañero y dásela a tu profesor.

DÓNDE ESTÁ	CÓMO ES	QUÉ HAY	QUÉ TIENE

c. Tu profesor va a leer todas las descripciones. Identifica el texto que describe tu pueblo.

12.a. TAREA FINAL

Un grupo de estudiantes de español de diferentes países va a visitar el centro y la ciudad en la que estudias español. Pero antes, vamos a enviarles un correo electrónico para presentarles la ciudad. Piensa cómo es, dónde está, qué tiene, qué cosas interesantes hay que ver, etc.

b. Con otros tres compañeros, selecciona las ideas que van a aparecer en el correo electrónico. Después, escribe con ellos el texto y el asunto del mensaje.

c. Ahora cada grupo leerá su texto al resto de la clase. Escucha y comenta con tus compañeros qué información se puede añadir a vuestro mensaje.

● *También podemos decir que es una ciudad muy tranquila.*

▲ *Vale, y que tiene un bosque muy bonito cerca.*

Lengua y comunicación

Empezar y terminar una postal / un correo electrónico

- *¡Hola, Berta!*
- *¡Hola, chicos! ¿Qué tal?*
- *Un beso muy fuerte.*
- *Muchos besos y hasta pronto.*
- *Un abrazo.*

Elementos de un paisaje

un lago	una playa	un prado
un río	un pueblo	una colina
una montaña	un bosque	un valle

13.a. Observa estas fotos de diferentes barrios de Madrid. ¿Cómo los describirías?

- un barrio popular
- un barrio residencial
- un barrio moderno
- un barrio antiguo
- una zona histórica
- una zona para salir
- un barrio comercial
- un barrio de oficinas
- una buena zona para vivir con niños
- un barrio con espacios verdes

1 *Azca*

2 *Usera*

3 *Barrio de Salamanca*

4 *Barrio del Pilar*

5 *Centro*

6 *Gran Vía*

● *Yo creo que Azca es una zona de oficinas.*

▲ *Yo también.*

b. ¿Qué barrios te gustan más? ¿Cuáles visitarías para hacer turismo? ¿Qué barrio elegirías para vivir?

14.a. En una entrevista en el periódico, Ahmed habla de su barrio en Madrid. Busca en el plano en qué calle vive.

- **¿Cuánto tiempo llevas viviendo en el barrio?**
- Un poco más de dos años.
- **¿Estás contento?**
- Sí, mucho, la verdad. Es un barrio muy comercial y tengo muy cerca todo lo que necesito: el metro, una mezquita, carnicerías islámicas, el colegio de mis hijos, una piscina y un cine enfrente de casa.
- **¿Qué es lo que más te gusta del barrio?**
- Me gusta que está muy bien comunicado, que es un barrio muy animado, siempre hay gente en la calle. Hay bares, restaurantes y tiendas de todo tipo.
- **¿Y lo que menos?**
- Bueno, en mi calle hay mucho tráfico, pasan muchos autobuses y a veces es muy ruidosa.
- **¿Qué crees que le falta al barrio?**
- Un polideportivo, un parque y aparcamientos; es muy difícil encontrar sitio para aparcar.

Ahmed Legrib, 42 años, marroquí, comerciante

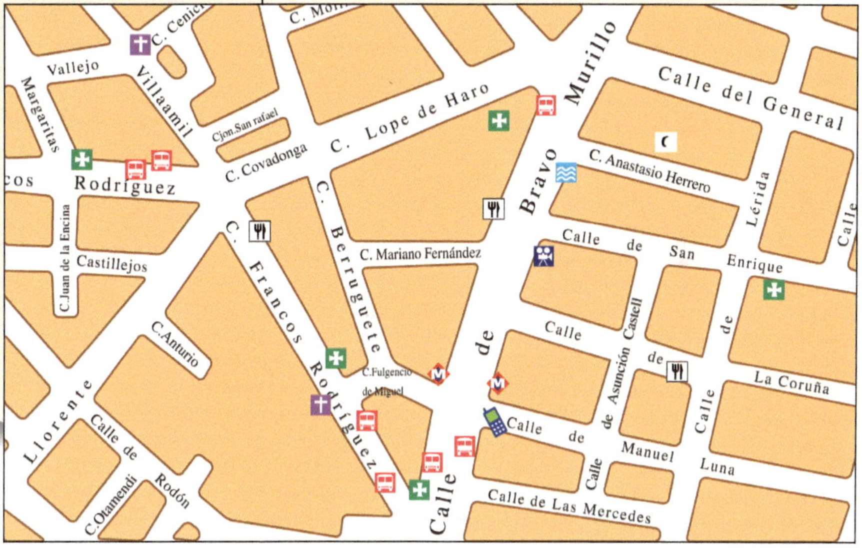

Barrio de Tetuán (Madrid)

b. ¿En qué se parece tu barrio al de Ahmed? Coméntalo con tu compañero.

● *En mi barrio también hay un cine.*
▲ *En mi barrio también.*

● *En mi barrio tampoco hay un polideportivo.*
▲ *¿No? En mi barrio sí.*

c. Tu compañero te va a describir su barrio. ¿Está contento donde vive? ¿Qué es lo que más le gusta?

TAREA FINAL

15. Estas personas van a vivir en la ciudad en la que tú estudias español. Comenta con dos compañeros qué barrios les recomendarías para vivir.

Marina

Luis y Pepa

Alfonso

● *A Luis y a Pepa les recomendaría vivir en el centro porque es una zona...*

MI PORTFOLIO DE ESPAÑOL

1.a. ¿Cuál es tu lengua materna? ¿Hablas otros idiomas? Recoge esta información en la sección "Pasaporte" de tu Portfolio.

Lengua(s) materna(s) ______________________________

Mother-tongue(s) ______________________________

Langue(s) maternelle(s) ______________________________

Otras lenguas ______________________________

Other languages ______________________________

Autres langues ______________________________

● *Mi lengua materna es el flamenco, pero hablo francés perfectamente, inglés, muy bien, y un poco de italiano. Y también un poco de español, claro.*

▲ *Pues mi lengua materna es...*

b. Completa la siguiente tabla con las actividades que puedes hacer (entender, leer, interactuar, hablar y escribir) en cada una de las lenguas que hablas. Marca tu nivel para cada actividad.

Escribe cada una de las lenguas que hablas:

entender									
leer									
interactuar									
hablar									
escribir									

Un poco | **Bastante** | **Mucho**

c. ¿Tienes el mismo nivel en cada una de las actividades? Piensa por qué.

● *Yo puedo entender un poco de italiano porque tengo bastantes amigos italianos y me gusta la música italiana, pero no sé hablar ni escribir en esta lengua.*

2.a. **Completa este formulario acerca de tu contacto y tu experiencia con el español (experiencias lingüísticas y de aprendizaje).**

MIS EXPERIENCIAS CON EL ESPAÑOL

ESTUDIO ESPAÑOL...

- [ ] en mi país
- [ ] en un país hispano (señalar cuál) ______________________
- [ ] en otro país (señalar cuál) ______________________

VIVO...

- [ ] con personas hispanas
- [ ] con personas que hablan español

TENGO...

- [ ] muchos / bastantes / algunos amigos hispanos
- [ ] muchos / bastantes / algunos familiares hispanos
- [ ] muchos / bastantes / algunos compañeros de trabajo hispanos

HABLO O ME COMUNICO...

- [ ] con personas hispanas
- [ ] con personas que hablan español

CONOZCO...

- [ ] países hispanos (señalar cuáles) ______________
- [ ] comida hispana (señalar cuáles) ______________
- [ ] canciones hispanas (señalar cuáles) ______________
- [ ] tradiciones o costumbres hispanas (señalar cuáles) ______________
- [ ] personajes hispanos (señalar cuáles) ______________
- [ ] obras literarias hispanas (señalar cuáles) ______________
- [ ] revistas, periódicos, cómics... hispanos (señalar cuáles) ______________
- [ ] páginas web, chats... hispanos (señalar cuáles) ______________
- [ ] películas, programas de la tele... hispanos (señalar cuáles) ______________
- [ ] otras cosas relacionadas con el español y los países hispanos (señalar cuáles) ______________

b. **Selecciona la información que te gustaría incluir en la sección "Biografía" de tu Portfolio y escribe un texto breve. No olvides la fecha.**

22 de noviembre de 2003

Por ahora estudio español en mi país, pero en el futuro quiero vivir en Caracas porque mi novia es venezolana y vive allí. Conozco Venezuela y también...

Escribir la fecha

[día] de [mes] de [año]

22 de noviembre de 2003

Los meses del año:

enero
febrero
marzo
abril
mayo
junio
julio
agosto
septiembre
octubre
noviembre
diciembre

3.a. ¿Recuerdas las cosas que hemos hecho en estas cuatro primeras unidades? Asocia las siguientes actividades con el dibujo correspondiente.

- completar un cuestionario de aprendizaje
- escribir un correo electrónico para describir y valorar una ciudad
- presentarse en un chat
- crear la agenda de la clase
- conversar a partir de fotos de familiares y amigos
- hacer un mural con todo lo hispano que conocemos
- escribir carteles con frases útiles para la clase
- conversar sobre lugares para visitar de una ciudad
- escribir una postal

1

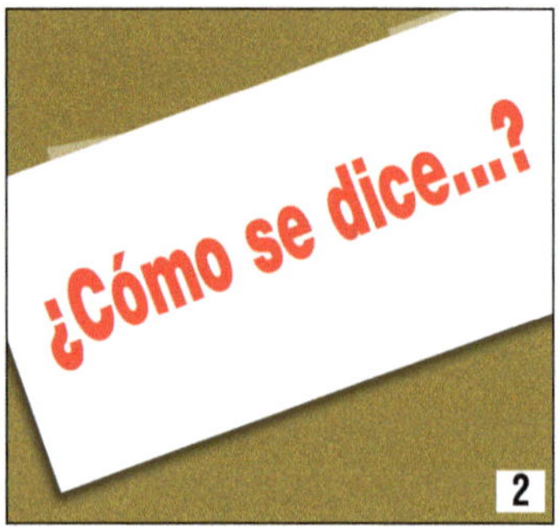

2

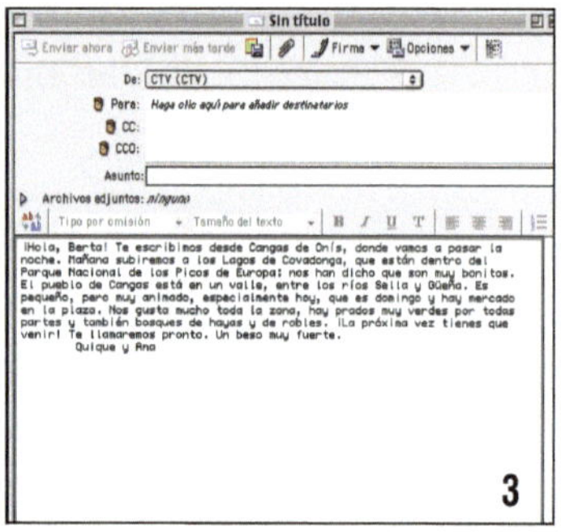
3

4

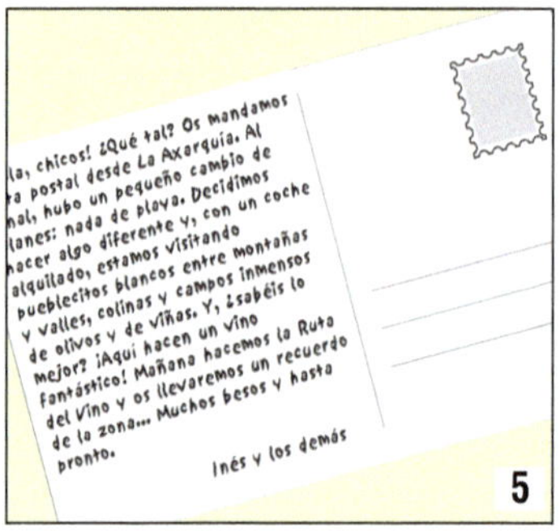
5

6

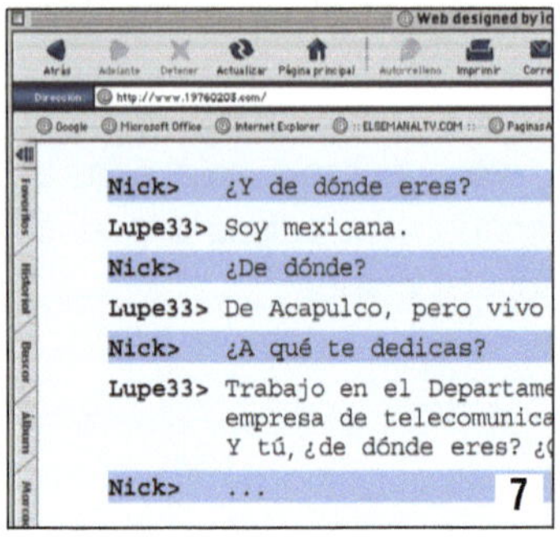

7

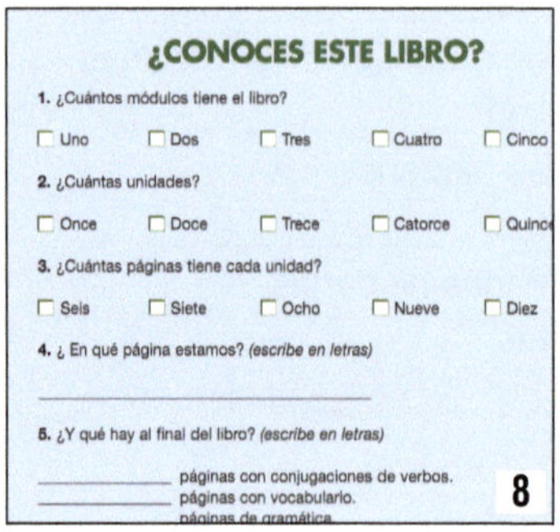

8

9

b. De todos tus trabajos realizados hasta ahora (documentos escritos, grabaciones, ejercicios, esquemas...), ¿cuáles te gustaría incluir en la sección "Dossier" de tu Portfolio? Coméntalo con tus compañeros.

Explicar los motivos:
porque
Me gustaría incluir el mural **porque** es mi primer trabajo en español.

A mí me gustaría incluir el mural con todo lo hispano porque es mi primer trabajo en español. Además, es un documento muy variado: con imágenes, artículos de periódicos, páginas de Internet, canciones... También me gustaría incluir...

ML

N.º1

MUNDO LATINO

La Habana

Más que "ropa vieja" y "Malecón"

Enrique Iglesias, el artista latino que más discos vende en el mundo, te revela sus secretos

¿FAMILIA NO HAY MÁS QUE UNA?

¡HOLA! HELLO! KONNICHIWA MBOLO...

ASÍ SALUDAMOS

> "YO ESTOY EN EL NÚMERO UNO Y MI PADRE EN EL DOS"

Enrique Iglesias

EL ARTISTA LATINO QUE MÁS DISCOS VENDE EN EL MUNDO, TE REVELA SUS SECRETOS

Nombre completo:	Enrique Iglesias Preysler
Nombre de los padres:	Julio Iglesias e Isabel Preysler
Lugar de nacimiento:	Madrid, España
Fecha de nacimiento:	8 de mayo de 1975
Color de piel:	Moreno
Color de cabello:	Castaño oscuro, como el de su madre
Color de ojos:	Marrones, como los de su padre
Aficiones:	Todos los deportes acuáticos. Le encanta hacer surf en las playas de Miami.
Carácter:	Dinámico, deportista, bromista, romántico y optimista
Ídolo:	Su padre, indiscutiblemente
Música preferida:	La romántica y los ritmos flamencos, que le recuerdan sus orígenes
De no ser cantante, ¿qué sería?:	"Me gustaría dedicarme a una profesión relacionada con la Comunicación."

- ¿Qué quiere decir Enrique Iglesias con "Yo estoy en el número uno y mi padre en el dos"? ¿Conoces a su padre? ¿Sabes a qué se dedica?
- Piensa en un personaje que te interesa (cantante, político...) e investiga un poco para conocer sus secretos. Después presenta el personaje a tus compañeros.

El viaje seleccionado esta semana es...

La Habana: El Malecón

La Habana

Lo primero que sorprende al viajero que llega a La Habana es su olor, un olor único, especial, difícil de describir... y que es característico de esta ciudad caribeña situada en la costa occidental de la isla de Cuba. Pero lo que realmente llama la atención es su maravilloso casco antiguo —La Habana Vieja—, un lugar que conserva varios recuerdos de otros tiempos pasados: sus calles rectas y cuadriculadas, los hermosos lugares y edificios de la época colonial española (como el precioso teatro García Lorca o como la plaza de la Catedral), sus casas de diferentes colores que recuerdan el esplendor de los 50, los automóviles americanos de los años 60 y 70 que todavía circulan por las calles...

La Habana es uno de esos lugares donde puedes sentir "la vida" en las calles: los ruidos y movimientos continuos de la gente, el ir y venir de las bicicletas y motocicletas, los simpáticos coco-taxis, los curiosos camellos (unos peculiares autobuses o "guaguas", como se llaman allí)... En la capital de Cuba —y en todo el país— hay una maravillosa mezcla de razas y el turismo favorece un encuentro de culturas muy diversas: cubanos, estadounidenses, franceses, españoles, italianos...

Los lugares que un viajero debe visitar son muchos, pero es inevitable dar un paseo por el famoso Malecón o paseo marítimo, lugar de encuentro de los más jóvenes habaneros. Para comer o cenar es muy recomendable entrar en un "paladar" (una casa particular donde sirven comidas) y para tomar un café, o cualquier cosa, son muy interesantes La Bodeguita del Medio (con fotos y firmas de personajes famosos en su interior) o El Floridita (típico rincón de los años 40-50). La Habana tiene también una vida nocturna muy intensa con cines, teatros, cabarés, salas de fiesta o discotecas como El Diablo Tuntún, donde podemos bailar salsa a todas horas.

Texto enviado por Rebeca Gutiérrez Rivilla, lectora de Puertollano (Ciudad Real, España)

- ¿Cómo es La Habana? ¿Qué hay en ella? ¿Es parecida o muy diferente a tu ciudad?
- ¿Te gustaría ir a La Habana? ¿Hay algo, en particular, que te gustaría visitar o conocer? ¿Y a tu compañero? ¿Por qué?
- Selecciona una ciudad de tu país que puede ser interesante para turistas extranjeros y escribe una descripción con lugares para visitar, comer, comprar, etc.

¿FAMILIA NO HAY MÁS QUE UNA?

"La familia se hace. Mis amigos son mi familia."

Anónimo

"Para una persona no violenta todo el mundo es su familia."

Monadas Karamchand Gandhi (1869-1948), político indio

"Un hermano es un amigo que nos da la naturaleza."

Proverbio chino

- Identifica las personas de las fotos. ¿Conoces otros datos además de su nacionalidad, profesión y fecha de nacimiento?
- ¿Con qué frase sobre la familia te identificas más?
- Con tus compañeros, ¿puedes escribir una frase sobre la familia con la que todos estáis de acuerdo?

"Los hijos aprenden poco de las palabras, solo sirven tus actos."

Joan Manuel Serrat (nacido en 1943), cantautor español

"Un buen padre es como cien maestros."

Jean Jacques Rousseau (1712-1778), escritor y filósofo francés

"Una casa es fuerte si tiene un padre valiente, una madre prudente, un hijo obediente y un hermano complaciente."

Confucio (551-479 a.C.), filósofo chino

"El hombre no está completo solo con la familia. Necesita el trabajo."

Dustin Hoffman (nacido en 1936), actor estadounidense

"Está de moda el matrimonio y la familia."

Miriam Díaz Aroca (nacida en 1962), actriz española y presentadora de televisión

Saludo etíope:
Los habitantes de Somalia, Eritrea y Etiopía se abrazan y se dan palmadas en la espalda sin tocarse la mejilla. Solo se saluda con un beso a los familiares más próximos.

Saludo español:
En España para saludarse y despedirse entre amigos es normal darse dos besos, tocándose ligeramente las mejillas: primero a la izquierda y después a la derecha.

Saludo argentino:
En Argentina, entre amigos íntimos y mujeres, es normal besarse o abrazarse. Para despedirse se saludan con la mano y lanzan un beso al aire.

¡Hola! Hello! Konnichiwa Mbolo... Así saludamos

Besarse, abrazarse, hacer una reverencia, saludarse con un aplauso, darse la mano... Cada cultura tiene su forma de decir "hola" y "adiós".

Saludo japonés:
En Japón se saluda con una reverencia. Si se quiere mostrar mucho respeto la inclinación puede llegar a 45º.

Saludo chino:
En China es normal saludarse con un aplauso. Se responde también con un aplauso.

Saludo indio:
El saludo tradicional consiste en unir las palmas de la mano y hacer una reverencia.

(Adaptado de *Muy interesante*)

- ✔ Fíjate en las ilustraciones. ¿Con cuál de ellas asocias cada una de estas formas de saludarse?
  - Abrazarse sin tocarse las mejillas
  - Unir las palmas y hacer una reverencia
  - Saludar con la mano
  - Darse dos besos tocándose ligeramente las mejillas
  - Hacer una reverencia
  - Dar un aplauso
- ✔ En tu cultura, ¿qué formas de saludarse hay: abrazarse, besarse, darse la mano...? Piensa en distintas situaciones y en distintas personas.
- ✔ Con ayuda de un compañero, escenifica en clase esas formas de saludarse.

B MÓDULO

UNIDAD 5

En esta unidad te proponemos:

¿TOMAMOS ALGO?

Hacer la lista de la compra para un fin de semana

Encargar comida y bebida por teléfono

Decidir el menú para una cena

Elegir un restaurante. Reflexionar sobre algunos hábitos y comportamientos sociales

1. a. Estos son algunos establecimientos donde se puede comer o tomar algo. Asócialos con estos nombres:

El número 1 es un restaurante.

- un bar
- una bocadillería
- una cafetería
- una terraza
- un restaurante

1

2

3

4

5

b. Comenta con tus compañeros qué crees que se puede hacer en cada uno de esos sitios:

● *En la cafetería **se puede** tomar un café.*

▲ *Y desayunar con los compañeros de trabajo, ¿no?*

- tomar unas raciones
- tomar un café
- comer algo rápido
- tomar una copa
- comer un menú
- desayunar con los compañeros de clase / del trabajo

Hablar de posibilidad
Se puede

En la cafetería **se puede** tomar un café.

c. ¿Te gustaría ir a alguno de los lugares anteriores? ¿Y a tu compañero?

Referirse a las comidas del día

desayunar
comer
merendar
cenar

● *A mí me gustaría comer en una bocadillería porque me gusta comer rápido.*

▲ *A mí también.*

2.a. Esta es la publicidad del supermercado Ahorra ya. ¿Reconoces los productos de la ilustración?

- *Esto es aceite.*
- ▲ *Esto...*

1 barra de pan blanco o integral **0,70 euros**

Botella de aceite de oliva (sabor suave) **2,58 euros**

Paquete de arroz **1,10 euros**

Paquete de jamón de York **1,90 euros**

Huevos frescos **1,46 euros**

Pieza de queso de oveja curado y semicurado **17,5 euros**

Brick de leche entera, desnatada o semidesnatada **0,98 euros cada uno**

Lata de cerveza sin alcohol y lata de refresco de cola sin azúcar **0,33 euros cada una**

Los productos garantizados son productos seleccionados por

Ahorra ya
por su calidad a bajo precio

b. Mira de nuevo la ilustración anterior y comenta con tu compañero con qué producto asocias las siguientes cantidades:

1,5 l   1 l   1 docena   200 g   1/2 kg   1 kg

- *Un litro y medio de leche, ¿no?*
- ▲ *Creo que sí. Y...*

c. ¿Los productos que se anuncian te parecen baratos? Compara los precios de los productos con los de tu supermercado o tienda habitual.

- *En mi supermercado el aceite de oliva creo que es más caro, pero depende de la marca.*

Comparar precios

cuesta(n) más/menos / lo mismo

es / son | más/menos | caro/a/os/as, barato/a/os/as

En mi supermercado el aceite de oliva es **más caro.**

Los huevos cuestan **lo mismo.**

PDi

3.a. Clasifica las siguientes frutas y verduras en la tabla.

naranja

plátano

tomate

calabacín

espinacas

manzana

limón

pimiento

melocotón

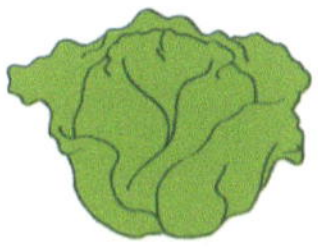
lechuga

berenjena

Frutas	Verduras
naranja	berenjena

b. ¿Sabes cómo se pronuncian estas palabras? Escucha y subraya la sílaba fuerte o tónica.

4.a. Para llevar una vida sana es importante comer bien. Discute con tu compañero qué productos pueden ayudarnos a comer sano.

TAREA FINAL

Expresar necesidad
Hay que
Para comer sano **hay que** tomar mucha fruta.

- *Para comer sano hay que tomar mucha fruta, verdura...*
- *Sí, y tomar bebidas sin alcohol, sin azúcar...*

b. Lee la lista de la compra del viernes y, con tu compañero, modifícala para poder comer sano, los dos, el fin de semana.

- *No necesitamos chocolate ni mantequilla.*
- *Leche entera tampoco, mejor semidesnatada. Y más leche, ¿no?*

1/2 kg de manzanas
1/2 docena de huevos
2 tabletas de chocolate
1 l de leche entera
mantequilla
1 pollo
1 lechuga
1 paquete de pasta
queso curado
pizza congelada 4 quesos

c. ¿Qué pareja tiene la lista de la compra con productos más sanos?

Lengua y comunicación

Hablar de cantidades

2 l = dos litros
1,5 l = un litro y medio
1 l = un litro
1/2 l = medio litro
1/4 l = un cuarto de litro
2 kg = dos kilos
1 kg = un kilo
1,5 kg = un kilo y medio
1/2 kg= medio kilo
1/4 kg = un cuarto de kilo
200 g = doscientos gramos
1 docena de huevos
1/2 media docena de huevos

Números del 100 al 1.000

100 cien
101 ciento uno
102 ciento dos
103 ciento tres
200 doscientos
201 doscientos uno
300 trescientos
400 cuatrocientos
500 quinientos
600 seiscientos
700 setecientos
800 ochocientos
900 novecientos
1.000 mil

5.a. Lee este folleto de Paella-Exprés y responde con tu compañero a estas preguntas:

- ¿Cuántas paellas llevan carne? ¿Y verdura?
- ¿Cómo se llama la que lleva carne y pescado?
- ¿La paella Torrent lleva carne?

Paella-Exprés

La paella más auténtica directamente a su puerta

BEBIDAS:
Consulte nuestra amplia carta de vinos.
Cerveza, refrescos, agua mineral

Pruebe nuestros deliciosos postres caseros:

Tarta de chocolate de la abuela (3 €)
Flan de la casa (3 €)
Crema de almendras (3 €)
Helados variados (2,5 €)

Pruebe nuestras seis deliciosas paellas:

1. Paella valenciana: arroz, pollo, conejo y judías verdes (15 €)
2. Paella de marisco: arroz, calamares, mejillones, gambas, cigalas, langostas y almejas (22 €)
3. Paella mixta: arroz, pollo, gambas, cigalas y calamares (18 €)
4. Paella Torrent: arroz, bacalao y coliflor (12 €)
5. Paella negra: arroz con calamares en su tinta (12 €)
6. Nuestra paella del mes: Paella de la huerta (12 €)

Pedidos de 11 de la mañana a 9 de la noche. Pedido mínimo: paella para dos personas

b. ¿Qué crees que lleva la paella de la huerta?

☐ tomate	☐ calamares	☐ pollo	☐ calabacín	☐ coliflor
☐ alcachofas	☐ conejo	☐ berenjena	☐ ajo	☐ gambas

c. Tu compañero y tú habéis decidido pedir una paella. Habla con él para descubrir sus preferencias.

● *A mí me apetece mucho la número 1. ¿Te gusta la carne?*

▲ *Sí, me gusta. Pero no me apetece mucho, prefiero...*

TAREA FINAL

6. a. Una persona llama por teléfono a Paella-Exprés para hacer un pedido. Completa la conversación con las frases del recuadro y, después, escucha y comprueba.

- ● Paella-Exprés ¿dígame?
- ▲ Hola. Quería encargar una paella.
- ● ¿..?
- ▲ Para dos.
- ● Muy bien. ¿..?
- ▲ La paella mixta.
- ● Ahá. Una número 3. ¿..?
- ▲ Pues para las dos y media.
- ● ¿..?
- ▲ Dos cervezas, por favor.
- ● De acuerdo. Postre, ¿..?
- ▲ Ehhh... Tienen helados, ¿no?
- ● Sí, señor. Tenemos de chocolate, fresa, nata y turrón.
- ▲ Pues uno de chocolate y otro de turrón.
- ● Muy bien. ¿..?
- ▲ Sí, es un móvil: 655 902 417
- ● ¿Y ....?
- ▲ Paseo Oriental, número 5, bajo. Son unas oficinas, pueden dejarlo en recepción.
- ● De acuerdo. Pues a las dos y media recibirá el pedido.
- ▲ Muchas gracias.
- ● A usted. Buenas tardes.

> -¿van a tomar?
> -¿Para qué hora la quiere?
> -¿dígame?
> -¿la dirección?
> -¿Qué paella desea?
> -¿Me da su número de teléfono, por favor?
> -¿Y para beber?
> -¿Para cuántas personas?

b. Ahora practica con tu compañero. Uno de vosotros llama a Paella-Exprés para hacer un pedido y el otro atiende la llamada y toma nota. Después, intercambiad los papeles.

LENGUA Y COMUNICACIÓN

PRESENTE DEL VERBO *APETECER*

(a mí)	me	
(a ti)	te	apetece(n)
(a él/ella/usted)	le	

- ● *¿**Te apetece** comer marisco?*
- ▲ *No, **me apetece** más la paella de la huerta.*
- ■ *¿**Te apetecen** unos helados?*

HABLAR DE LOS INGREDIENTES DE UN PLATO

- ● *¿Qué lleva la paella valenciana?*
- ▲ *Lleva carne y verduras.*

PRESENTE DEL VERBO *PREFERIR*

(yo)	prefiero
(tú)	prefieres
(él/ella/usted)	prefiere

TIPOS DE ALIMENTOS

Carne: pollo, conejo, cordero…
Pescado: bacalao, bonito, merluza…
Marisco: gambas, cigalas, calamares, langostas, almejas, pulpo…
Verdura: coliflor, berenjena, lechuga, pimiento, espinacas…
Fruta: naranja, plátano, melocotón, manzana, limón...

7. a. Aquí tienes algunos platos fáciles de preparar. Identifica cada plato y discute con tu compañero los ingredientes y la forma de cocinarlo.

- Conejo con frutos secos
- Huevos con bechamel, espinacas y jamón
- Bonito a la plancha con pimientos
- Ensalada de pulpo

● *El número 3 es conejo al ajillo con frutos secos.*

▲ *Sí, lleva conejo, frutos secos...*

b. Asocia cada plato con su receta y comprueba tus hipótesis.

Para 4 personas
Preparación: aproximadamente 40 minutos
Cocción: unos 30 minutos

Ingredientes:
Un pulpo, 2 lechugas (de colores), aceite de oliva, sal, vinagre y pimentón

Procedimiento:
Cocer el pulpo, cortarlo y colocarlo en el plato. Lavar las lechugas, cortarlas y colocarlas también en el plato. Mezclar el aceite, el vinagre, la sal y el pimentón y echarlo por encima.

Para 4 personas
Preparación: 50 minutos
Freír: unos 10 minutos

Ingredientes:
Conejo, 150 g de frutos secos, 1 kg de ciruelas, aceite, ajos, azúcar, mantequilla y sal

Procedimiento:
Cortar el conejo y freírlo. Pelar las ciruelas, quitar los huesos y ponerlas a cocer con azúcar y mantequilla. Después, triturarlas. En una sartén, freír los ajos y los frutos secos.

Para 4 personas
Preparación: 20 minutos
A la plancha: 15 minutos

Ingredientes:
4 trozos de bonito, 4 pimientos verdes, aceite, 2 ajos, perejil y sal

Procedimiento:
Lavar el pescado y poner el bonito a la plancha. Añadir los ajos. Mientras, lavar los pimientos, cortarlos y ponerlos en una sartén.

Para 6 personas
Preparación: 20 minutos
Al horno: 4 minutos

Ingredientes:
6 huevos, 300 g de espinacas, 6 lonchas de jamón, aceite, sal, mantequilla, harina y leche

Procedimiento:
Hacer una salsa bechamel con aceite, harina, mantequilla, sal y leche. Descongelar las espinacas, cortarlas y añadirlas a la bechamel.

● *El conejo lleva también ciruelas.*

▲ *Sí, y está frito porque la receta dice "freír".*

c. **¿Te apetece alguno de estos platos? ¿Cuál? ¿Coincides con otros compañeros?**

● *A mí me apetece el bonito a la plancha con pimientos.*
▲ *A mí también porque me gusta mucho el pescado.*
■ *Yo prefiero la ensalada de pulpo.*
▼ *Yo también; me gusta mucho el pescado, pero las ensaladas me encantan.*

d. **¿Con qué bebida acompañarías cada plato?**

● *El bonito, con vino blanco, frío o del tiempo. Me gusta el vino blanco con el pescado.*
▲ *Pues yo, con agua. Nunca tomo vino, no me gusta.*

8. a. **Piensa en cuatro o cinco comidas que te gustan y escríbelas. Puede ser pescado, carne, ensalada, pasta...**

TAREA FINAL

b. **En grupos de cuatro. El próximo fin de semana vas a cenar con tus compañeros. Ten en cuenta sus gustos y decidid lo que vais a cenar.**

● *A mí me gusta mucho la pasta. Por ejemplo, la pasta con marisco me encanta, es mi plato preferido.*
▲ *A mí también me gusta la pasta, pero no me gusta nada el marisco.*
■ *¿Y os gusta el pescado?*

c. **¿Y de postre? ¿Y para beber?**

● *Y de postre, ¿qué podemos tomar? A mí me gusta mucho...*

d. **El menú de tu grupo, ¿es parecido o diferente de los otros menús de la clase? Explicádselo a vuestros compañeros.**

Lengua y comunicación

Tipos de bebidas

vino blanco/tinto/rosado	
cerveza (sin alcohol)	(muy) caliente
refresco de cola/naranja/limón (sin azúcar)	(muy) frío/a
agua con/sin gas	del tiempo
té (con limón), poleo, manzanilla	con hielo
zumo de naranja/melocotón...	
café solo/con leche/cortado/descafeinado	

Formas de cocinar

está/n cocido/a/os/as
está/n guisado/a/os/as
está/n asado/a/os/as
está/n hecho/a/os/as a la plancha
está/n hecho/a/os/as al vapor
está/n crudo/a/os/as
está/n frito/a/os/as

Verbo *gustar*

(a mí)	me	
(a ti)	te	
(a él/ella/usted)	le	gusta + singular/infinitivo
(a nosotros/as)	nos	gustan + plural
(a vosotros/as)	os	
(a ellos/ellas/ustedes)	les	

- *¿**Os gustan** las ensaladas?*
- ***No me gusta** nada el marisco.*
- *A mí con el pescado **me gusta** tomar vino blanco.*

9. a. Fíjate en estos anuncios de restaurantes que aparecen en la *Guía del Buen Comer* para encontrar:

- un restaurante romántico
- un restaurante exótico
- un restaurante vegetariano
- un restaurante económico
- un restaurante mexicano
- un restaurante de cocina regional

RodiCaribe. Grill-Service. Un *buffet* espectacular por un precio... ¡único! Ensaladas, arroces, pastas... Gran barbacoa de carnes y pescados. 1ª bebida+postre+cafés+IVA, todo incluido. Mediodías de lunes a viernes, 8,75 euros. Todas las noches, sábados y festivos, 12,50 euros.
Claudio Coello, 108.
91 563 1168.

Al natural. Zorrilla, 11. 91 369 4709. Metro Sevilla. Restaurante vegetariano. Especialidad: tarta de setas y espinacas.
Cierra domingo tarde.

Bodegón Cubano. Trujillo, 3. 91 559 7874. Metro Santo Domingo. Especialidad: langosta enchilada. No cierra ningún día.

Palacio de Anglona. Segovia, 13. 91 366 37 53. Metro La Latina. Cocina imaginativa y original. Especialidad en verduras a la plancha y pasta fresca con buey de mar. Excelente carta de vinos. No cierra ningún día.

Entre suspiro y suspiro. Caños del Peral, 3. 91 542 0644. Metro Ópera. Antiguo palacete en la Plaza de Isabel II. Cocina mexicana. Especialidad: codornices en salsa de pétalos de rosa. Ambiente cálido y agradable. Atractiva e imaginativa carta. Días de cierre: sábados mediodía y domingos.

Taberna La Daniela. General Pardiñas, 21. 91 575 2329. Raciones y tapas. Especialidad en tortillas: tortilla tradicional de patata y cebolla, de chorizo, de verduras.

Cocina Yu. Asiática. Especialidad: platos vietnamitas. Cocina japonesa. Cantonesa-thailandesa. Salones privados (tatami). Raimundo Fernández Villaverde, 26. 91 553 5181.

La Alpujarra. Pescaditos fritos. Pescados al horno y a la sal. Carnes rojas. Arroces y gambas. Cocina andaluza. Plaza del Perú, 4 y 5.
91 345 5012.

b. ¿Conoces algunos de los platos que preparan estos restaurantes? ¿Cómo son? Coméntalo con tu compañero.

● *La tortilla de verduras lleva cebolla, patata...*
▲ *Sí, y también lleva pimiento y calabacín.*

c. ¿A qué restaurante o restaurantes te gustaría ir y con quién?

● *Me gustaría ir al restaurante... con mi hermana porque es vegetariana.*

10. a. Dylan está de vacaciones en Madrid con su amigo Ramón. Escúchalos y numera estas tres situaciones por orden de aparición.

- ☐ Deciden cuánto dinero dejan de propina.
- ☐ Tienen diferentes costumbres sobre los horarios de comidas.
- ☐ Hablan de quién paga las consumiciones.

b. Escucha de nuevo y marca qué pasa en cada situación.

1
- ☐ Uno paga todo.
- ☐ Cada uno paga la mitad.
- ☐ Cada uno paga su propia consumición.

2
- ☐ Ramón recomienda dejar una cantidad fija de propina.
- ☐ Ramón recomienda dejar algo suelto, una moneda.
- ☐ Ramón recomienda no dejar nada de propina.

3
- ☐ Cenan antes de las 20.00 h.
- ☐ Cenan entre las 20.00 y las 22.00 h.
- ☐ Cenan más tarde de las 22.00 h.

c. ¿Ocurre lo mismo en tu cultura? ¿Haces lo mismo? ¿Depende de con quién estás, cuándo y dónde? Coméntalo con tus compañeros.

B
MÓDULO

UNIDAD 6

En esta unidad te proponemos:

HÁBITOS Y TIEMPO LIBRE

Realizar un test para descubrir si eres una persona organizada

Entrevistar a un invitado para conocer aspectos de su vida cotidiana, sus gustos, aficiones...

Encontrar compañeros que comparten tus aficiones para crear una asociación

Descubrir cómo pasan diferentes personas su tiempo libre

1.a. **Helga está en Sosúa, un pueblo en la costa norte de la República Dominicana. Lee la postal que ha escrito a una amiga y toma nota de lo que hace allí. Después, compara tus notas con tu compañero.**

¡Hola, Cecilia!
¿Qué tal? Yo estoy encantada. Después de trabajar en Múnich todo el año y con tanto estrés, estoy en este pueblo precioso, relajada, sin teléfono, sin jefes y sin madrugar. Me acuesto a las diez, más pronto que nunca, y me levanto a las siete porque las clases empiezan a las nueve (o sea que ¡duermo nueve horas! ¡Qué lujo!). Voy a clase de lunes a viernes y por la tarde estudio un rato en la biblioteca, veo la tele y, a veces, ¡hasta duermo la siesta! Luego juego al tenis o voy a la playa y por la noche paseo o salgo a tomar algo con los compañeros de clase. Son muy simpáticos. Los fines de semana vamos de excursión a los pueblos cercanos o a la ciudad de Puerto Plata para salir por la noche. No me lo creo, Cecilia, la vida de estudiante es una maravilla. ¡Hasta tengo tiempo para escribir a mis amigos! A ver si este año nos toca la lotería...
Un besote *Helga*

Presente de indicativo (3ª persona singular)
Verbos irregulares

	jugar	**acostarse**	**dormirse**
(él/ella/usted)	juega	se acuesta	duerme
	empezar	**tener**	**ir**
(él/ella/usted)	empieza	tiene	va

Se levanta a las 7

● *Helga se acuesta a las diez.*
▲ *Sí, y se levanta a las siete para ir a clase.*

b. **¿Cómo crees que es la vida de Helga en Múnich durante el año? Coméntalo con tu compañero.**

● *Yo creo que se acuesta muy tarde.*
▲ *Sí, no tiene tiempo para...*

Decir a qué hora se realiza algo

a la una
a las dos
...

c. **¿Y tú? ¿Durante la semana haces alguna de las actividades que Helga hace en Sosúa? Coméntalo con tu compañero.**

● *Yo también me acuesto pronto.*
▲ *Y yo estudio español en la biblioteca.*

2.a. **En la página web www.ensusitio.com se dan algunos consejos para ser una persona organizada. ¿Haces tú alguna de estas cosas? Señálalo.**

b. **¿Qué otras cosas hace una persona organizada? Pide ayuda a tu compañero o al profesor si lo necesitas.**

- *Una persona organizada planifica el tiempo de estudio.*
- *Sí, y en casa ordena los cajones.*

c. **¿Y tú? ¿Te consideras una persona organizada? Piensa en lo que haces para organizarte y, después, coméntalo con tu compañero. ¿Quién es más organizado?**

3.a. **Completa el siguiente test y descubre si realmente eres una persona organizada o no.**

TAREA FINAL

¿Eres una persona organizada?

	NUNCA	A VECES	A MENUDO	SIEMPRE
¿Llegas puntual a tus citas?				
¿Terminas tus trabajos a tiempo?				
¿Preparas tus viajes con tiempo suficiente para comprar el billete, reservar habitación…?				
¿Ordenas tu mesa de trabajo?				
¿Recoges tu ropa en casa?				
Cuando vas a hacer la compra, ¿haces antes una lista?				
¿Calculas tus gastos del mes de acuerdo con tu sueldo?				
¿Ahorras algo de dinero?				
¿Pasas tiempo con tu familia y amigos cuando tienes mucho trabajo?				
¿Haces tres comidas diarias?				
¿Tienes una agenda para tomar nota de cosas importantes?				
¿Duermes entre 7 y 8 horas diarias?				
¿Clasificas tus documentos importantes?				
¿Sales puntual del trabajo?				
SUBTOTALES				
TOTAL				

RESULTADOS

Utiliza los siguientes valores y descubre si eres organizado o no:

NUNCA = 0 A VECES = 1 CON FRECUENCIA = 2 SIEMPRE = 3

Entre 0 y 15: Tienes que cambiar algunos hábitos, pero si pones atención, conseguirás mejorar mucho. Verás que las cosas resultan más fáciles con un poco más de organización. Inténtalo, vale la pena.

Entre 15 y 30: Tienes buenos hábitos. Te gusta organizar las cosas que son importantes porque eso te ayuda en tu vida diaria. Si cambias unos pocos hábitos, llegarás a ser una persona muy organizada. Con muy poco esfuerzo lo conseguirás.

Entre 30 y 42: ¡Enhorabuena! Eres una persona muy organizada. Seguro que tus compañeros de trabajo y las personas que viven contigo te lo agradecen mucho porque les haces la vida más fácil.

b. Habla con tu compañero para descubrir si tiene hábitos similares o diferentes a los tuyos.

- *¿Tú duermes ocho horas?*
- *Pues sí, algunos días no, pero normalmente sí. ¿Y tú?*
- *Yo no; solo duermo cinco o seis horas... es que me acuesto muy tarde.*

LENGUA Y COMUNICACIÓN

PRESENTE DE INDICATIVO (SINGULAR)

VERBOS REGULARES

	llegar	comer	vivir
(yo)	llego	como	vivo
(tú)	llegas	comes	vives
(él/ella/usted)	llega	come	vive

VERBOS PRONOMINALES

		levantarse	acostarse
(yo)	me	levanto	acuesto
(tú)	te	levantas	acuestas
(él/ella/usted)	se	levanta	acuesta

VERBOS CON DIPTONGO: *O>UE* Y *E>IE*

	encontrar	dormir	jugar*	pensar	tener
(yo)	encuentro	duermo	juego	pienso	tengo**
(tú)	encuentras	duermes	juegas	piensas	tienes
(él/ella/usted)	encuentra	duerme	juega	piensa	tiene

* *Jugar con diptongo u>ue*

VERBOS CON 'G' EN LA 1ª P. DEL SINGULAR

	salir	hacer
(yo)	salgo	hago
(tú)	sales	haces
(él/ella/usted)	sale	hace

OTRAS IRREGULARIDADES

	ir	estar
(yo)	voy	estoy
(tú)	vas	estás
(él/ella/usted)	va	está

4.a. Lee esta entrevista a la actriz Penélope Cruz y responde a las siguientes preguntas:

- ¿Dónde vive?
- ¿Cuántos días trabaja a la semana?
- ¿Qué hace en su tiempo libre?

PENÉLOPE CRUZ

La famosa actriz española nos habla de su vida en EEUU y de la Fundación Sabera en Calcuta, con la que colabora.

PREGUNTA. Penélope, ahora eres famosa en gran parte del mundo, pero trabajas mucho, ¿no?

RESPUESTA. Sí, claro... Trabajo seis días a la semana y todos los días me levanto a las cinco y media de la mañana. Empiezo a rodar a las siete y media.

P. Pero te levantas demasiado pronto, ¿no?

R. Bueno... es que siempre hago yoga y después un poco de gimnasia, luego me ducho y desayuno tranquilamente.

P. ¿Y a qué hora te acuestas?

R. Pues también bastante pronto, hacia las diez de la noche...

P. ¿Sales muy tarde de los estudios?

R. Depende... Normalmente a las cinco de la tarde pero, a veces, vuelvo a casa a las ocho o a las nueve de la noche.

P. El tiempo justo para cenar y acostarte...

R. Sí, pido algo para cenar rápido y me voy a dormir.

P. ¿Y en tu tiempo libre? ¿Qué haces? ¿Dónde vas?

R. Pues, cuando puedo, escucho música y leo. También voy a clase de ballet dos días a la semana y, algunos fines de semana, mis amigos y yo salimos de Los Ángeles y vamos a diferentes lugares, hacemos fotos... Me gusta mucho la fotografía.

P. Y también colaboras con una ONG...

R. Sí, con la Fundación Sabera. Es una ONG que está en Calcuta y que ayuda a niñas sin recursos.

b. En grupos de tres, ¿Penélope Cruz hace algo parecido a lo que haces tú habitualmente?

- ● *Yo también hago yoga.*
- ▲ *¿Sí? ¿Todos los días?*
- ● *No, tres veces a la semana.*

5.a. Raúl es un conocido futbolista. Escucha la entrevista que le hacen en la radio y escribe en la tabla con qué frecuencia hace estas actividades.

	Raúl	Tu compañero
Hacer gimnasia / deporte	Cada mañana	
Ducharse		
Afeitarse		
Comer o cenar fuera de casa		
Salir con amigos		
Estudiar		
Escuchar música		
Ver la televisión		
Navegar en Internet		
Ir al cine		
Acostarse pronto		
Jugar con el gato		

b. **Descubre con qué frecuencia hace esas actividades tu compañero y completa la tabla anterior. ¿Tiene hábitos parecidos a los tuyos?**

● *¿Tú te afeitas todos los días?*
▲ *Sí... Bueno, casi todos. Los domingos no me afeito.*

6.a. TAREA FINAL

En grupos de tres. Con tus compañeros selecciona, entre estos aspectos, los más interesantes para hacerle una entrevista al profesor (o a un invitado) y conocerlo mejor.

- su trabajo
- su tiempo libre
- su vida diaria
- sus amigos
- su familia
- sus gustos y preferencias
- sus fines de semana

● *Podemos hacerle preguntas sobre su familia.*
▲ *Pero ya sabemos todo de su familia.*
■ *Sí, es verdad. ¿Y de sus amigos?*

b. **Uno de vosotros toma nota de las preguntas para hacer en la entrevista.**

● *Entonces, ¿le preguntamos qué hace con sus amigos?*
▲ *De acuerdo, ¿y qué pregunta podemos hacer?*
■ *Pues «¿Qué haces cuando sales con tus amigos?» o «Tus amigos y tú, ¿qué hacéis?»...*
▲ *¿Pero vamos a utilizar «tú» o «usted»? Mejor «usted», ¿no?*

c. **Ahora simulamos una rueda de prensa en la que, por turnos, se hacen preguntas al entrevistado. Toma nota de lo más interesante de la entrevista para, después, redactar un reportaje.**

Lengua y comunicación

Expresiones de frecuencia

una vez dos veces tres veces	al día a la semana al mes	un día dos días	a la semana al año

- *Voy al gimnasio **dos veces a la semana**.*

cada día/todos los días cada tarde/todas las tardes cada noche/todas las noches cada fin de semana/todos...	(casi) siempre muchas veces a veces (casi) nunca

● *¿Sales **todos los sábados**?*
▲ *No, no salgo **casi nunca** porque tengo mucho trabajo.*

Los días de la semana

lunes
martes
miércoles
jueves
viernes
sábado
domingo

Partes del día

por la mañana
por la tarde
por la noche

7.a. Relaciona los nombres de estas asociaciones con sus logotipos.

- Asociación de Antiguos Alumnos del Colegio del Rey
- Federación Venezolana de Astronomía
- Grupo Scout de la Alameda
- Club de Amigos del Automóvil Antiguo
- Círculo de Amigos de los Animales
- Real Sociedad de Fotografía
- Asociación pro Arte y Cultura
- Agrupación Chilena de Deportes de Montaña

CAA

G.S.A.

ACDM

RSF

FVA

AC

A.A.A. C.R.

C.a.A.a.

b. ¿Qué actividades crees que realizan los miembros de cada una de estas asociaciones?

● *Yo creo que los Amigos del Automóvil Antiguo se reúnen y organizan competiciones.*

jugar al tenis
jugar al fútbol
jugar al golf
jugar a las cartas
...
jugar con los animales

dar cursos
dar charlas
dar

hacer viajes
hacer excursiones
hacer fotos
hacer deporte

pasear
bañarse
tomar el sol
montar a caballo
visitar museos
reunirse

ir a la playa
ir al campo
ir a la montaña
ir a pescar

organizar actividades
organizar encuentros
organizar competiciones

c. Escucha a Pelayo y Leticia que hablan de las actividades que realizan en su asociación. ¿Sabes a cuál pertenece cada uno?

8 ¿Con quién pasas tu tiempo libre? ¿Qué haces? Márcalo y coméntalo con dos compañeros. ¿Coincides con ellos?

● *Yo estoy en un grupo de cicloturismo y hacemos excursiones en bicicleta.*

▲ *¿Sí? ¿Y adónde vais? ¿Al campo, a la montaña...?*

● *A muchos sitios. También visitamos ciudades, pueblos...*

■ *Pues yo paso mi tiempo libre con mis amigos y también hacemos excursiones en bicicleta...*

- ☐ ... en un grupo, asociación o club
- ☐ ... con mi familia
- ☐ ... con mis amigos
- ☐ ... solo

9.a. **Piensa en tus aficiones o en las actividades que te gustaría hacer.**

TAREA FINAL

Mis aficiones o las actividades que me gustaría hacer

b. **Ahora busca compañeros que comparten alguna de tus aficiones para crear una asociación.**

● *¿Qué te gusta hacer en tu tiempo libre?*

▲ *Pues me gusta salir...*

c. **Pensad en las actividades que vais a realizar en la asociación y buscad un nombre y un logotipo. Después, haced una presentación de vuestra asociación a la clase.**

LENGUA Y COMUNICACIÓN

PRESENTE DE INDICATIVO (PLURAL)

VERBOS REGULARES

	participar	hacer	salir
(nosotros/as)	particip**amos**	hac**emos**	sal**imos**
(vosotros/as)	particip**áis**	hac**éis**	sal**ís**
(ellos/as, ustedes)	particip**an**	hac**en**	sal**en**

VERBOS IRREGULARES

Verbos con diptongo: o>ue, u>ue* y e>ie en la 3ª persona plural**

	acostarse	tener
(nosotros/as)	nos acostamos	tenemos
(vosotros/as)	os acostáis	tenéis
(ellos/as, ustedes)	se ac**ue**stan	t**ie**nen

** Jugar con diptongo u>ue (**jue**gan).*
*** La 1ª y la 2ª persona plural no son irregulares.*

VERBOS PRONOMINALES

	reunirse
(nosotros/as)	**nos** reunimos
(vosotros/as	**os** reunís
(ellos/as, ustedes)	**se** reúnen

OTRAS IRREGULARIDADES

	ir	ser
(nosotros/as)	**vamos**	**somos**
(vosotros/as)	**vais**	**sois**
(ellos/as, ustedes)	**van**	**son**

10.a. TAREA FINAL **Lee este artículo y subraya las actividades que haces en tu tiempo de ocio. ¿Hay alguna actividad que nunca realizas?**

Jóvenes
Y TIEMPO LIBRE

En los últimos diez años ha habido un importante cambio de hábitos en el uso del tiempo libre de los jóvenes. En una aproximación a sus preferencias, las tendencias mayoritarias para el uso del tiempo libre son:

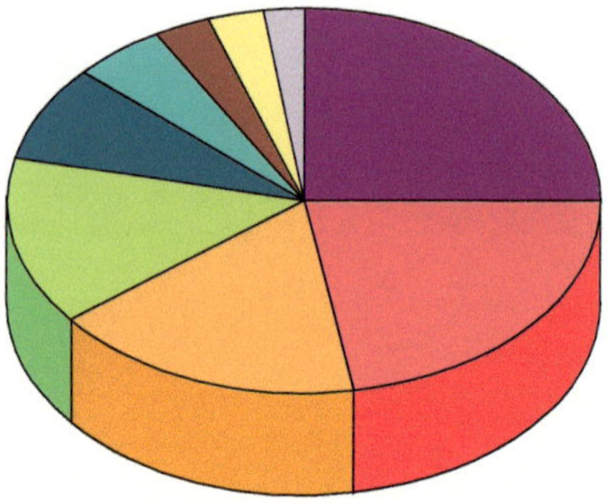

- En un **25%**, estar y salir con amigos.
- En un **22%**, ver la TV y usar los ordenadores.
- En un **17%**, hacer deporte, hacer excursiones y viajes.
- En un **14%**, escuchar música, bailar y ver cine.
- En un **8%**, leer y aprender idiomas.
- En un **5%**, asociarse y ser voluntario.
- En un **3%**, participar en actividades religiosas.
- En un **3%**, salir con la familia.
- En un **2%**, diversas y 'no sabe' 'no contesta'.

Consejo de la Juventud de España

Hablar de porcentajes

% = por ciento

El 8% de los jóvenes dedica su tiempo libre a leer y aprender idiomas.

b. ¿Hay algún dato que te llama la atención? ¿Crees que en tu país ocurre algo parecido? Coméntalo con tus compañeros y tu profesor.

- *En mi país, yo creo que los jóvenes hacen más deporte...*

11.a. El programa de TV Crónicas quiere saber qué hace la gente en su tiempo libre. Escucha las encuestas que hacen a Teresa y a Óscar y completa la tabla.

	¿Qué hace?	¿Dónde?	¿Con quién?	¿Cuándo?
Teresa				
Óscar				

b. ¿En qué coincides con Teresa? ¿Y con Óscar? Coméntalo con tu compañero.

- *Yo también ceno con amigos los fines de semana, pero no cenamos fuera, cenamos en casa.*

PDi

TAREA FINAL

12.a. Observa a estas personas e identifica qué aficiones tienen y dónde pasan su tiempo libre.

- *A los chicos de la primera foto les gusta leer en su tiempo libre.*
- ▲ *Sí, y leen en en el campo.*

b. ¿Qué lugares hay en tu ciudad para pasar el tiempo de ocio? ¿Qué hace la gente allí?

c. ¿Y tú? ¿En qué lugares pasas tu tiempo libre? ¿Por qué?

B
MÓDULO

UNIDAD 7

En esta unidad te proponemos:

COSAS DE CASA

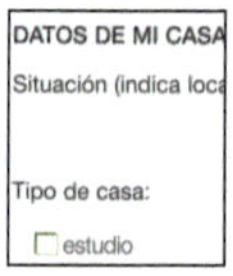
DATOS DE MI CASA
Situación (indica loc
Tipo de casa:
estudio

Completar un formulario para intercambiar tu casa con otra persona en vacaciones

Elegir un alojamiento y hacer una reserva por teléfono

Colocar objetos en un estudio aprovechando el espacio al máximo

Hablar de aspectos socioeconómicos y socioculturales relacionados con la vivienda

PDi

1.a. Estas son algunas viviendas de Barcelona que se alquilan. ¿Cuántas habitaciones crees que tienen? ¿Están en el centro de la ciudad o en las afueras? ¿Cuál crees que es más cara? Coméntalo con tus compañeros.

- ● *Yo creo que esta casa es muy grande; probablemente tiene tres o cuatro habitaciones.*
- ▲ *Sí, puede ser. A mí me parece que está en el centro de la ciudad.*
- ■ *Sí, a mí también. Seguramente es más cara que las otras casas.*

Expresar hipótesis

probablemente
seguramente

b. Asocia cada uno de estos anuncios con una de las casas anteriores.

Sant Vicenç dels Horts
Chalé en urbanización a 10 min. de Barcelona. 115 m^2.
3 habitaciones, cocina amueblada, baño, servicio, amplio salón y jardín. 900 €/mes

Sants
Piso de 3 habitaciones, exterior, salón luminoso, baño, terraza. En buen estado. 70 m^2. Bien comunicado. 890 €/mes

Les corts
Ático precioso. 100 m^2. Dos dormitorios, salón de 40 m^2, aire acondicionado. Mejor verlo. 2.000 €/mes

Gotic
Estudio céntrico exterior de 40 m^2. Cocina americana, calefacción y baño completo. Metro y autobuses. 680 €/mes

Añadir información

Yo prefiero el chalé porque tiene tres habitaciones y jardín. **Además**, no es muy caro y está cerca de Barcelona.

c. ¿Qué casa te gusta más? ¿Cuál se adapta mejor a tus necesidades?

- ● *A mí me gusta mucho el ático, es muy bonito. Me encantan los salones grandes.*
- ▲ *Pues yo prefiero el chalet porque tengo niños y la casa tiene jardín. Además, no es muy caro y está cerca de Barcelona.*

2. **¿Qué lugares del mundo te gustaría visitar? ¿Por qué? ¿Coincides con algún compañero?**

- *A mí me gustaría ir a los Andes porque…*

3. **www.intervacaciones.com facilita el intercambio de casas entre personas de todo el mundo. Responde a estas preguntas y descubre cómo funciona.**

- ¿Se puede intercambiar una habitación?
- ¿El intercambio tiene una duración mínima? ¿Se puede hacer en cualquier época del año? ¿Es necesario intercambiar las casas simultáneamente?
- ¿Qué hay que hacer para participar en el intercambio?

http://www.intervacaciones.com

Atrás · Adelante · Detener · Actualizar · Página principal · Autorrelleno · Imprimir · Correo

Dirección: http://www.intervacaciones.com

Página inicial de actualidad · Apple · iTools · Soporte de Apple · Apple Store · Productos para Mac · Microsoft Office · Internet Explorer

Estas vacaciones van a ser diferentes con INTERVACACIONES

Los 5 intercambios más visitados:

- Apartamento en Cala Millor, Ibiza (Islas Baleares, España)
- Apartamento en Santiago (Chile)
- Piso en Andorra
- Casa en Samaná (República Dominicana)
- Casa en Chiloé (Chile)

Bienvenidos a INTERVACACIONES, un portal para intercambiar casas en vacaciones y disfrutar de un alojamiento cómodo y sin gastos en hoteles, restaurantes… en ciudades de más de 56 países (Londres, París, Estambul, Nueva York, Seúl, El Cairo, Sydney, Nueva Delhi o algún paraje remoto de las islas Baleares, Hawai, el Caribe…).

Usted se hospeda en la casa de otra persona y esta se hospeda en la suya. Ustedes fijan la duración del intercambio y las fechas para realizarlo. Si alguno de ustedes dispone de una segunda vivienda el intercambio no tiene que ser simultáneo. También se pueden intercambiar solamente habitaciones.

Para ofrecer la vivienda en intercambio hay que completar el formulario de alta. Registrarse es gratuito.

Ibiza

Santiago de Chile

Andorra

Samaná

Chiloé

Zona de Internet

4. a. TAREA FINAL

Estás interesado en intercambiar tu vivienda. Completa este formulario para publicar los datos de tu vivienda en www.intervacaciones.com

DATOS DE MI CASA

Situación (indica localidad y país en el que se encuentra):

Tipo de casa:

☐ estudio	☐ apartamento	☐ chalé	☐ dúplex
☐ casa	☐ piso	☐ ático	☐ villa

Número de dormitorios:

Número de camas:

Prestaciones (marca con una X las prestaciones que ofrezca tu casa):

☐ plaza de garaje	☐ televisión	☐ calefacción	☐ aire acondicionado
☐ jardín	☐ lavadora	☐ ascensor	☐ vistas panorámicas
☐ lavaplatos	☐ terraza	☐ vídeo o DVD	☐ microondas

Otras prestaciones:

Restricciones (marca con una X las restricciones que deseas poner para intercambiar tu casa):

☐ No fumadores ☐ No mascotas ☐ No niños (menores de 10 años)

b. Lee los formularios que han completado tus compañeros. ¿Te gustaría intercambiar tu vivienda o habitación con alguno de ellos?

LENGUA Y COMUNICACIÓN

TIPOS DE VIVIENDA

un estudio	un chalé
una casa	un ático
un apartamento	un dúplex
un piso	una villa

EXPRESAR POSIBILIDAD

se puede + infinitivo

- ***Se puede intercambiar** casas y también habitación.*

EXPRESAR OBLIGACIÓN

hay que + infinitivo

- *Para ofrecer la vivienda en intercambio **hay que completar** el formulario de alta.*

5. **Lee estos anuncios de dos casas rurales publicados en la revista *Turismo rural*. ¿Con qué casa asocias cada grupo de fotos?**

- *Estas fotos son de la Casa de la Mesta: este es el salón comedor en la buhardilla...*

Casas rurales de alquiler en las sierras de Cazorla (Jaén) y Castril (Granada)

Casa de la Mesta
Casa del siglo XIX en pleno monte y rodeada de ríos. Casa de piedra, con chimenea y cocina de leña. Ambiente rústico. No hay cobertura para telefonía móvil. Planta baja con 4 habitaciones y 2 baños. Buhardilla con cocina y salón comedor. Habitación doble desde 100 euros.

Información y reservas: 953 124 133 y 600 625 648

Casa de la Luz
Casa de montaña de nueva construcción en zona residencial rodeada de una amplia zona verde (a 20 minutos de la playa en coche). Teléfono, calefacción central, luz y agua caliente. Planta baja con cocina, salón, comedor, un baño y terraza. 5 dormitorios y 2 baños en la primera planta. Habitación doble: 115 euros.

Información y reservas: 958 243 177 y 600 134 331

6.a. ¿Qué te parecen las dos casas anteriores? Valora de 1 a 5 los siguientes aspectos (5 es la puntuación más alta).

	Casa de la Mesta	Casa de la Luz
Situación		
Equipamiento (luz, teléfono, calefacción...)		
Decoración		
Precio		
Ambiente acogedor		

b. Coméntalo con tus compañeros. ¿Coincides con ellos? ¿Elegirían la misma casa para pasar un fin de semana?

Valorar una casa

Está bien/mal situada.
Está bien/mal equipada.
Está bien/mal decorada.

● *A mí la Casa de la Luz me parece que está muy bien situada, mejor que la Casa de la Mesta.*
▲ *Sí, y es tan bonita como la Casa de la Mesta.*

7.a. Una persona llama por teléfono a la Casa de la Mesta para hacer una reserva. Ordena la conversación y, después, escucha y comprueba.

TAREA FINAL

● Sería para los días... 15 y 16 de mayo, dos habitaciones dobles. En una de ellas necesitamos una cama supletoria para un niño, ¿puede ser?
● Ah, sí, sí, lo conozco. Perfecto. Pues me gustaría hacer una reserva.
▲ Sí, tenemos camas para niños. ¿Y a nombre de quién hacemos la reserva?
① ▲ Casa de la Mesta, ¿dígame?
▲ Pues estamos en plena Sierra de Cazorla, no sé si la conoce... El pueblo más cercano se llama Pozo Alcón, que está a unos 7 Km.
● A mi nombre: Marta Ramos.
▲ Muy bien, ¿para cuándo sería y cuántas habitaciones?
● Buenos días, llamaba porque he visto el anuncio de la casa, me ha gustado mucho y quería saber dónde está exactamente.
▲ Muy bien, pues ya está... una reserva, a nombre de Marta Ramos, de dos habitaciones dobles, una con cama supletoria, para el 15 y 16 de mayo.

b. En parejas. Uno llama a la casa que más le ha gustado para hacer una reserva. El otro es el recepcionista, que responde al teléfono y toma nota de los datos. Después, se intercambian los papeles.

c. ¿Cuál es la casa que han reservado más personas de la clase?

Lengua y comunicación

Comparar

más + nombre/adjetivo/adverbio + *que*

- *La Casa de la Luz está **más** cerca de la playa **que** la Casa de la Mesta, pero parece **menos** tranquila.*

menos + nombre/adjetivo/adverbio + *que*

- *La Casa de la Mesta es **menos** cómoda **que** la otra.*

tan + adjetivo/adverbio + *como*

- *Para mí, la Casa de la Luz es **tan** bonita **como** la Casa de la Mesta.*

Partes de la casa

el salón, el baño, la cocina
el comedor, el dormitorio, la terraza

Comparativos especiales

mejor/peor, mayor/menor

- *La Casa de la Luz está **mejor** situada que la Casa de la Mesta y parece **mayor**.*

8. **Busca en la portada de la revista *Hogares* algunos de estos objetos. ¿Te gusta alguno para tu casa?**

una mesa redonda
un jarrón de cristal
una silla roja
una librería de madera
una alfombra de lana
un sillón negro de piel
una lámpara de hierro
un sofá azul

- *A mí me gusta mucho la librería de madera; la puedo poner en el salón de mi casa.*
- *Pues a mí...*

9.a. **Susana está decorando el salón de su casa nueva. Escucha la conversación que tiene con su amiga Carmen y señala, en el dibujo, los objetos que nombran.**

PDi

b. **Escucha otra vez y toma nota de los objetos que piensa comprar Susana. Después, compara los resultados con tu compañero.**

c. **¿Qué objetos consideras imprescindibles para decorar un salón? Coméntalo con tu compañero.**

10.a. **Ernesto ha comprado algunas cosas para su nuevo estudio. Comenta con tu compañero dónde puede colocar cada cosa para aprovechar el espacio al máximo.**

TAREA FINAL

una cama
un sofá
un jarrón
un vídeo con DVD
dos sillas
una televisión
una mesa
una mesita baja
una alfombra
una estantería
un equipo de música

- ● *El sofá, lo puede poner a la izquierda de la puerta de la calle.*
- ▲ *Mejor a la derecha, ¿te parece?*
- ● *Vale. Y la mesita, delante del sofá, encima de la alfombra.*

b. Ahora coméntalo con otros compañeros de clase. ¿Estáis de acuerdo?

- ● *Nosotros creemos que lo mejor es poner el sofá a la derecha de la puerta, la mesita delante del sofá...*

Lengua y comunicación

Pronombres de objeto directo

lo/los
la/las

- *El sofá* ***lo*** *puede poner a la izquierda de la puerta.*
- *Las dos sillas* ***las*** *puede poner al lado de la mesa.*
- *A mí me gusta mucho la mesa redonda;* ***la*** *pondría en mi salón.*
- *Me encantan los marcos de fotos;* ***los*** *puedo poner en muchos sitios.*

Objetos de la casa

una lámpara	un marco de fotos
una alfombra	un armario
una mesita	un espejo
una estantería	un sofá
una cómoda	un equipo de música
una silla	unos cojines
unas macetas	un sillón
una cama	un jarrón

Colores

Cambian género:
blanco/a/os/as
negro/a/os/as
rojo/a/os/as
amarillo/a/os/as

- ● *A mí me gusta el sillón* ***negro*** *de piel.*
- ▲ *Pues a mí me gusta la silla* ***roja****.*

Género invariable:

rosa/s	azul/es
violeta/s	marrón/es
naranja/s	gris/es
verde/s	amarillo/s

- *A mí me gusta mucho el sofá* ***azul****.*

Formas

redondo/a/os/as
cuadrado/a/os/as
rectangular/es

11.a. ¿Qué están haciendo las personas de las fotografías? ¿Dónde están? Coméntalo con tu compañero para ver si estáis de acuerdo.

● *La chica que está en la cocina está desayunando.*

▲ *Sí, y la señora mayor se está secando el pelo.*

Estar + gerundio		
-ar	**-er**	**-ir**
está(n) habl**ando**	com**iendo**	durm**iendo**
irregulares	**reflexivos**	
leyendo	secándose	
durmiendo	duchándose	

b. Señala en la lista las actividades que hacéis en tu casa y en qué parte de la casa las hacéis. Después, coméntalo con tus compañeros.

● *En mi casa casi siempre comemos en la cocina, pero si viene gente comemos en el comedor.*

▲ *Pues en la mía comemos en el salón, pero mi padre llega más tarde del trabajo y come en la cocina.*

- Comer
- Jugar a algo
- Recibir a amigos o familiares
- Cuidar las plantas
- Tomar un café o un aperitivo
- Hacer trabajos de bricolaje
- Hacer gimnasia
- Leer
- Escuchar música
- Ver la tele o películas

12.a. **El programa de radio *A debate* de hoy trata de la vivienda en España. Escucha y subraya las afirmaciones que escuches. Después, compara los resultados con tu compañero.**

- En las casas viven menos personas que antes.
- En las casas viven más personas que antes.

- Hay muchas viviendas en alquiler.
- Hay pocas viviendas en alquiler.

- La gente joven se independiza antes que hace 20 años.
- Los jóvenes se van de casa de sus padres cada vez más tarde.

- Las viviendas son cada vez más caras.
- Los precios de las viviendas son, en proporción, más baratos que antes.

b. Con tu compañero, piensa en cuáles pueden ser las causas de esos hechos. Aquí tienes algunas ideas.

Ahora hay más/menos personas que viven solas.
La gente tiene más/menos hijos que antes.
El suelo es muy caro/barato.
El nivel de vida y los salarios son más altos/bajos que hace unos años.
La gente tiene hijos más tarde/pronto.
Hay más/menos gente soltera que antes.
La gente se casa más tarde/joven que antes.
Hay pocas/muchas ayudas para la compra de una vivienda.
Se construyen pocas/muchas viviendas.
La gente no quiere alquilar su casa.
Los alquileres son tan/más caros como/que la letra de una hipoteca.

● *Seguramente en las casas viven menos personas que antes porque hay más personas que viven solas.*

▲ *Sí, y a lo mejor también porque la gente ahora tiene menos hijos y más tarde.*

c. Estos son algunos titulares de diferentes periódicos españoles. ¿Con qué afirmación del apartado 12.b. puedes relacionarlos? ¿Es igual en tu país?

El 73% de las personas con 25 años están solteras y viven con sus padres

El número de solteros es más del doble que hace 20 años

La hipoteca supone para las familias españolas la mitad de sus ingresos

Solo el 10% de las viviendas se alquilan

En los últimos 30 años la media de miembros por hogar ha descendido de 4 a 3 personas

Las españolas son madres, de media, a los 30 años

La tasa de natalidad ha descendido en las dos últimas décadas un 57%

MÁS DEL 25% DE LOS MAYORES DE 90 AÑOS VIVEN SOLOS

MÓDULO B

UNIDAD 8

En esta unidad te proponemos:

NOS PONEMOS DE ACUERDO

Quedar para hacer una actividad en grupo

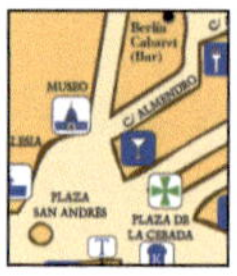

Dar indicaciones para llegar al centro donde estudias español

Elegir un regalo para dos compañeros de clase

Descubrir qué celebra la gente en diferentes países, dónde y cuándo

1.a. La página web www.tiempodeocio.com ofrece sugerencias para pasar el tiempo libre en diferentes ciudades españolas. Relaciona cada texto con uno de los enlaces de la derecha.

http://www.tiempodeocio.com

Atrás | Adelante | Detener | Actualizar | Página principal | Autorrelleno | Imprimir | Correo

Dirección: http://www.tiempodeocio.com

Página inicial de actualidad | Apple | iTools | Soporte de Apple | Apple Store | Productos para Mac | Microsoft Office | Internet Explorer

Madrid
El Palacio de Congresos se llena de luz y sonido con las mejores canciones del artista colombiano Juanes.

Barcelona
La Fundación Miró dedica una muestra antológica a la obra del escultor vasco Chillida.

Granada
La compañía La Abadía pone en escena una moderna versión de *La vida es sueño*, el gran clásico de Calderón de la Barca.

Santiago de Compostela
El director Alejandro Amenábar elige la ciudad compostelana para estrenar su último filme.

San Sebastián
El argentino Julio Bocca y su *ballet* presentan el espectáculo *Nine Sinatra Songs*, basado en nueve canciones de Sinatra y con coreografía de Twyla Tharp.

Valencia
Esta noche a las 00:00 la tradicional "cremà" pondrá fin a los festejos de la ciudad.

BUSCA EN TIEMPODEOCIO

- Una película
- Una obra de teatro
- Un espectáculo de danza o de baile
- Un restaurante
- Una exposición
- Un concierto
- Un bar de copas o una discoteca
- Unas fiestas

Zona de Internet

- *En Madrid hay un concierto de Juanes, ¿no?*
- *Sí, en el Palacio de Congresos, y en Barcelona...*

b. ¿Te gustaría ir a alguna de las actividades que aparecen en tiempodeocio.com? ¿Por qué?

2.a. Marga está organizando su agenda para el próximo fin de semana. ¿Por qué no la ayudas?

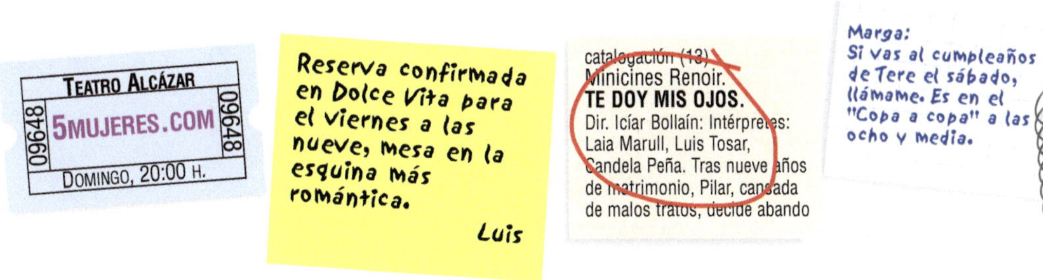

b. Comenta con tu compañero qué planes tiene Marga para el fin de semana.

c. ¿Y tú? ¿Tienes algún plan para el fin de semana? ¿Qué piensas hacer?

- *Yo este sábado voy a ver la última película de Antonio Banderas.*
- *Yo también voy al cine, pero el viernes, con mi novia. Queremos ver...*

3.a. **Comenta con tu compañero a qué actividad se refiere cada uno de los siguientes carteles.**

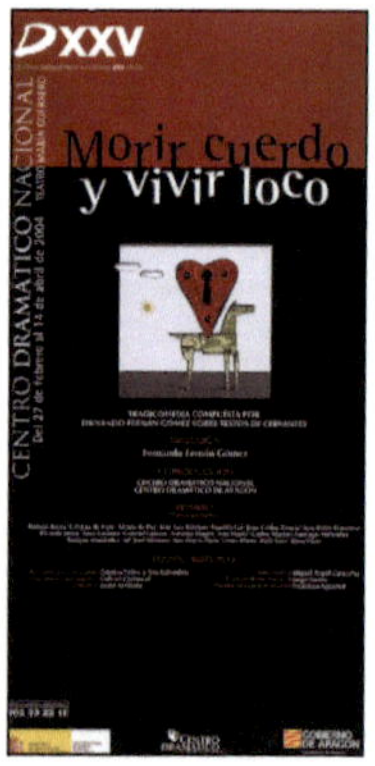

- *Este cartel es de un concierto, ¿no?*
- *Sí, de Alejandro Sanz, y este es de...*

b. **Lee este mensaje que Elena le escribe a su amiga Marisa. ¿Qué actividades le propone hacer este fin de semana?**

¿Quedamos este fin de semana? - Mensaje (Texto sin formato)

Archivo Edición Ver Insertar Formato Herramientas Acciones ?

Para... Marisa
CC...
Asunto: ¿Quedamos este fin de semana?

Hola, Marisa:
¿Hacemos algo este fin de semana? El viernes estrenan una obra de Fernando Fernán Gómez y en los Cines Ideal ponen la última película de Mercedes Lezcano. ¿Qué te parece? Si quieres, podemos hacer las dos cosas: el viernes vamos al teatro y el sábado al cine... Después podemos ir a bailar por ahí. ¿Te apetece?
Un beso,
Elena

c. **Marisa le responde a Elena. ¿Por qué no puede quedar con ella? ¿Qué le propone?**

¿Quedamos este fin de semana? - Mensaje (Texto sin formato)

Archivo Edición Ver Insertar Formato Herramientas Acciones ?

Para... Elena
CC...
Asunto: Rw: ¿quedamos este fin de semana?

Elena:
Me apetece mucho quedar contigo pero este viernes no puedo. Es que voy a cenar fuera. Es el cumpleaños de mi madre y, después de cenar, vamos a ir a un concierto en el Auditorio Nacional. Y el sábado hay un concierto de Alejandro Sanz en La Riviera y vamos a ir Inma, Juan Luis y yo. ¿Quieres venir con nosotros? Si no te apetece, ¿qué tal si nos vemos el domingo? Te llamo esta tarde y hablamos, ¿vale?
Un beso,
Marisa

d. **Escucha la conversación entre Elena y Marisa y responde a las siguientes preguntas:**

- ¿Qué deciden hacer juntas finalmente?
- ¿Cuándo?
- ¿A qué hora es la inauguración?
- ¿Dónde es la inauguración?
- ¿Dónde quedan?
- ¿A qué hora quedan?

TAREA FINAL

4.a. **Con la ayuda de dos compañeros, piensa en la oferta de ocio que hay en la ciudad donde estudias español y completa esta tabla según tus propios intereses.**

¿Qué películas interesantes ponen en los cines?	¿Hay alguna obra de teatro interesante? ¿Dónde la representan?	¿Hay algún concierto? ¿Dónde?
¿Hay algún otro espectáculo de tu interés (danza, magia...)?	¿Hay alguna exposición? ¿En qué sala, museo, galería...?	¿Hay fiestas en la ciudad (o cerca de la ciudad)?

b. **Habla con un compañero de otro grupo para hacer algo juntos (qué día, dónde, a qué hora...).**

● *¿Vamos a ver una obra de teatro? Hay una de Shakespeare en el Teatro Colón y otra de Lorca en el Candilejas.*

▲ *Es que el teatro no me gusta mucho... ¿Y si vamos a un concierto? A ti te gusta la música clásica, ¿no?*

c. **Ahora, decide con tu compañero cuándo y dónde quedas con él.**

● *Entonces, el próximo jueves vamos al concierto de guitarra. ¿Dónde quedamos?*

▲ *Pues, si te parece bien, podemos quedar en la entrada del Auditorio a las ocho menos cuarto...*

d. **Busca en la clase a otros compañeros que quieran ir con vosotros.**

● *El próximo jueves Ning y yo vamos a un concierto de guitarra en el Auditorio Nacional. ¿Quieres venir con nosotros?*

▲ *Es que los conciertos de guitarra no me gustan mucho... Yo voy al cine con Marco esta noche. ¿Te apetece venir?*

Lengua y comunicación

Proponer algo

¿Vamos a...? ¿Qué tal si...?
¿Te apetece...? ¿Y si...?
¿Qué te parece si...?
- *¿**Qué te parece** si vamos al cine?*

Rechazar una invitación

Para justificar nuestro rechazo a una invitación utilizamos *es que...*

● *¿Te apetece ir a cenar fuera?*

▲ *¿Y si vamos mañana? **Es que** esta noche juegan el Real Madrid y el Barcelona.*

Concretar una cita

¿Cuándo / ¿Qué día / ¿Dónde / ¿A qué hora — quedamos?

● *¿Y **dónde quedamos**?*

▲ *Podemos quedar delante de la sala de exposiciones.*

Horas

la	una	en punto	de la mañana
	dos	y cinco/diez/...	de la tarde
las	tres	y cuarto/media	de la noche
	cuatro	menos cinco/diez ...	de la madrugada
	...	menos cuarto	

Hablar de ofertas de ocio

poner + películas
- *Hoy **ponen** una película muy buena en la televisión.*

representar + obras de teatro
- *En el teatro Valle-Inclán **representan** una obra de Molière.*

hay + otros espectáculos/exposiciones/fiestas
- *El sábado **hay** un concierto de Shakira en Bogotá.*
- *En la Fundación Juan March **hay** una exposición de esculturas muy interesante.*
- *Esta semana **hay** fiestas en mi barrio.*

5.a. **Usama llama a su amigo Nacho para invitarle a su cumpleaños y explicarle cómo llegar a su nueva casa. Escucha la conversación y numera estas frases por orden de aparición:**

- (1) tienes que tomar la línea 5
- ☐ vas hasta la Plaza de la Cebada
- ☐ bajas en La Latina y sales a la Calle de San Francisco
- ☐ está justo enfrente de un mercado
- (6) cruzas la plaza y sigues andando
- ☐ cuando llegas a la plaza, giras a tu derecha
- ☐ sigues todo recto
- ☐ a tu izquierda dejas una iglesia bastante grande
- ☐ está justo después del Berlín Cabaret

b. **Escucha de nuevo las indicaciones de Usama y marca el camino en la ilustración.**

c. **En secreto, marca un lugar en la ilustración y escribe cómo llegar hasta él desde el metro. Después, intercambia tu texto con el de tu compañero y léelo. ¿Puedes descubrir el lugar que ha marcado?**

6.a. **Dibuja un plano de tu barrio con diferentes lugares de referencia (el nombre de una calle, bares y cafeterías, una parada de autobús, etc.) pero no señales tu casa.**

b. **Intercambia tu plano con el de tu compañero. Escucha sus indicaciones y, sobre su plano, marca el camino para llegar a su casa desde el centro donde estudias español.**

● *Puedes tomar el autobús nº 5 y bajarte en la parada del Museo Picasso. Luego sigues hasta la Plaza de España.*

▲ *¿Es una plaza que tiene una fuente en el centro?*

7.a. **Con tu compañero, relaciona estas señales de tráfico con las palabras de la derecha.**

- (5) Una señal de *stop*
- ☐ Una señal de dirección prohibida
- ☐ Una rotonda
- ☐ Una gasolinera
- ☐ Un semáforo
- ☐ Un cruce
- ☐ Un aparcamiento
- ☐ Un paso de peatones

b. **Lourdes llega en coche a una ciudad que no conoce. Escucha las indicaciones que le dan y señala en los dibujos la ruta que debe seguir para ir al centro de la ciudad.**

1

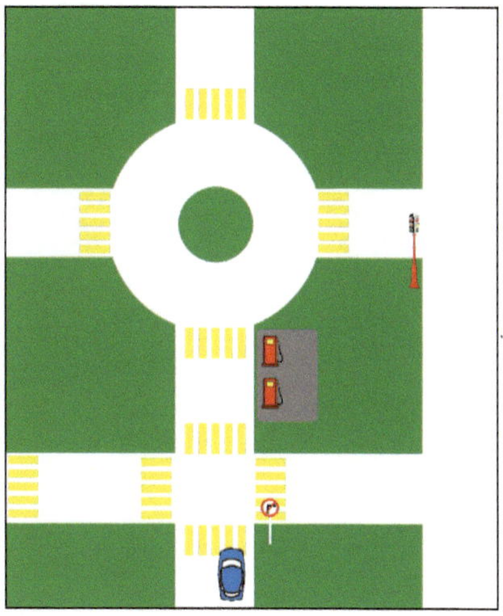

2

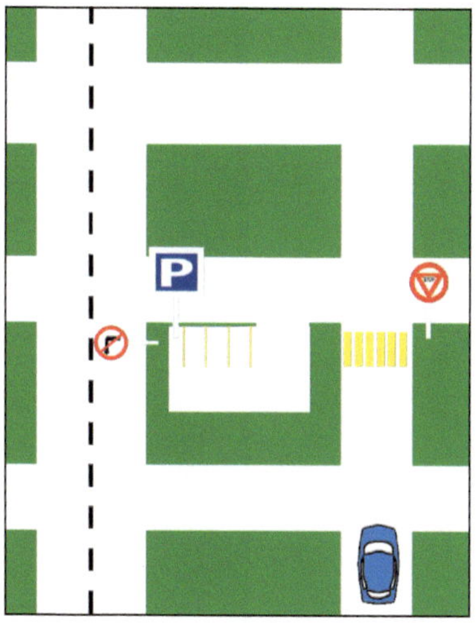

8. TAREA FINAL

Un amigo hispano llega mañana a tu ciudad. Indícale qué debe hacer para llegar desde la estación de tren (o de autobuses) hasta el centro donde estudias español.

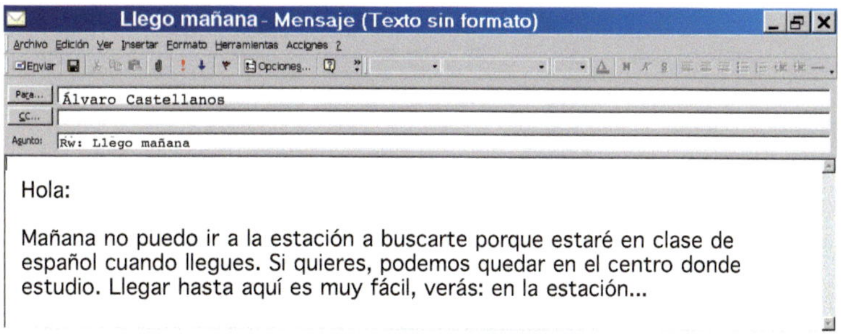

LENGUA Y COMUNICACIÓN

PEDIR INDICACIONES

¿Cómo se va ¿Cómo se llega	a tu casa? al centro? a la calle de Lima?

- *Perdona, ¿sabes cómo se va al teatro Lara?*

IMPERATIVO AFIRMATIVO

	2ª pers. sing. (tú)	3ª pers. sing. (él/ella/usted)
perdonar	perdona	perdone
tomar	toma	tome
bajar	baja	baje
cruzar	cruza	cruce
girar	gira	gire
seguir	sigue	siga
salir	sal	salga
ir	ve	vaya
oír	oye	oiga

DAR INDICACIONES

Podemos utilizar el presente de indicativo o el imperativo.

● *¿**Sabes** cómo se va a la Plaza Mayor?*
▲ *Sí, **mira**, vas por esta calle hasta el final y luego giras a la derecha.*
● *Perdone, ¿sabe usted cómo llegar al Museo Thyssen?*
▲ *Sí, **mire**, vaya por esta calle hasta el final y luego gire a la izquierda.*

PRESENTE DE INDICATIVO: *SEGUIR**

(yo)	sigo
(tú)	sigues
(él/ella/usted)	sigue
(nosotros/as)	seguimos
(vosotros/as)	seguís
(ellos/ellas/ustedes)	siguen

* El verbo *seguir* es irregular en presente de indicativo (cambia la **e** por **i**).

9.a. Esta es la tienda de regalos Busgo. ¿Sabes a qué objeto corresponde cada palabra? Hazlo con ayuda de tu compañero.

- un paraguas
- un maletín
- unas velas
- un jarrón
- un bolso
- un collar
- unos prismáticos
- un ajedrez
- un cuadro
- un álbum de fotos
- un juego de café
- un despertador

1

2

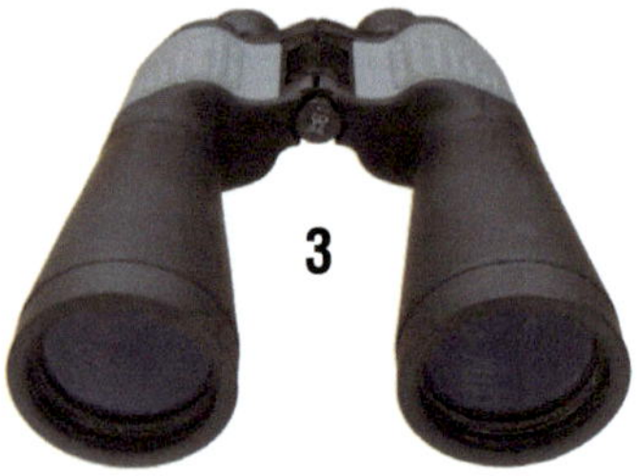
3

4

5

6

7

8

9

10

11

12

● *¿Sabes qué es el número 1?*

▲ *Sí, creo que es un jarrón. ¿Y esto? Yo no sé cómo se llama. ¿Y tú?*

b. Lucía y Nieves buscan algunos regalos para familiares y amigos. ¿Puedes ayudarlas a encontrar algo para cada persona? Comenta tus ideas con tu compañero.

Lucía: para su novio Paco y para su madre, porque es su cumpleaños.
Nieves: para su amiga Ana, que se marcha a vivir a EE.UU. con su marido.

● *Pues yo creo que un despertador para el novio de Lucía.*

▲ *Sí, puede ser, o un maletín para el trabajo.*

c. Escucha ahora a Lucía y a Nieves. ¿Crees que has escogido buenos regalos para sus familiares y amigos? ¿Quieres cambiarlos?

● *El maletín no es una buena idea para el novio de Lucía porque...*

TAREA FINAL

10.a. **En parejas, vamos a jugar al «amigo invisible». Escribid vuestros nombres en un papel y dádselo al profesor.**

b. **Cada pareja recibe un papel del profesor para saber a qué dos compañeros hacer un regalo sorpresa. Si no conocéis mucho a la otra pareja pedid información, en secreto, a otros compañeros.**

● *Tú que conoces mejor a Ian, ¿sabes si le gustan los juegos de mesa?*

▲ *No sé, creo que no especialmente; le interesa mucho la música, eso sí.*

c. **Cada pareja decide los dos regalos para sus otros dos compañeros, los dibuja, escribe el nombre de su destinatario y se los entrega al profesor.**

d. **El profesor entrega los regalos. ¿Te ha gustado el tuyo? Con ayuda de tu compañero, ¿puedes descubrir quiénes son vuestros amigos invisibles?**

LENGUA Y COMUNICACIÓN

HABLAR SOBRE UN REGALO

es	elegante práctico personal bonito precioso

PREGUNTAR POR LOS GUSTOS E INTERESES DE OTRA PERSONA

¿Sabes si ¿Crees que	le gusta/n...? le interesa/n...? le gustaría/n...?

● *¿Sabes si a Kim **le gusta** la música clásica?*

▲ *No estoy seguro, pero creo que no **le interesa** mucho ese tipo de música.*

OBJETOS PARA REGALAR

un paraguas	un maletín	una vela
un jarrón	un bolso	un collar
unos prismáticos	un ajedrez	un cuadro
un álbum de fotos	un juego de café	un despertador

11. **Fíjate en las personas de las fotos. ¿Qué crees que celebran?¿Qué relación crees que hay entre ellos?**

- *Creo que la primera foto es una celebración familiar, ¿no?*
- ▲ *Sí, es una familia. Creo que celebran un cumpleaños.*

Ocasiones para celebrar
un cumpleaños
un santo
un aniversario
una despedida (de soltero/a)

1

2

3

4

12.a. **¿En cuántas de estas ocasiones haces regalos? Márcalo y coméntalo con tu compañero.**

- ☐ en Navidad
- ☐ en los cumpleaños
- ☐ en las bodas
- ☐ en fiestas religiosas (bautizos, fin de Ramadán, etc.)
- ☐ en los aniversarios
- ☐ en el día de la madre
- ☐ en las despedidas
- ☐ cuando nace un niño

b. **¿Haces regalos en otras ocasiones? ¿Cuándo? ¿Qué tipo de objetos regalas? Coméntalo con tu compañero.**

● *Yo también regalo en el santo de mis padres y hermanos, algo pequeño, no muy caro.*

▲ *¿En el santo? Yo nunca hago regalos, solo en los cumpleaños.*

c. **¿Puedes completar este cuadro?**

Último regalo que he hecho	A quién	Qué	Por qué
Último regalo que he recibido	De quién	Qué	Por qué

13.a. **Un español y una hondureña, Felipe y Leti, comentan cómo celebran algunas ocasiones especiales y con quién. Completa la tabla con la información que vas a oír.**

FELIPE	¿Qué celebra?	¿Cuándo?	¿Dónde?	¿Cómo lo celebra?
Con la familia				
Con los amigos				

LETI	¿Qué celebra?	¿Cuándo?	¿Dónde?	¿Cómo lo celebra?
Con la familia				
Con los amigos				

b. **¿Y tú? ¿Qué celebras con tu familia? ¿Y con tus amigos? Coméntalo con tu compañero para ver en qué cosas coincidís.**

● *En mi casa siempre celebramos el aniversario de boda de mis padres. Vamos a comer todos juntos a un restaurante.*

▲ *¿Sí? Pues mis padres no hacen nada especial, es un día normal...*

B MÓDULO

REPASO 2

MI PORTFOLIO DE ESPAÑOL

1.a. ¿Con qué lenguas estás o has estado en contacto en tu entorno familiar y geográfico? Completa la siguiente información que puedes incluir en el "Pasaporte" y en la "Biografía" de tu Portfolio.

Entorno geográfico

Lenguas que se hablan en tu lugar de nacimiento ____________________

Lenguas que se hablan en tu entorno geográfico actual ____________________

____

Entorno familiar

Lenguas que hablas en tu casa ____________________

Lengua materna de tus padres ____________________

Lenguas extranjeras que hablan tus padres ____________________

Lenguas que oyes en la radio o en la televisión ____________________

Lenguas de los libros que hay en casa ____________________

Lenguas de la música que escuchas en casa ____________________

Lenguas que aparecen en las etiquetas de los productos que compras _____

b. En otros entornos, ¿qué experiencias lingüísticas e interculturales tienes o has tenido? Puedes incluir esta información en la sección "Biografía" de tu Portfolio.

En el centro de estudios:

Etapa educativa	Lenguas estudiadas	¿Cuántos años?
Primaria		
Secundaria		
Formación profesional o universitaria		
Educación de adultos		

Lenguas que hablan o hablaban tus amigos y compañeros ____________________

En el trabajo

Lenguas que utilizas o has utilizado en el trabajo ____________________

Lenguas que hablan o hablaban tus compañeros ____________________

En viajes o estancias en el extranjero

Lenguas que se hablan en los países que has visitado ____________________

Lenguas que se hablan en los países donde has estudiado o trabajado ____

c. Lee las respuestas de tu compañero. ¿Hay algo que te llama la atención?

● *¡En casa de Inés se hablan tres lenguas! Árabe, francés e italiano.*

▲ *Sí, porque mi madre es argelina y nos habla en árabe. Mi padre es italiano y nos habla en italiano, pero entre ellos hablan en francés y yo con mi hermana hablo también en francés.*

2. **Responde a las siguientes preguntas sobre tus gustos, dificultades y formas de aprendizaje de lenguas y recoge la información en la sección "Biografía" de tu Portfolio.**

1. ¿Te gusta aprender lenguas extranjeras? ¿Por qué? Coméntalo con tus compañeros.

● *A mí me gusta mucho aprender lenguas. Para mí es muy importante poder hablar con la gente cuando viajo.*

▲ *Sí, es verdad. A mí también me gusta aprender lenguas extranjeras para...*

2. Para ti, ¿qué lenguas son más fáciles? ¿Cuáles más difíciles? ¿Por qué? Coméntalo con tus compañeros.

● *Para mí el español es bastante fácil porque se parece mucho al francés y al italiano, pero el alemán me resulta más difícil.*

3. Algunas personas tienen más facilidad para hacer unas cosas que para hacer otras. Señala qué es más fácil o difícil para ti EN ESPAÑOL. Explica a tus compañeros por qué.

	Muy fácil	Fácil	Difícil	Muy difícil
Hablar				
Leer				
Escribir				
Entender				
Gramática				
Vocabulario				
Pronunciación				

● *Para mí hablar es fácil, porque me gusta mucho hablar; leer es fácil también porque el español se parece bastante al italiano, pero escribir... es muy difícil. Además, no me gusta mucho.*

4. Marca cuáles de estas cosas puedes hacer para mejorar tu español y coméntalo con tus compañeros. ¿Han pensado ellos en otras posibilidades?

- ☐ Trabajar individualmente con CD-Rom
- ☐ Tener clases individuales con un profesor
- ☐ Leer lecturas graduadas
- ☐ Ver películas en versión original
- ☐ Visitar países en los que se habla español
- ☐ Trabajar individualmente con grabaciones
- ☐ Hacer un intercambio con un hablante nativo
- ☐ Buscar una persona para intercambiar correspondencia
- ☐ Trabajar individualmente con libros de gramática, de vocabulario, etc.
- ☐ Visitar páginas web en español
- ☐ Participar en un *chat* o en foros en español
- ☐ Ver programas de televisión en español

● *Para entender mejor puedo trabajar individualmente con grabaciones e intentar hacer un intercambio.*

▲ *Sí, y también puedes escuchar la radio, Radio Exterior de España, por ejemplo. A mí me ha ayudado.*

3.a. ¿Recuerdas las cosas que hemos hecho en estas cuatro unidades del Módulo B? Asocia lo que hemos hecho con el dibujo correspondiente.

- hacer la lista de la compra
- hacer un pedido por teléfono
- realizar un test sobre hábitos
- hablar de las cosas que se celebran en tu país y en tu casa
- presentar la creación de una asociación
- hacer la reserva de un alojamiento por teléfono
- completar un formulario para intercambiar casa en vacaciones
- escribir un mensaje electrónico para indicar cómo llegar a un sitio
- hacer una rueda de prensa

b. De todos tus trabajos realizados hasta ahora, ¿cuáles te gustaría incluir en la sección "Dossier" de tu Portfolio? Coméntalo con tus compañeros.

- *A mí me gustaría incluir la rueda de prensa porque parece más interesante; pero también me gustaría incluir...*

c. Indica en cada uno de tus trabajos el tipo de documento del que se trata, la fecha de elaboración y cómo se ha realizado (tipo de trabajo).

Tipo de documento: lista de la compra, grabación de un pedido por teléfono, test, rueda de prensa, presentación oral, grabación de una reserva telefónica, mensaje electrónico, grabación de una conversación, formulario.

Fecha de realización:

Tipo de trabajo:

- ☐ trabajo individual
- ☐ trabajo en grupo
- ☐ trabajo no revisado ni corregido
- ☐ trabajo revisado y corregido
- ☐ trabajo realizado con preparación previa
- ☐ trabajo realizado sin preparación

ML
N.º2
MUNDO LATINO

El Carnaval de Tlaxcala

La versión indígena de las fiestas paganas de Europa

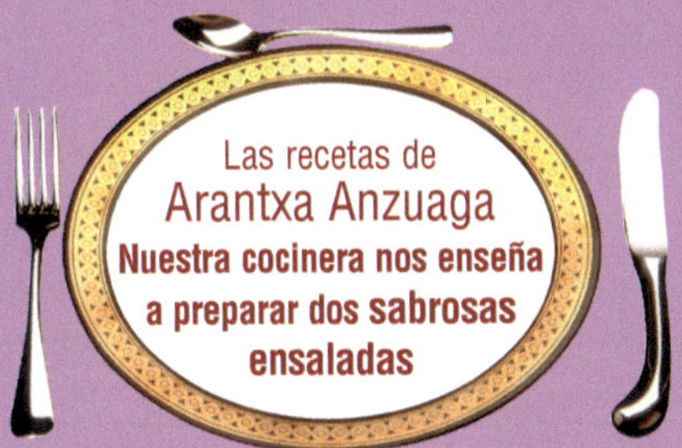

El humor de Maitena

No es fácil pasar las vacaciones en familia

Casas para todos los gustos

Descubrimos algunas viviendas de diferentes países

Las recetas de Arantxa Anzuaga

DOS ENSALADAS DE GALA

Variadas, sabrosas, nutritivas, originales... y con clase. Así son las dos ensaladas que nos propone Arantxa Anzuaga en esta ocasión. Una excelente opción en cualquier época del año, como plato único o como acompañamiento, para quedar bien en cualquier cena improvisada. Arantxa nos explica cómo prepararlas ¡en menos de quince minutos!

Ensalada de pasta y escarola

Cocer 300 g de tortellini rellenos de queso, escurrirlos y reservarlos.

Retirar la parte más dura de una escarola, separar las hojas y lavarlas con agua fría.

En un bol, batir 2 cucharadas de aceite de oliva con 3 cucharadas de zumo de limón, dos dientes de ajo machacados, una cucharada de mostaza, un poco de pimienta y sal. Añadir albahaca y tomillo picados y mezclar todo muy bien. Mezclar los tortellini con las hojas de escarola, añadir la salsa y servir enseguida.

- Para explicar cómo se prepara un plato podemos utilizar estos verbos: cocer, escurrir, batir, añadir, mezclar, cortar, cubrir, servir. ¿Conoces su significado?
- ¿Te gustan todos los ingredientes de estas ensaladas o cambiarías alguno de ellos? ¿Te gustaría preparar o probar alguna?
- ¿Cocinas con frecuencia para ti, tu familia o tus amigos? Si es así, ¿qué tipo de platos sueles preparar?
- ¿Hay algún plato de tu país o tu región que te gusta especialmente? ¿Qué ingredientes lleva?

Ensalada con trucha ahumada

Para esta ensalada se necesitan lechugas de diferentes tipos, al gusto del consumidor.

Batir con la batidora 350 g de trucha ahumada, 350 g de queso cremoso, un poco de pimienta y sal. Poner esta crema en la nevera durante dos horas.

Cortar 2 pepinos en rodajas muy finas. Batir 2 cucharadas de aceite de oliva, una de vinagre de vino y otra de perejil picado.

Repartir las lechugas troceadas en los platos y cubrirlas con la crema de truchas, los pepinos y la salsa de vinagre.

¡¡Vacaciones!!

Un gran momento para compartir con nuestros hijos

- ¿Qué actividades suelen hacer los jóvenes de tu país en vacaciones? ¿Los adultos hacen lo mismo?
- ¿En tu familia se producen situaciones parecidas a las del cómic? ¿Y en la de tus compañeros?
- ¿Con quién sueles ir tú de vacaciones? ¿Te gusta ir con tu familia? ¿Por qué? ¿Coincides con tus compañeros?

Casas
para todos los gustos

Pasamos poco tiempo en casa, dicen los expertos, bastante menos que hace un siglo. Sin embargo, nuestra casa sigue siendo el espacio en el que comemos, dormimos, amamos, compartimos...

Las formas, tamaños y elementos de las viviendas son múltiples y quizá haya tantas casas diferentes como pueblos, personas y arquitectos. De madera, encaladas, de ladrillo, pintadas de diferentes colores, cada casa se adapta al paisaje y al clima de su región: con ventanas grandes para dejar entrar la luz o pequeñas para protegerse del calor o de las miradas de la gente; con flores o sin ellas; con terrazas para disfrutar del sol y secar la ropa, con balcones para asomarse o con miradores para protegerse de la lluvia...

En las fotos podemos ver casas de diferentes países del mundo: Holanda, Japón, Chile, Colombia, España y Guinea. Son algunos ejemplos del estilo de las viviendas de diferentes rincones de nuestro planeta.

- ¿Cuáles de estas casas te gustan más? ¿Te gustaría vivir o pasar unas vacaciones en alguna de ellas?
- ¿Sabes en qué país está cada casa?
- ¿Cuáles de las características que aparecen en el texto puedes aplicar a la casa donde vives?
- ¿En tu país hay viviendas muy diferentes? ¿Cómo son las casas típicas de tu región? ¿Tienen algún elemento o componente característico? ¿De qué materiales están hechas? ¿Cómo son sus ventanas?

El viaje seleccionado esta semana es...

...Tlaxcala en Carnaval

El Carnaval de Tlaxcala es un gran descubrimiento para quienes lo visitan por primera vez, como mi marido y yo, que en febrero del año pasado viajamos a esta hermosa región centro-oriental de México. Allá nos encontramos con una explosión de danzas, ropas y máscaras que invaden las calles, las plazas y los patios de las poblaciones tlaxcaltecas. En cada una de ellas, el Carnaval tiene sus peculiaridades y, en conjunto, crea un fantástico caleidoscopio cultural lleno de color, alegría y tradición que hacen únicas estas fiestas.

El Carnaval de este estado tiene sus orígenes en el siglo XVII, cuando los indígenas, que tenían prohibido el acceso a las grandes fiestas de los hacendados españoles, comienzan a bailar en sus casas y en las calles, imitando las fiestas de esos señores y sus extraños trajes y bailes. Para no ser descubiertos, cubrían su rostro con una máscara de tez blanca y ojos claros.

La tradición ha llegado hasta nuestros días y así las fiestas comienzan el viernes anterior al Miércoles de Ceniza con la quema del Mal Humor, que consiste en quemar un muñeco de papel. Después se quema el ataúd de tristezas y rencores para dar paso después a la alegría.

Para nosotros, lo más atractivo de este Carnaval fueron las danzas de los huehues que se agrupan en camadas. En cada pueblo de Tlaxcala se diferencian varias camadas (cada una tiene entre 20 y 40 huehues) y cuenta con un vestuario y unos bailes propios. Es un espectáculo muy vistoso y divertido.

Les aseguro que en el Carnaval de Tlaxcala les espera una agradable sorpresa. ¡Anímense a ir!

Texto enviado por Lola Palomero Higueras, lectora de Monterrey (México)

- ¿En tu ciudad o país se celebra el Carnaval? ¿Conoces alguna fiesta de Carnaval? ¿Cómo son esas fiestas? ¿Qué las caracteriza?
- ¿Qué tiene en común el Carnaval de Tlaxcala con otras fiestas de Carnaval? ¿Qué te parece diferente?
- ¿Cuál es la fiesta más típica de tu ciudad o región? ¿Es famosa en tu país? ¿Qué se hace durante esas fiestas?
- Escucha a tus compañeros y/o a tu profesor. ¿Te gustaría participar en las fiestas típicas de su lugar de origen?

C

MÓDULO

UNIDAD 9

En esta unidad te proponemos:

DE COMPRAS

Descubrir tiendas donde comprar determinadas cosas en tu ciudad

Recomendar qué ropa ponerse o cómo vestirse para una determinada situación

Buscar soluciones para problemas de salud

Localizar productos hispanos en tu ciudad y en tu país

1. **Escucha estas conversaciones que se oyen en el Centro Comercial Mercandina. Con tu compañero, relaciona cada conversación con el establecimiento en el que crees que tiene lugar.**

PDi

PDi

2.a. **Con ayuda de tus compañeros, señala en el maniquí de WANGO Fashion las siguientes partes del cuerpo:**

- la cabeza
- el cuello
- la cintura
- el pecho
- las manos
- los brazos
- la espalda
- los pies
- las piernas
- los hombros

● *Esto es la cabeza.*

▲ *Y estos son los pies.*

■ *No, los pies son estos. Estas son las manos.*

b. **¿Conoces el nombre de otras partes del cuerpo? ¿Y tus compañeros?**

● *Esto es el estómago.*

3.a. **Esta es una página del catálogo de Venka, una empresa que vende ropa por correo. Gema quiere renovar su vestuario de verano. Comenta con tu compañero qué artículos crees que le pueden interesar.**

● *Yo creo que le puede interesar el vestido.*

▲ *Sí, y a lo mejor...*

Ofertas especiales

Color: azul claro, verde oscuro, rojo y gris. Talla: 38 a 54

Color: negro, gris, azul marino, verde y marrón. Talla: 38 a 52

Color: beige, marrón y negro. Talla: 36 a 44

Color: negro y azul. Talla: 38 a 44

Color: negro, gris y marrón. Número: 37 a 45

Color: azul marino. Talla: 40 a 52

Color: blanco, naranja, amarillo, azul claro, azul marino y morado. Talla: 40 a 52

Color: blanco y rojo/negro/marrón. Talla: 95 a 115

Color: azul claro y blanco. Talla: 28 a 50

b. **Gema habla con una amiga de la ropa que va a pedir a Venka. Escucha y comprueba tus hipótesis.**

4. **En Navidad, Isidoro está pensando regalar ropa a su familia. Observa la lista de los regalos que quiere hacer. ¿En qué tipo de tienda crees que puede comprarlos?**

- Una camiseta con un dibujo moderno y divertido para mi sobrino pequeño
- Unas zapatillas de deporte para Laura
- Un jersey de lana para el tío Pepe (talla extra grande)
- Dos corbatas de seda (pero no muy caras) y un cinturón de piel para papá
- Unos zapatitos para el bebé de Julia
- Un forro polar para mí para excursiones
- Un par de zapatos muy clásicos para mi sobrino mayor (negros y en el número 46)
- Un conjunto de lencería bonito y elegante para mi mujer

Tiendas

una tienda que vende tallas grandes de ropa
una zapatería con zapatos de niños, de adultos y de deportes
una tienda especializada en complementos
una tienda de ropa exclusiva
una tienda de ropa y complementos para niños
una tienda de ropa juvenil y moderna
una tienda de ropa interior
una tienda especializada en ropa de montaña
una tienda de deportes

● *La camiseta para su sobrino la puede comprar en una tienda de ropa juvenil.*
▲ *Sí, también puede encontrarla en una tienda de deportes.*

5.a. **Piensa en la ropa, calzado o complementos que necesitas o que te gustaría comprar y anota:**

TAREA FINAL

- ¿Qué te gustaría comprar? - ¿Para quién es? - ¿Cómo tiene que ser?

b. **¿Sabes dónde puedes encontrar los artículos anteriores en tu ciudad? Pregunta a tus compañeros para ver si conocen otras tiendas donde puedes encontrarlos.**

● *Necesito comprar una camiseta bonita y juvenil para regalársela a mi novia. Tiene que ser original y diferente, con algún diseño... pero no sé dónde puedo encontrar algo así.*
▲ *Yo conozco una tienda que se llama Baobab y tienen muchísimas camisetas. Todas son muy modernas y tienen diseños bonitos.*

c. **Toma nota de los lugares y establecimientos que te interesan (su nombre, qué vende y dónde está).**

Lengua y comunicación

Ropa

un pantalón
un vestido
un jersey
un pijama
un top
un bañador/biquini
un abrigo
una falda
una sudadera
una camisa
una camiseta
una chaqueta

Calzado

unos zapatos
unas botas
unas zapatillas

Complementos

un bolso
un cinturón
una corbata

Pronombres de objeto directo

lo, la, los, las

*- La camiseta **la** puede comprar en una tienda de ropa juvenil.*
*- Los zapatos puede encontrar**los** en la zapatería del barrio.*

Valorar ropa, calzado o complementos

juvenil/es
elegante/s
(in)cómodo/a/os/as
práctico/a/os/as
(in)formal/es
moderno/a/os/as
clásico/a/os/as
fácil/es de combinar
difícil/es de combinar

- Me gusta mucho el vestido. Me parece muy bonito y juvenil.

6.a. **Lee este artículo de la revista *Moda y estilo* y subraya las afirmaciones con las que estás de acuerdo. Después, coméntalo con tus compañeros.**

Vístase adecuadamente

Algunos consejos para vestir de la forma más apropiada según las ocasiones

En el trabajo, en las fiestas o en los viajes siempre buscamos vestir de forma apropiada. Lo que se entiende por vestir apropiadamente depende de cada situación y puede variar según las culturas y modas.

Para una entrevista formal de trabajo la primera impresión es la que cuenta y esa impresión depende, en gran medida, de la ropa que llevamos. Es recomendable tener en cuenta el puesto de trabajo que se solicita y la imagen que queremos proyectar. Por ejemplo, si se trata de un trabajo físico, es mejor no ir demasiado elegante. Por el contrario, si es para un trabajo de oficina, es mejor no vestirse con ropa demasiado informal. En cualquier caso, parece aconsejable evitar los pantalones vaqueros, la ropa de colores llamativos, la ropa "de moda" o las zapatillas de deporte y llevar ropa más clásica y, si es posible, de buena calidad. Ante la duda, lo mejor es dejarse llevar por el sentido común y la sencillez.

RECOMENDAMOS LAS CORBATAS SOLO PARA OCASIONES MUY FORMALES

Recomendamos las corbatas solo para ocasiones muy formales y, en estos casos, mejor las de seda lisas, con rayas o con pequeños estampados. Las de dibujos y cómics pueden ser buenas para las fiestas, aniversarios...

En los viajes, lo mejor es llevar ropa cómoda, de las mismas tonalidades, que resulta más fácil combinar. El calzado tiene que ser variado y cómodo también. Si viaja a un lugar caluroso, no debe olvidar unas gafas de sol y una gorra o sombrero. Si es a un lugar donde llueve con frecuencia, no olvide un buen impermeable o un paraguas. Joyas, lleve solo las imprescindibles.

- *Yo estoy de acuerdo en que vestir apropiadamente depende de la situación y varía según las culturas.*
- *Pues yo no estoy de acuerdo del todo porque creo que también depende de cada persona.*

b. **Con tus compañeros, elabora un pequeño texto con algunas recomendaciones para vestir apropiadamente en el trabajo, en las fiestas o en los viajes.**

7. **Míriam va a pasar unos días en Santiago de Chile. Mira su agenda y la predicción meteorológica para Santiago. ¿Qué tipo de ropa necesita llevar en su maleta? Escribe una lista con ayuda de tu compañero.**

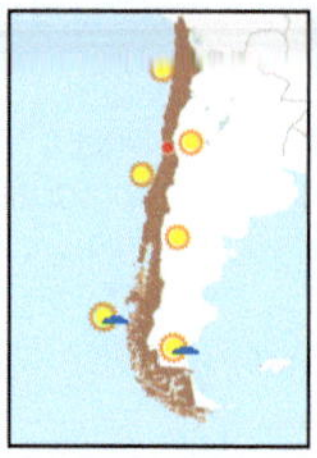

Santiago de Chile: sol, temperaturas máximas 25° y mínimas 13°

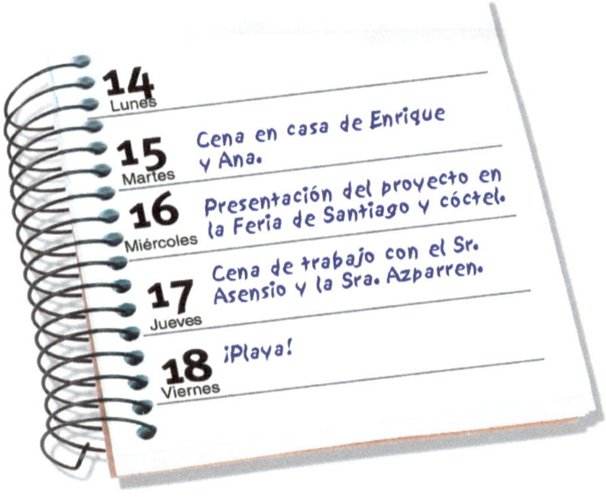

- *Tiene que llevar un bañador para ir a la playa y ropa cómoda.*
- *¿Y un paraguas, por si llueve algún día?*

8.a. TAREA FINAL

Luz es una amiga colombiana de tu profesor que viene a la ciudad. Este fin de semana él se va de viaje y os ha pedido a tu compañero y a ti que la acompañéis. Con tu compañero, comenta cómo podéis organizar el fin de semana.

● *El sábado podemos hacer una excursión con ella a los pueblos de alrededor y por la noche puede venir con nosotros a la fiesta de Víctor.*

b. Lee el correo electrónico que os ha enviado Luz y, con tu compañero, decide qué ropa vais a recomendarle para el fin de semana.

Hola, amigos:
¿Qué tal? ¿Cómo están? Lo primero, muchas gracias a los dos porque si ustedes no me ofrecen su ayuda, pasaría el fin de semana sola en la ciudad.
Quería pedirles un favor y es que quiero preparar la maleta pero no sé qué ropa tengo que llevar. ¿Qué tiempo hace ahora mismo? Seguro que ustedes pueden ayudarme para decidir qué me llevo.

Un abrazo y gracias de nuevo,
Luz

Aconsejar a una persona

Tener que + infinitivo

Debería + infinitivo

Tienes que traer ropa cómoda para la excursión del sábado.

● *Tiene que traer ropa cómoda para la excursión del sábado.*

▲ *Sí, pero también debería traer algo más elegante para la fiesta por la noche, ¿no?*

● *Sí, y tenemos que decirle que hace bastante frío y...*

c. Con tu compañero, escribe una respuesta al mensaje de Luz.

Lengua y comunicación

Recomendar o aconsejar

Consejos: formas impersonales

Lo mejor es + infinitivo
Es mejor + infinitivo
Sería mejor + infinitivo
Es aconsejable/recomendable + infinitivo

- *Para una entrevista de trabajo* ***lo mejor*** *es llevar ropa clásica.*
- *Si se trata de un trabajo físico, quizá* ***es mejor*** *no ir demasiado elegante.*
- *Si la entrevista es para un trabajo de oficina,* ***sería mejor*** *no vestirse con ropa demasiado informal.*
- ***Es recomendable*** *tener en cuenta el puesto de trabajo que se solicita.*

Consejos: formas personales

Imperativo
Debería(s) + infinitivo
Tener que + infinitivo
Recomendar + sustantivo/infinitivo
Poder + infinitivo

- *Joyas,* ***lleve*** *las mínimas.*
- ***Debería*** *traer algo más elegante para la fiesta por la noche.*
- ***Tiene que*** *llevar un bañador para la playa.*
- ***Recomendamos*** *las corbatas solo para las ocasiones muy formales.*
- *Por la noche* ***puede*** *venir con nosotros a la fiesta de Víctor.*

El tiempo atmosférico

hace frío
hace calor
llueve
nieva

Expresar acuerdo

estar totalmente de acuerdo
estar de acuerdo
estar de acuerdo en parte
no estar de acuerdo porque + justificación

- *Yo* ***estoy de acuerdo*** *en que vestir apropiadamente depende de cada situación y puede variar según culturas y modas.*

9.a. **La asociación Corporesano en su web, informa y da consejos, para cuidar la salud, pero un pirata informático ha desordenado los textos. Con ayuda de tu compañero, relaciona los problemas de salud con sus consejos correspondientes.**

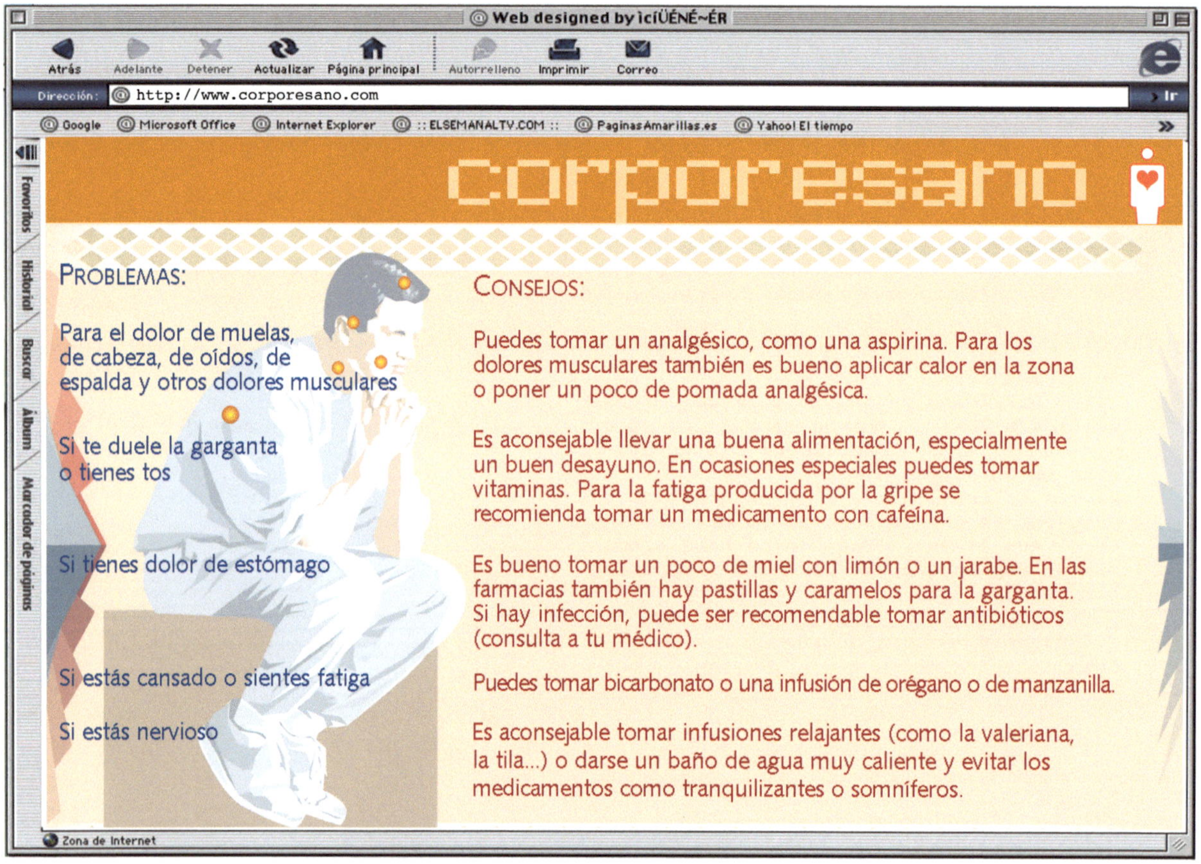

b. **Comenta con tres compañeros qué otros consejos se pueden dar para los problemas anteriores.**

● *Para el dolor de muelas puedes poner un clavo molido durante unos segundos en la muela.*

▲ *¿Ah, sí? No lo sabía...*

c. **¿Conoces otros consejos para otros problemas de salud?**

10.a. **En la farmacia cuatro clientes comentan sus síntomas y problemas de salud al farmacéutico. Escucha y señala (con 1, 2, 3 y 4) de qué se quejan.**

☐ Tiene dolor de cabeza	☐ Le duele la garganta	☐ Tiene fiebre	(1) No puede andar
☐ Tiene dolor de estómago	(1) Le duele un pie	☐ Tiene tos	☐ No puede respirar bien
	☐ Le duelen las muelas	☐ Tiene gripe	☐ Casi no puede hablar

b. **Comenta con tres compañeros qué consejos y remedios darías a los clientes anteriores.**

● *El primer cliente puede tomar un analgésico.*

▲ *O poner el pie en agua caliente con sal.*

■ *O también puede ir al médico.*

Tipos de medicamentos

una pomada
un jarabe
unas pastillas
un analgésico
un *spray*

c. **Escucha y comprueba. ¿Coinciden tus consejos con los del farmacéutico?**

11.a. **Tu profesor ha escrito al foro de www.corporesano.com y un internauta le da algunos consejos. Comenta con tu compañero cuáles te parecen buenos para tu profesor y cuáles no.**

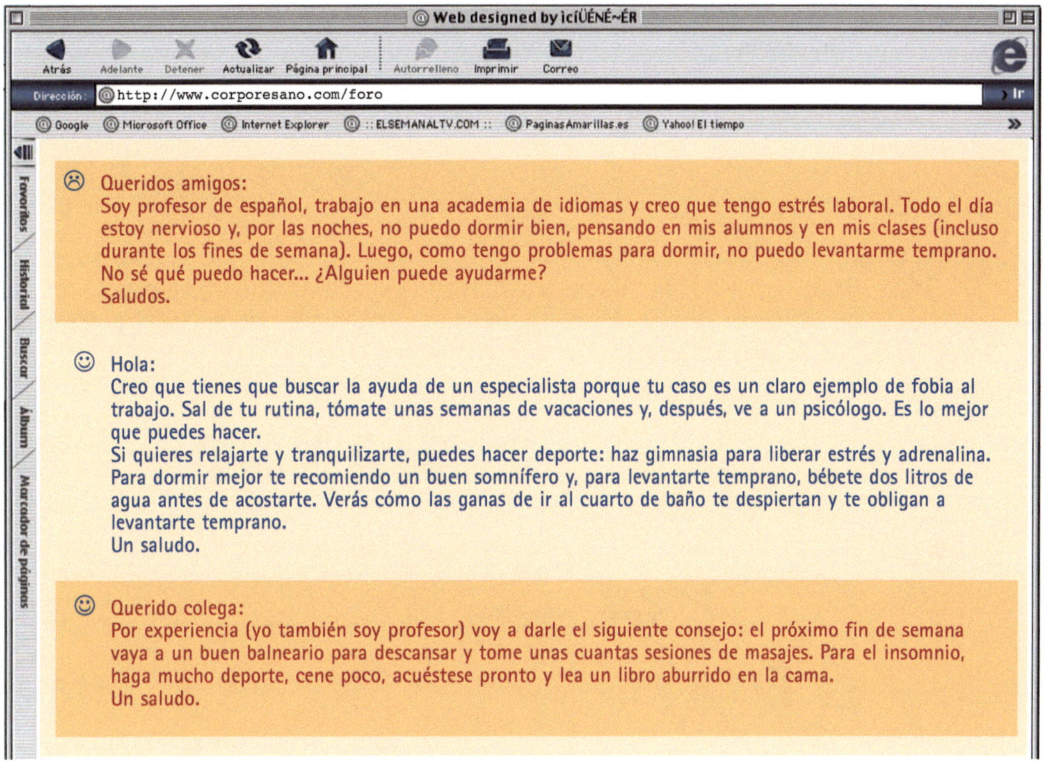

Queridos amigos:
Soy profesor de español, trabajo en una academia de idiomas y creo que tengo estrés laboral. Todo el día estoy nervioso y, por las noches, no puedo dormir bien, pensando en mis alumnos y en mis clases (incluso durante los fines de semana). Luego, como tengo problemas para dormir, no puedo levantarme temprano. No sé qué puedo hacer... ¿Alguien puede ayudarme?
Saludos.

Hola:
Creo que tienes que buscar la ayuda de un especialista porque tu caso es un claro ejemplo de fobia al trabajo. Sal de tu rutina, tómate unas semanas de vacaciones y, después, ve a un psicólogo. Es lo mejor que puedes hacer.
Si quieres relajarte y tranquilizarte, puedes hacer deporte: haz gimnasia para liberar estrés y adrenalina. Para dormir mejor te recomiendo un buen somnífero y, para levantarte temprano, bébete dos litros de agua antes de acostarte. Verás cómo las ganas de ir al cuarto de baño te despiertan y te obligan a levantarte temprano.
Un saludo.

Querido colega:
Por experiencia (yo también soy profesor) voy a darle el siguiente consejo: el próximo fin de semana vaya a un buen balneario para descansar y tome unas cuantas sesiones de masajes. Para el insomnio, haga mucho deporte, cene poco, acuéstese pronto y lea un libro aburrido en la cama.
Un saludo.

b. **Con ayuda de tu compañero, escribe una respuesta al foro de www.corporesano.com para dar vuestros propios consejos al profesor.**

12. TAREA FINAL **Piensa en algunos problemas de salud que te preocupan (pueden ser ficticios) y coméntalos con tres compañeros. ¿Pueden darte alguna solución o consejo?**

● *A mí, cuando viajo en tren, me duelen mucho los oídos y la cabeza y no quiero tomar medicamentos. No sé qué puedo hacer...*

▲ *Pues cómprate unos tapones para los oídos. Son muy cómodos.*

Lengua y comunicación

Expresar dolor

Doler

me duele(n)
te duele(n)
le duele(n)
nos duele(n)
os duele(n)
les duele(n)

- ***Me duele** mucho la cabeza.*
- ***Me duelen** los pies.*

Tener dolor de + sustantivo

- ***Tiene dolor de** cabeza.*

Imperativo afirmativo

Verbos regulares

	2ª pers. sing. (tú)	3ª pers. sing. (usted)
-AR	toma / descansa	tome / descanse
-ER	bebe / lee	beba / lea
-IR	sigue / duerme	siga / duerma

Imperativo afirmativo

Posición del pronombre

	2ª pers. sing. (tú)	3ª pers. sing. (usted)
Olvidarse	olvídate	olvídese
Acostarse	acuéstate	acuéstese
Tomarse	tómate	tómese
Ponerse	ponte	póngase

Imperativo afirmativo

Verbos irregulares

	2ª pers. sing. (tú)	3ª pers. sing. (usted)
Venir	ven	venga
Tener	ten	tenga
Poner	pon	ponga
Hacer	haz	haga
Salir	sal	salga
Decir	di	diga
Ir	ve	vaya
Ser	sé	sea

- *Si tiene sueño, **descanse** y **duerma** un poco.*

13. **¿Sabes qué productos exportan los países hispanos? Escríbelo en la tabla y, después, coméntalo con tus compañeros.**

País productor	Producto
Colombia	Café

- *Colombia exporta café.*
- *Sí, y también esmeraldas.*
- *Y España, fruta y vino.*

14.a. **Estas son algunas marcas y empresas españolas que están presentes en diferentes países del mundo. ¿Cuáles conoces? ¿Con qué productos las relacionas? Coméntalo con tu compañero.**

- Son marcas de productos de alimentación.
- Fabrican perfumes y jabones.
- Producen bebidas.
- Son tiendas que venden ropa y complementos.
- Fabrica objetos de porcelana.
- Son marcas de zapatos.
- Produce artículos de joyería.
- Fabrica electrodomésticos.
- Produce y vende productos petrolíferos.

- *Creo que Myrurgia y Antonio Puig son empresas que fabrican perfumes y jabones.*

b. **Lee el siguiente artículo y comprueba tus respuestas.**

Las marcas españolas más conocidas internacionalmente

EUROPA PRESS
Iberia, **Telefónica**, la cadena de tiendas de ropa **Zara** y los bancos **BSCH** y **BBVA** se sitúan entre las diez marcas españolas más conocidas fuera de España, según el estudio 'Made in Spain: La imagen de España y sus marcas en el mundo'. Junto a estas marcas figuran además la marca de coches **Seat**, las tiendas **Mango**, las bodegas **Freixenet**, los caramelos **Chupa-Chups** y la empresa **Lladró**, especializada en productos de porcelana.
El estudio ha sido dirigido por la Universidad Carlos III para la Asociación de Marcas Renombradas Españolas (FMRE) que, entre otras, agrupa a marcas de diferentes sectores: textil (**Zara**, **Mango**), calzado (**Panama Jack**), alimentación (**Chupa-Chups**, **Pescanova**), bebidas (**Osborne**, **González Byass**), electrodomésticos (**Fagor**), telecomunicaciones (**Televés**), óptica (**Indo**), petroquímica (**Repsol YPF**), etc.
La encuesta pone de manifiesto además que la percepción de los productos españoles en cuanto a calidad y precio es positiva, ya que más del 68,4% de los entrevistados califican la calidad como buena o muy buena y más del 50% consideran los precios como competitivos.
Según se desprende de la encuesta, conocer el origen español de los productos o servicios tiene un efecto positivo en la decisión de compra, que es especialmente significativa en los sectores de alimentación y bebidas, diseño y moda y servicios financieros.
El estudio ha sido patrocinado por el Instituto de Comercio Exterior (ICEX) y se realizó en áreas geográficas de la Unión Europea, Estados Unidos, Canadá, Iberoamérica, China y Pacífico, Europa del Este, Rusia, Africa y Oriente Medio.

(Adaptado de: http://www.la-bolsa.com

15.a. TAREA FINAL

¿Qué productos hispanos te gustaría conocer, probar, comprar...? Investiga dónde puedes encontrar esos productos en el lugar donde vives y en tu país y recoge la siguiente información:

- Producto hispano que me gustaría conocer, probar, comprar...
- En la ciudad donde vivo puedo encontrarlo en...
- En mi país puedo encontrarlo en...

b. **Comenta los resultados de tu investigación con tus compañeros y, si es posible, completa tus notas con su ayuda.**

● *Yo quiero comprar productos de alimentación mexicanos, pero no sé dónde.*
▲ *Pues cerca de mi casa hay una tienda mexicana que tiene muchas cosas.*
● *¿Ah, sí? ¿Y está cerca de tu casa? ¿Cómo se va?*

c. **En la ciudad donde vives, ¿hay algún producto de tu país (o de tu región o ciudad) que puede interesar a tus compañeros? ¿Dónde pueden encontrarlo? Coméntaselo.**

● *Si os gustan los pasteles libaneses, en mi calle hay una pastelería libanesa que hace unos muy ricos.*

d. **¿Y tu país? ¿Qué productos exporta?**

● *Mi país exporta, sobre todo, productos de alimentación, pero también zapatos, teléfonos móviles...*

e. **¿Hay productos de tu país o región que podrían tener éxito en otros países? ¿Cuáles?**

C
MÓDULO

UNIDAD 10

En esta unidad te proponemos:

CUÉNTAME

Contar una pequeña autobiografía con los acontecimientos más importantes de tu vida

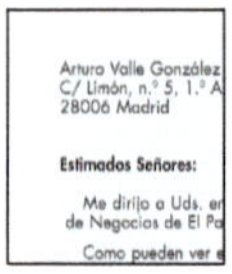

Escribir una carta de presentación del CV

Hablar de los planes de futuro de tus compañeros de clase

Hacer una entrevista a un hispanohablante que vive en tu ciudad

PDi

1.a. ¿Conoces a los personajes de las fotos? Coméntalo con tus compañeros.

- *Este es un jugador de tenis, ¿verdad? ¿Cómo se llama? No me acuerdo.*
- *Boris Becker.*
- *¿Y Agatha Christie quién es?*
- *No tengo ni idea.*
- *Creo que es una escritora de novelas de misterio.*

Soluciones: 1. Gandhi 2. Marco Polo 3. Boris Becker 4. Nelson Mandela 5. Marie Curie 6. Cervantes 7. Napoleón 8. Agatha Christie 9. Elisabeth Taylor

PDi

b. ¿Con qué personajes asocias estos hechos? Compara tus respuestas con tu compañero. ¿Estáis de acuerdo?

1. ¿Quién estudió Derecho en Londres?
2. ¿Quién estuvo en la cárcel 28 años?
3. Fue el ganador más joven del siglo XX del torneo de Wimbledon.
4. Compartió un Premio Nobel con su marido en 1903.
5. Perdió el brazo izquierdo en la batalla de Lepanto.
6. ¿Quién se casó ocho veces, dos de ellas con el mismo hombre?
7. Murió en la isla de Santa Elena en 1821.
8. ¿Quién trabajó de enfermera en la Primera Guerra Mundial?
9. Fue gobernador de una ciudad china en el siglo XIII.

c. ¿Sabes algo más de estos personajes? Coméntalo con tu compañero. Después, poned en común con toda la clase la información que tenéis. ¿Quién es el personaje del que tenéis más datos?

Soluciones: 1. Gandhi 2. Nelson Mandela 3. Boris Becker 4. Marie Curie 5. Miguel de Cervantes 6. Elisabeth Taylor 7. Napoleón Bonaparte 8. Agata Christie 9. Marco Polo

2. ¿Puedes pensar en otro personaje famoso y en algo que hizo o que le pasó? Díselo a tu compañero, a ver si adivina quién es.

- *Yo conozco a una persona que ganó cinco veces el Tour de Francia.*
- *¿Cinco veces? Sí, creo que sé quién es, pero no recuerdo el nombre...*

3.a. La revista *El gourmet* incluye este mes un reportaje sobre Antonio Redondo, dueño de los famosos restaurantes El Paladar I y II. Lee su biografía y numera los dibujos del 1 al 6. ¿Sabes a qué momento de su vida corresponde cada ilustración? Escríbelo.

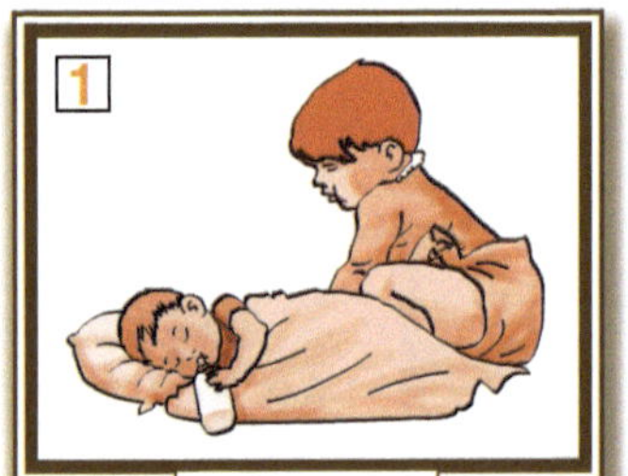

nació en 1939

Antonio Redondo nació en 1939 en un pueblecito de Galicia y fue el menor de dos hermanos. En 1956, a los 18 años, se fue a Venezuela y allí empezó a trabajar: durante unos años fue pintor, camarero y cocinero. En uno de los restaurantes donde estuvo trabajando conoció a una magnífica cocinera, Margarita León, y se casaron en 1963. Un año después, volvieron a España y abrieron un pequeño restaurante en Madrid, que llamaron El Paladar. Tuvo mucho éxito y por eso tres años más tarde pudieron abrir El Paladar II. En 1968 tuvieron a su hija Paula, que se dedica en la actualidad al negocio familiar. Antonio y Margarita se jubilaron hace un año. Los restaurantes continúan abiertos y son muy famosos en la ciudad.

- *Este dibujo es el primero, es de cuando nació.*
- *Sí, el bebé es Antonio y este es su hermano.*
- *Aquí es cuando se fue a Venezuela, ¿no?*

b. Francisco, el hermano de Antonio Redondo, también se marchó de su pueblo, pero su vida ha sido diferente. Léela y complétala con los verbos que faltan.

Yo ..... en Galicia, en 1938. A los 17 años ..... en una fábrica, pero solo ..... allí tres años, porque ahorré un poco de dinero y me marché a Francia. Desde 1958 hasta 1967 ..... en París y ..... como portero en un teatro. Así ..... a mi mujer, Sophie, una actriz muy guapa. Nos casamos en 1964 y pocos años después Sophie se hizo muy famosa, así que yo ..... mi trabajo para ser su representante. Cuando Sophie se retiró, hace dos años, yo también ..... y ahora vivimos muy felices en nuestra casa de la Costa Azul.

- empecé a trabajar	- trabajé	- me jubilé	- conocí
- viví	- nací	- estuve	- dejé

c. **¿Crees que las vidas de los hermanos Redondo son muy distintas? ¿En qué se parecen y en qué se diferencian?**

● *Los dos se fueron de España.*

▲ *Sí, pero Antonio se fue a América y Francisco a un país europeo.*

4. **Escucha a Sofía contándole a Icíar cómo celebró su cumpleaños y marca si las siguientes afirmaciones son verdaderas (V) o falsas (F):**

- ☐ Celebró una fiesta.
- ☐ Preparó la comida para su familia.
- ☐ Su madre compró una tarta de chocolate.
- ☐ Por la tarde quedó con su novio para ir al cine.
- ☐ Invitó a Pedro a cenar.
- ☐ Su novio le regaló un disco.

5. **¿Recuerdas alguna de las cosas que hiciste en estos momentos? Coméntalo con tu compañero a ver en cuántas cosas coincides con él.**

- anteayer
- la semana pasada
- tu último cumpleaños
- ayer
- el fin de semana pasado
- hace un mes
- en Navidad
- el 1 de enero de 2000

6. TAREA FINAL

Escribe en un papel los momentos fundamentales de tu vida, sin decir qué pasó. Después, intercámbialo con un compañero y hazle preguntas para saber qué ocurrió en cada momento.

● *¿1982? ¿Naciste ese año?*

▲ *Sí, nací el 2 de julio de 1982.*

● *Y en 1992, ¿qué pasó? ¿Te cambiaste de colegio?*

▲ *Bueno, sí: me fui a vivir a Alemania con mi familia.*

Lengua y comunicación

Referirse a hechos y acontecimientos del pasado: pretérito indefinido

	-AR	-ER	-IR
(yo)	trabaj**é**	volv**í**	viv**í**
(tú)	trabaj**aste**	volv**iste**	viv**iste**
(él/ella/usted)	trabaj**ó**	volv**ió**	viv**ió**
(nosotros/as)	trabaj**amos**	volv**imos**	viv**imos**
(vosotros/as)	trabaj**asteis**	volv**isteis**	viv**isteis**
(ellos/ellas/ustedes)	trabaj**aron**	volv**ieron**	viv**ieron**

Algunos verbos irregulares:

Estar: **estuv-**	**-e**
Tener: **tuv-**	**-iste**
Poder: **pud-**	**-o**
Poner: **pus-**	**-imos**
Querer: **quis-**	**-isteis**
Hacer: **hic-**	**-ieron**
Venir: **vin-**	

Los verbos *ir* y *ser* tienen la misma forma para el indefinido:

fui
fuiste
fue
fuimos
fuisteis
fueron

Morir y *dormir* tienen las formas de 3ªp. irregulares en el indefinido: murió, murieron, durmió, durmieron.

Algunas expresiones para referirse al pasado

- en 1938
- a los 18 años
- un año después
- tres años más tarde
- desde 1958 hasta 1963
- el 1 de enero de 2000
- en Navidad
- hace dos meses
- el fin de semana pasado
- anteayer
- ayer

7. **Fíjate en estas dos ofertas de trabajo del periódico y contesta a las siguientes preguntas:**

- ¿Cuál es el requisito que piden en las dos ofertas?
- En tu opinión, ¿cuál de las dos ofertas ofrece mejores condiciones?

A

IMPORTANTE CADENA HOTELERA PRECISA INCORPORAR PARA PRÓXIMA APERTURA DE HOTELES EN MADRID COCINEROS Y AYUDANTES DE COCINA

Se requiere:
- Experiencia en el puesto
- Conocimientos de inglés

Se ofrece:
- Incorporación inmediata
- Posibilidad de contrato indefinido, según valía

Se garantiza confidencialidad en el proceso de selección.
Interesados remitir CV adjuntando fotografía reciente al apartado de correos 325. 45002 Toledo

B

TURISTUR, EMPRESA DE ANIMACIÓN, PRECISA JÓVENES PARA TRABAJAR COMO ANIMADORES TURÍSTICOS

Buscamos:
- Edad entre 18 y 28 años
- Al menos dos idiomas, preferentemente inglés y alemán
- Buena presencia
- Buen nivel cultural
- Disponibilidad inmediata para viajar

Ofrecemos:
- Salario según valía
- Régimen General de la Seguridad Social
- Incorporación inmediata
- Alojamiento y manutención

Interesados enviar CV con foto reciente a Departamento de RRHH.
Avda. del Parque Inglés, nº 12, 5º izquierda.
45001 Toledo

8.a. **Este es el currículum de una persona que ha respondido a una de las dos ofertas de empleo de la actividad 7. ¿Sabes a cuál? ¿Crees que cumple los requisitos?**

Nombre: Arturo Valle González

Fecha y lugar de nacimiento: 3 de enero de 1979. León

Formación:

1997-1998:	Curso Básico de Hostelería, especialidad Cocina. Escuela Privada de Hostelería Conde de Osuna de Santander.
1998-1999:	Curso de Perfeccionamiento de Hostelería, especialidad Repostería. Escuela Privada de Hostelería Conde de Osuna de Santander.
1999-2000:	Curso de Repostería Avanzada, Escuela de Repostería de Carcassone, Francia.

Experiencia profesional:

Verano 1998:	Prácticas de cocina en el Restaurante Bodegón, Santander.
Verano 1999:	Prácticas de cocina y repostería en el Restaurante La buena mesa, Santander.
1999-2000:	Ayudante de Repostero. Confitería Chocolat. Carcassone.
2000-2001:	Ayudante de cocina en el Restaurante El Olivo de Madrid.
2001-actualidad:	Cocinero en el Restaurante El tenedor de Madrid.

Otros méritos:

Febrero 2002:	Segundo Premio del IV Concurso Regional de Cocina del Mar de Valencia.

b. **Esta es la carta de presentación de Arturo, pero está desordenada. ¿Puedes ordenar las frases de acuerdo con el CV?**

Arturo Valle González
C/ Limón, n.º 5, 1.º A
28006 Madrid

Madrid, 3 de febrero de 2003

Estimados Señores:

[1] .... Me dirijo a Uds. en respuesta a la oferta de trabajo publicada en la sección de Negocios de *El País* el pasado domingo, 1 de febrero.

[ ] .... Como pueden ver en el CV que adjunto, terminé mis estudios de Hostelería en 1999, en la Escuela Privada de Hostelería Conde de Osuna de Santander.

[7] .... Un año después empecé a trabajar en el Restaurante El tenedor, donde continúo en la actualidad.

[ ] .... Al año siguiente me fui a Francia para perfeccionar mis conocimientos de Repostería en la Escuela de Repostería de Carcassone.

[ ] .... Además, en febrero de 2002 participé en el IV Concurso Regional de Cocina del Mar de Valencia, donde gané el segundo premio con el plato "Rodaballo al aroma de azafrán".

[ ] .... En el verano de 2000 volví a España y me trasladé a vivir a Madrid, donde trabajé como ayudante de cocina en el Restaurante El Olivo.

[ ] .... Al mismo tiempo, estuve trabajando como ayudante de repostero en la confitería Chocolat de la misma ciudad.

Si necesitan cualquier otro dato sobre mi CV, estoy a su entera disposición.

En espera de sus noticias les saluda atentamente,

Arturo Valle

9.a. **Vas a escribir una carta de presentación para tu CV. Primero, piensa en las fechas importantes de tu formación y experiencia profesional y haz una lista.**

TAREA FINAL

b. **Redacta una breve carta siguiendo el modelo de la carta de Arturo. ¿Recuerdas cómo empieza y cómo termina?**

c. **Por último, intercambia tu carta con la de tu compañero. ¿Qué tipo de trabajo crees que puede ser interesante para él?**

LENGUA Y COMUNICACIÓN

VOCABULARIO EN ANUNCIOS DE TRABAJO

requerir/requisitos
ofrecer/ofertas
condiciones de trabajo
contrato
salario
incorporación inmediata

ESCRIBIR CARTAS DE PRESENTACIÓN DEL CV

Me dirijo a ustedes en respuesta a la oferta...
Como pueden ver en el CV adjunto...
Si necesitan cualquier otro dato...
Estoy a su entera disposición.
Atentamente/Se despide atentamente/Les saluda atentamente...

SE IMPERSONAL

Tiene un valor general, lo usamos cuando no nos referimos a una persona en particular: *se requiere, se ofrece.*

10.a. En el canal de televisión Tele Atlántico están preparando un programa para el 31 de diciembre y están preguntando en la calle qué planes tiene la gente para el próximo año. Con tu compañero, relaciona cada respuesta con la foto correspondiente.

Raúl (7 años). Estudiante de 2.º de Primaria

Eugenia (22 años). Estudiante de Arquitectura

Gerardo y Olga (33 y 35 años). Abogado y profesora de Química

Paco (64 años). Empleado de banca

A
Este año voy a ir con mis padres a Disneylandia si me porto bien y estudio mucho. Así que voy a sacar buenas notas y no me voy a pelear con mis hermanos.

B
¿Qué planes tenemos? Pues vamos a tener un bebé dentro de unos meses, así que este año va a ser algo diferente. Vamos a cambiarnos de casa. También queremos comprar un coche. Yo voy a dejar el trabajo unos meses para estar con el niño, y mi marido a lo mejor cambia de trabajo. Trabaja demasiado.

C
Yo me jubilo en primavera y entonces pienso hacer todos los viajes que pueda, a Mallorca, a París, a Roma, que tengo muchas ganas de ir. Y, por supuesto, voy a pasar más tiempo con mis hijos y mis nietos, voy a leer mucho, a ver a mis amigos, en fin...

D
Yo, si todo va bien, termino la carrera este año. Voy a presentar mi trabajo de fin de carrera y después quiero irme de viaje a Estambul. En septiembre pienso empezar con el doctorado y me gustaría encontrar algún trabajo en un estudio. Y, bueno, no sé, si tengo trabajo a lo mejor me voy a vivir con mi novio.

b. ¿Qué crees que están haciendo esas personas para realizar sus planes?

- Está estudiando mucho.
- Está buscando ofertas de viajes.
- Está trabajando mucho.
- Se está portando muy bien.
- Están comprando cosas para la casa.
- Está enviando CV.
- Está aprendiendo inglés.
- Está ahorrando.

● *Yo creo que Gerardo está enviando CV.*

▲ *Sí, y a lo mejor está haciendo entrevistas.*

c. Y tú, ¿qué planes tienes?, ¿qué estás haciendo para que se cumplan?

● *Yo estoy ahorrando porque quiero ir a Japón a ver a unos amigos.*

▲ *Pues yo quiero trabajar en Bélgica, por eso estoy estudiando flamenco y francés.*

11.a. Denís tiene un mes de vacaciones y se va a ir de viaje. Escucha su conversación con Paz, una compañera de trabajo, y toma notas de las respuestas a estas preguntas. Después, compara los resultados con tu compañero.

- ¿Dónde va a ir?
- ¿Con quién va a ir?
- ¿Cuánto tiempo va a estar?
- ¿Qué va a hacer?

b. Y tú, ¿tienes algunos días libres dentro de poco? ¿Qué vas a hacer? ¿Y en vacaciones? Coméntalo con tu compañero. ¿Coincidís en algo?

● *Yo todavía no sé si voy a ir en Navidad a casa de mis padres o si me voy a quedar en casa.*

▲ *Yo voy a ir con unos amigos a Túnez.*

● *¡Qué bien!*

Reaccionar ante una información

¡Qué bien!
¡Qué interesante!
¡Qué suerte!
¡Qué divertido!

¡Qué rollo!

12.a. Piensa en tus planes personales y profesionales para los próximos meses y cuándo vas a hacer esas cosas. Después, coméntalo con tu compañero. Él va a tomar notas.

TAREA FINAL

Seguir + gerundio
Hablar de acciones que van a continuar.
El trimestre que viene voy a **seguir estudiando** español.

- Seguir estudiando español
- Viajar a...
- Comprar una casa/ un ordenador/...
- Cambiar de ciudad/casa/trabajo
- Tener un hijo (u otro hijo)
- Empezar la carrera de...
- Terminar...
- Buscar un nuevo trabajo
- Hacer un curso de...
- Estudiar...

b. Escribe un texto explicando los planes de tu compañero, pero no escribas su nombre. Después, ponlo en la pared de clase.

c. Con un compañero, lee los textos e intenta descubrir a qué persona de la clase se refiere cada uno. ¿Estáis de acuerdo con el resto de la clase?

LENGUA Y COMUNICACIÓN

HABLAR DEL FUTURO

Para hablar de nuestros planes, lo que está decidido:
Presente del verbo *ir* + *a* + infinitivo
- *Este año **voy a ir** con mis padres a Disneylandia.*

Para hablar de nuestras intenciones:
Presente del verbo *pensar* + infinitivo
- *En septiembre **pienso empezar** con el doctorado.*

Para expresar nuestra voluntad de hacer algo:
Presente del verbo *querer* + infinitivo
Presente del verbo *tener ganas de* + infinitivo
Me gustaría/apetece + infinitivo
- *También **queremos comprar** un coche.*
- ***Tengo ganas de ir** a Roma.*
- ***Me gustaría encontrar** algún trabajo en un estudio.*

PRESENTAR CAUSAS Y CONSECUENCIAS

- *Voy a estudiar francés **porque** quiero trabajar en Bélgica.*
- *Quiero trabajar en México, **por eso** estoy estudiando español.*

MARCADORES TEMPORALES

mañana/pasado mañana
dentro de unos días/meses/años...
la próxima semana/el próximo mes
la semana/el mes/el año que viene
este fin de semana/mes/año
estas fiestas/navidades/vacaciones
en + meses del año/estaciones del año

HABLAR DE ACCIONES EN CURSO

Presente del verbo *estar* + gerundio

-AR	-ER	-IR
-ando	-iendo	-iendo

- *Yo creo que Gerardo **está enviando** CV y **haciendo** entrevistas.*

LAS ESTACIONES DEL AÑO

la primavera   el verano   el otoño   el invierno

13.a. **La revista *Mestizaje* está preparando un artículo sobre la inmigración y está entrevistando a diferentes personas. Escucha las dos primeras entrevistas e identifica a las personas entrevistadas.**

PDi

Maxi Massó, español, 26 años, profesor de español. Llegó a Alemania hace 2 años.

Paula Ramos, mexicana, 40 años, periodista. Lleva 14 años viviendo en Estados Unidos.

Rachid Tounsi, marroquí, 29 años, encargado de un restaurante. Llegó a España hace 8 años.

Consuelo Anzola, colombiana, 38 años, peluquera y esteticista. Lleva 5 años en España.

b. **Escucha de nuevo las entrevistas y contesta a estas preguntas. Después, comenta las respuestas con tu compañero.**

- ¿Están contentos los entrevistados con su decisión de vivir en otro país?
- ¿Qué les sorprendió al llegar?
- ¿Qué planes tienen para el futuro?

14. **Seguramente conoces a personas que vivieron o viven en países diferentes al suyo: familiares, amigos, conocidos, personajes famosos, etc.**

- ¿A qué países se fueron?
- ¿Por qué crees que eligieron esos destinos?
- ¿Qué hicieron o hacen allí?
- ¿Crees que están contentos?
- ¿Qué planes crees que tienen para el futuro?

● *Un primo mío se fue a Japón hace quince años, vive en Yokohama. Yo creo que está muy contento, está trabajando en una empresa muy importante. Se fue a Japón porque le dieron una beca para hacer un curso de Electrónica Industrial. Se casó hace tres años con una chica japonesa muy simpática y tiene un niño.*

▲ *Pues yo conozco a una chica que...*

15.a. **Marca los tres factores que consideras que influyen más a la hora de elegir un país al que emigrar.**

- ☐ conocer la lengua
- ☐ cercanía geográfica
- ☐ posibilidades de trabajo
- ☐ buenas relaciones entre los dos países
- ☐ conocer el país de viajes anteriores
- ☐ posibilidades de ganar dinero
- ☐ tener amigos o familiares allí
- ☐ proximidad cultural
- ☐ becas y posibilidades de estudios
- ☐ facilidad para conseguir visados
- ☐ facilidad para obtener el permiso de residencia

● *Yo creo que lo más importante es si el país ofrece posibilidades de trabajo.*

▲ *Sí, y también si es fácil obtener el permiso de residencia.*

b. **Imagina que quieres emigrar a otro país; ¿qué factores te parecen más importantes? Piensa a qué país o países te gustaría ir para vivir, durante cuánto tiempo y qué te gustaría hacer allí.**

● *A mí me gustaría vivir unos años en Praga y trabajar como músico en algún café. Me encanta esa ciudad y hablo un poco de checo, pero creo que no es fácil tener el permiso de residencia.*

▲ *Pues yo pienso ir a trabajar a Francia este verano. Quiero ganar un poco de dinero para hacer un máster el año que viene.*

16.a. TAREA FINAL

Vamos a hacer una entrevista a un hispanohablante que vive en la ciudad en la que estudias español. Piensa con tus compañeros dónde podéis encontrar a una persona originaria de un país hispano para entrevistarla.

b. **Con dos compañeros, prepara las preguntas para vuestro entrevistado.**

c. **Con toda la clase, prepara las preguntas definitivas para la entrevista.**

C
MÓDULO

UNIDAD 11

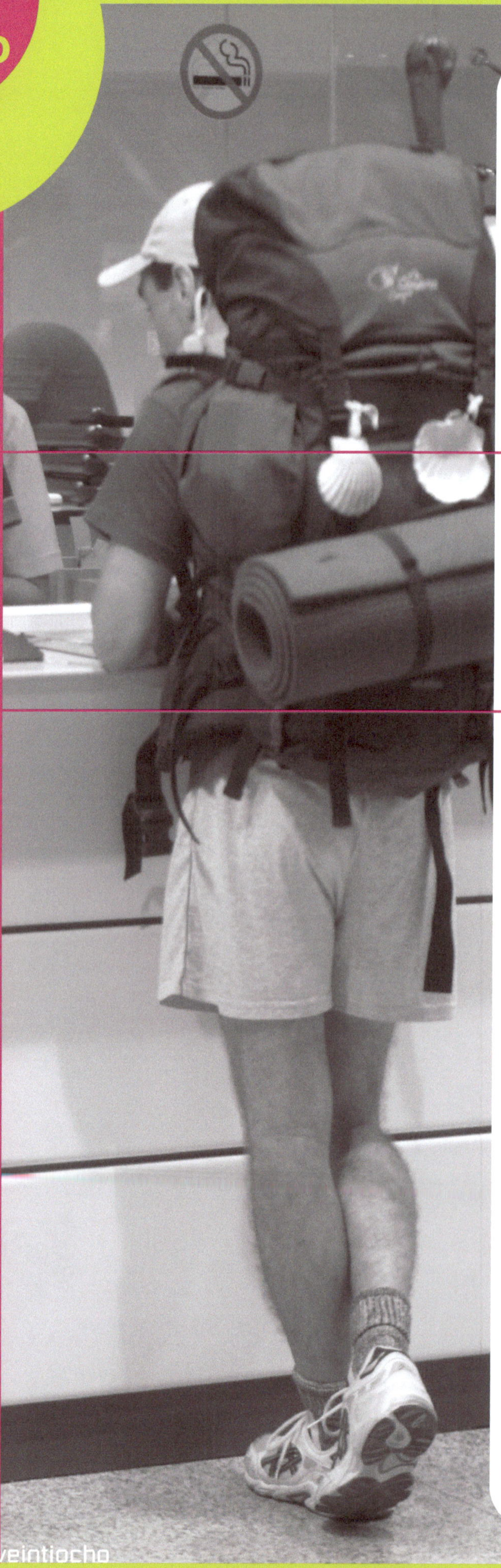

En esta unidad te proponemos:

EXPERIENCIAS Y VIAJES

Hablar de experiencias personales interesantes

Seleccionar los acontecimientos más importantes en la historia de la humanidad

Contar un viaje

Comentar las diferentes formas que tenemos de viajar por la diversidad de un mismo país

1. ¿Te gustan los deportes de aventura? ¿Has practicado alguna vez alguno?

escalada

parapente

senderismo

Expresiones de frecuencia

muchas veces
varias veces
algunas veces
una o dos veces
nunca

espeleología

piragüismo

● *Me gusta el parapente. Nunca lo he practicado, pero me gustaría probar.*

▲ *Pues yo he hecho piragüismo 2 ó 3 veces, pero eso fue hace varios años.*

2.a. El programa de radio Buenos días con Rosa quiere saber si sus oyentes son personas que "tienen espíritu de aventura". Escucha lo que responden a estas preguntas algunas personas y toma notas en la tabla.

PDi

	Muchas veces	Varias veces	Algunas veces	Una vez	Nunca
¿Has viajado solo?		Eduardo			
¿Has estado en algún lugar especial?					
¿Has vivido alguna experiencia curiosa?					
¿Has hecho algo especialmente peligroso?					

b. Y tú, ¿has vivido alguna de estas experiencias? Coméntalo con tu compañero.

● *Pues yo todavía no he viajado solo por otros países, pero me gustaría. Sí que he estado en algunos lugares exóticos como Laponia, el desierto de Kalahari...*

3.a. Lee este cómic. ¿Cómo calificarías la experiencia que narra Álvaro: como positiva o negativa? ¿Estás de acuerdo con tu compañero?

- *Para mí ha sido una experiencia positiva porque ha vivido con otras personas...*

b. Con tu compañero, busca un título para el cómic.

c. Y tú, ¿has vivido alguna experiencia similar? Coméntalo con tus compañeros.

4.a. **Piensa en algo bueno que te ha pasado en alguno de estos momentos y toma notas. Después, busca a un compañero que también ha vivido esa experiencia.**

hoy | este mes | este año | esta mañana | esta semana

b. **Ahora comenta a tus compañeros las experiencias que compartes con algún compañero de clase.**

5.a. **¿Conoces estas películas? Marca las que has visto. ¿Hay entre ellas alguna de tus favoritas?**

La guerra de las galaxias
Matrix
El Señor de los Anillos
Braveheart
La vida es bella
Toy story
Philadelphia
El tigre y el dragón
El rey León
Hable con ella
Titanic
Casablanca

Tipos de películas

una película
- de acción
- de aventuras
- de ciencia-ficción
- de terror
- de amor
- policíaca

b. **¿Qué película no has visto todavía y te gustaría ver? Busca en el grupo personas que también quieren verla.**

TAREA FINAL

6.a. **Piensa en tus vivencias y escribe en un papel:**

- un lugar que te ha impresionado
- un deporte que has practicado
- un espectáculo que has visto

b. **Comenta tus vivencias con cuatro compañeros. ¿Alguno ha vivido experiencias parecidas a las tuyas?**

c. **Tomad nota de las experiencias más interesantes del grupo y después comentadlo con la clase.**

Lengua y comunicación

Pretérito perfecto

(yo)	he
(tú)	has
(él/ella/usted)	ha + participio
(nosotros/as)	hemos
(vosotros/as)	habéis
(ellos/ellas/ustedes)	han

Usos del pretérito perfecto

Hablar de experiencias pasadas sin hacer referencia al momento en que sucedieron.

● *¿Ya **has visto** la última película de Woody Allen.*
▲ *No, todavía no la **he visto.** ¿Y tú?*

Hablar del pasado relacionándolo con el momento en el que hablamos.

- *Esta mañana **he recibido** una noticia muy buena.*

Participio

Verbos en	- AR	- ER	- IR
	desayun**ado**	conoc**ido**	viv**ido**

Participios irregulares

hacer	**hecho**	descubrir	**descubierto**
decir	**dicho**	volver	**vuelto**
ver	**visto**	poner	**puesto**
escribir	**escrito**	morir	**muerto**

Expresiones que suelen acompañar al pretérito perfecto

Ya / Todavía no

Expresiones temporales:	Expresiones de frecuencia:
hoy/últimamente	muchas veces
esta mañana/tarde	dos o tres veces
este año/trimestre	alguna vez
estos días/meses	nunca
estas semanas/vacaciones	

En algunas zonas de Hispanoamérica y España el pretérito perfecto se utiliza raras veces y, en su lugar, se utiliza el pretérito indefinido.

7.a. ¿Qué te sugieren las siguientes fechas?

- 11 de septiembre de 1973
- mayo del 68
- 1492
- Atenas, 1896
- 20 de julio de 1969
- Berlín, noviembre de 1989

● *Yo nací en noviembre de 1989, pero no en Berlín.*
▲ *¿Sí? 1492 no me sugiere nada.*
■ *Es el título de una película:* 1492 La conquista del Paraíso.

b. La revista *Historia y progreso* recoge algunas fotos e ilustraciones de acontecimientos inolvidables sucedidos en esas fechas. Asocia cada fecha con un acontecimiento y, después, coméntalo con tus compañeros.

Cristóbal Colón llegó a América

Manifestaciones de estudiantes en Francia

1969: el hombre llegó a la Luna

Finalmente cayó el muro que separaba Alemania en dos

Primeros juegos olímpicos de la era moderna en Atenas

Golpe de estado en Chile

c. ¿Qué otros acontecimientos te parecen inolvidables en la historia de la Humanidad? ¿Sabes cuándo tuvieron lugar? Coméntalo con tu compañero.

● *A mí me parece muy importante la invención de la imprenta.*
▲ *A mí también. ¿Sabes cuándo fue?*

8.a. **Aquí tienes algunas opiniones sobre lo que representó el siglo XX para diferentes personas. ¿Compartes alguna de las opiniones que aparecen aquí?**

RETRATO DEL SIGLO XX

Yann, 17 años

Lo mejor del siglo XX fue conocer a mi novia y lo peor, que repetí curso. Desde un punto de vista colectivo, lo mejor del siglo pasado fue la exploración del espacio. Lo peor fueron las dos guerras mundiales.

Le Vina, 23 años

Desde un punto de vista personal, el reencuentro con mi familia en Corea y el nacimiento de mi sobrino fue lo mejor que me ocurrió en el siglo XX. Lo peor fue la muerte de mi padre y todas las catástrofes naturales.

Alfonso, 68 años

Lo peor del siglo XX es que terminó con guerras, hambres, injusticias y violencia en todo el mundo. Pero este siglo ha conocido unos progresos importantes como la medicina, la tecnología y otras cosas que han permitido mejorar la vida de mucha gente. Lo mejor desde un punto de vista personal ha sido ver crecer a mis nietos.

● *Como para Le Vina, para mí lo peor fueron las catástrofes naturales.*

b. **Y para ti, ¿qué fue lo mejor y lo peor del siglo pasado (desde un punto de vista personal y desde un punto de vista colectivo)? Toma notas y, después, coméntalo con tu compañero.**

● *Para mí, desde un punto de vista personal, lo mejor fue el nacimiento de mi hijo y lo peor, que me quedé sin trabajo. Desde un punto de vista colectivo, lo mejor...*

9.a. **Selecciona las 3 ó 4 fechas que te parezcan más importantes en la historia de la Humanidad.**

TAREA FINAL

b. **Explica a dos compañeros por qué esas fechas te parecen las más importantes. Entre los tres, seleccionad las cinco fechas clave de la historia. Tomad notas para comentarlo después con el resto de la clase.**

● *¿Qué os parece si ponemos 20 de julio de 1969? Dos de nosotros hemos anotado esa fecha.*

▲ *Vale, y otra puede ser...*

c. **¿Cuáles han sido las fechas que más veces se han repetido?**

LENGUA Y COMUNICACIÓN

PRETÉRITO INDEFINIDO

Para informar sobre hechos o acontecimientos del pasado relacionados con una fecha concreta:

- *El 20 de julio de 1969 el hombre* ***llegó*** *a la Luna.*
- *En 1896* ***se celebraron*** *los primeros juegos olímpicos de la era moderna, en Atenas.*

LO MEJOR/LO PEOR

- ***Lo mejor*** *del siglo XX* ***fue*** *conocer a mi novia y lo peor que me abandonó y ahora estoy solo.*
- *El encuentro con mi familia en Corea fue* ***lo mejor.***

EXPRESIONES QUE SUELEN ACOMPAÑAR AL PRETÉRITO INDEFINIDO

ayer
anteayer
la semana pasada
el año pasado
en 1492
en mayo del 68
el 11 de septiembre
el 20 de julio de 1969

10.a. **Yolanda y una amiga han pasado el fin de semana en Santander. Fíjate en todo lo que sale del bolso de Yolanda. ¿Qué han hecho durante estos dos días?**

● *Esto es un billete de autobús, ¿no? Así que salieron de Madrid el viernes a las tres de la tarde.*

▲ *Sí, pero no sabemos a qué hora llegaron a Santander...*

b. **El lunes Yolanda le cuenta el fin de semana a su compañera de trabajo. Escucha la conversación y comprueba si has acertado.**

c. **Vuelve a escuchar la grabación y señala lo que hicieron.**

- ☐ Vieron la catedral.
- ☐ Visitaron un parque zoológico al aire libre.
- ☐ Vieron una exposición de arte contemporáneo.
- ☐ Dieron un paseo en barco.
- ☐ Tomaron una copa en una terraza.

PDi

TAREA FINAL

11.a. **Aquí tienes el relato de un viaje científico que se hizo en el siglo XVIII, pero está desordenado. Utiliza el mapa para señalar la ruta y ordenar el texto. Después, comprueba los resultados con tu compañero.**

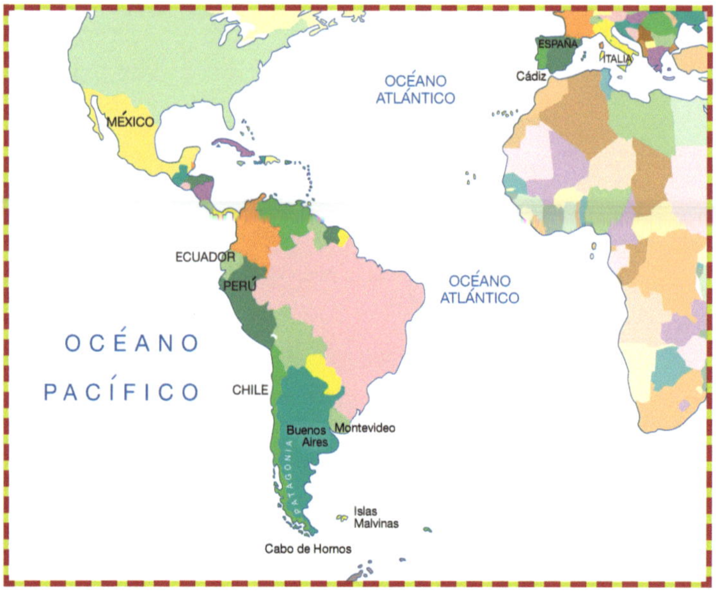

1 Alejandro Malaspina fue un marino italiano que, entre 1789 y 1794, dirigió una expedición científica por encargo del rey Carlos III de España, con el fin de ampliar los conocimientos científicos, geográficos e históricos de la época.

2 Con dos barcos, la Descubierta y la Atrevida, y más de doscientos hombres (marinos profesionales, científicos y pintores) salió del puerto de Cádiz el 30 de julio de 1789, rumbo al Río de la Plata.

Durante los años siguientes, Malaspina y sus hombres pasaron por Valparaíso (Chile), Callao (Perú), Guayaquil (Ecuador) y Acapulco (México), donde se quedaron dos meses para hacer reparaciones y aprovisionamiento.

Después de 51 días de navegación llegaron a Montevideo y de allí pasaron a Buenos Aires, donde estuvieron durante un tiempo haciendo observaciones de la zona.

Así que, haciendo la primera escala en las Islas Malvinas, subieron de nuevo a Montevideo. Salieron de allí el 21 de junio y llegaron a Cádiz en la primavera de 1794.
A su vuelta, los expedicionarios llevaban consigo un inventario de unas 14.000 plantas y unas 900 ilustraciones de pobladores, plantas, animales, paisajes y ciudades, además de 17 mapas para mejorar el conocimiento del litoral atlántico.

Después de la estancia de dos meses en México, el 20 de diciembre de 1792 se dirigieron hacia el Pacífico Oeste.

Durante algunos meses recorrieron Manila, Nueva Zelanda, Nueva Holanda (antiguo nombre de Australia) y Polinesia. Fue durante su estancia allí cuando decidieron no continuar la ruta original y volver a casa desde la Patagonia.

El 2 de diciembre de 1789 llegaron a Puerto Deseado, en la Patagonia, y de allí salieron unos días más tarde, el 13 de diciembre, rumbo a las Islas Malvinas.

El día de Nochebuena, la expedición dejó las Malvinas y se dirigió hacia Cabo de Hornos, pasando por la costa este de la Isla Grande de Tierra del Fuego y la Isla de los Estados.

(adaptado de www.temakel.com)

b. Seguro que tú también has hecho algún viaje que puedes contar, incluso dentro de la región en la que vives. Escribe un breve relato contando a dónde fuiste, con quién, cuánto tiempo duró y qué lugares visitaste.

c. Ahora haz un pequeño plano o mapa de la zona que visitaste: incluye los nombres de los lugares donde estuviste, pero no dibujes la ruta.

d. Tu compañero va a leer el relato de tu viaje. Dale el mapa para marcar la ruta que tú seguiste. ¿La ha dibujado bien?

LENGUA Y COMUNICACIÓN

EXPRESIONES PARA SITUAR UN HECHO EN EL TIEMPO

desde el viernes hasta el domingo
el sábado por la mañana
entre 1789 y 1794
durante algunos meses
después de varios/algunos/unos días
unos días más tarde
durante los años siguientes

12.a. **Observa la página web de la agencia de viajes Ulises Tours. Fíjate en sus ofertas: ¿en qué país crees que está instalada? Coméntalo con tu compañero.**

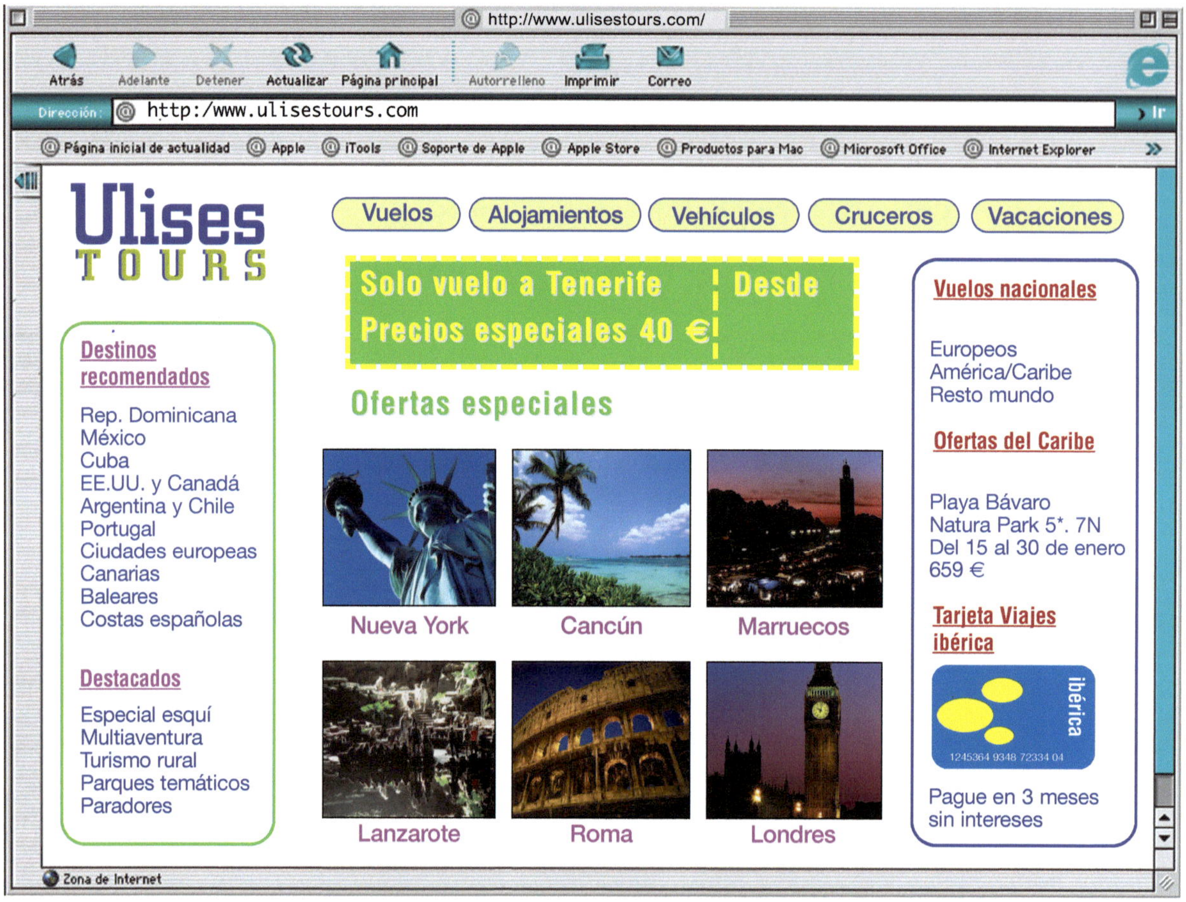

b. **¿Qué viajes de Ulises Tours ofrecen estas posibilidades a los clientes? Coméntalo con tu compañero.**

- conocer la historia y la cultura de un país
- descansar
- divertirse
- disfrutar del sol y del buen tiempo
- hacer deporte al aire libre
- conocer costumbres y gente de otra cultura
- experimentar emociones fuertes
- hacer compras
- estar en contacto con la naturaleza
- practicar una lengua diferente al español

● *Hay varias ofertas a lugares donde se puede practicar otra lengua: Londres, Roma...*

▲ *Sí, y hay muchos viajes para descansar y disfrutar del sol.*

c. **En grupos de tres. ¿Cuáles son los destinos más habituales que ofrecen las agencias de viajes de tu país?¿Por qué crees que la gente elige esos destinos?**

d. **¿Qué buscas tú cuando viajas? ¿A dónde te gusta ir? ¿Qué ofertas de las agencias de viaje te parecen más interesantes? Coméntalo con tus compañeros.**

● *A mí me gusta mucho la montaña, la naturaleza, hacer deporte, estar al aire libre... Por eso me gustan los viajes de aventura y también el turismo rural y el esquí.*

▲ *¿Sí? Pues yo prefiero tomar el sol, bañarme en el mar... Me encanta la playa. Me gustaría mucho ir a Mallorca...*

13.a. **Fíjate en estas fotos. Todas ellas corresponden al mismo país. ¿Puedes adivinar a cuál? Coméntalo con tu compañero.**

- *Aquí hay una foto de un desierto. ¿Qué país tiene desierto?*
- *Pero también hay volcanes y nieve...*

b. **Aquí tienes algunas afirmaciones de una guía turística sobre el país anterior. Intenta relacionarlas con las fotos. ¿Sabes ya de qué lugar se trata?**

El Paque Nacional La Campana queda en la zona central del país; a la altura de la capital. Es un inmenso palmar con ejemplares centenarios

El desierto de Atacama es el más árido del mundo. Es un paisaje espectacular, donde además existen restos de antiguas culturas indígenas.

El volcán de Osorno está al sur del país, rodeado de bosques y lagos. Es característica la imagen de su cumbre nevada incluso en verano

c. **Carlos ha visitado recientemente ese país. Escucha cómo cuenta su viaje a un amigo y descubre dónde estuvo y qué hizo.**

14.a. TAREA FINAL **¿Cómo es tu país o región? ¿Tiene lugares y paisajes diferentes? Comenta con tus compañeros cuáles son sus zonas más turísticas y cuáles las menos visitadas.**

b. **En grupos de tres. Teniendo en cuenta los gustos e intereses de tus compañeros, recomiéndales un viaje por tu país o región. Piensa en:**

- dónde pueden ir
- dónde pueden alojarse
- qué medios de transporte pueden utilizar
- qué actividades pueden hacer

- *Creo que a ti te gustaría una zona del norte de mi país, llena de montañas y valles. Mucha gente hace rutas a pie y acampa varios días, pero ahora ya hay muchos turistas y no es tan tranquilo como antes. También hay otra zona menos turística...*

C
MÓDULO

UNIDAD 12

En esta unidad te proponemos:

HISTORIAS Y RECUERDOS

Descubrir cambios experimentados por un compañero

Describir un lugar de tu infancia y contar un recuerdo

Contar una anécdota especial que te ocurrió

Hablar de malentendidos y conflictos entre personas de diferentes países

1. **Observa los siguientes objetos y comenta con tu compañero qué cosas hay o había en tu casa.**

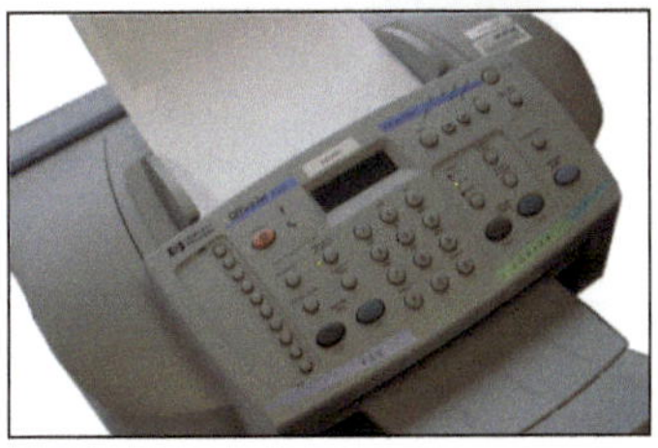

Imperfecto de indicativo

tenía
había
me gustaba
era

● *En casa de mi madre había un teléfono como este pero era verde clarito.*

▲ *Pues en la mía...*

2.a. **¿Qué recuerdos te traen las siguientes canciones y melodías? Toma notas mientras las escuchas.**

PDi

Esta música me recuerda...	A una persona	Un lugar	Un momento o una época	Otras cosas

b. **Comenta con tu compañero lo que te han recordado estas melodías.**

Hablar de recuerdos

cuando era niño
cuando era más joven
cuando iba al colegio/la universidad
cuando estaba/vivía en...
el verano de 2002

● *A mí Elvis Presley me recuerda cuando era más joven.*

▲ *A mí me recuerda a mi hermano mayor porque siempre le ha gustado mucho.*

PDi **3.a. Esta es la página web de un grupo de amigos en los años 80. Con tu compañero, identifica a cada uno de los chicos en las fotos.**

http:/www.ciudadjardin.com/

Atrás | Adelante | Detener | Actualizar | Página principal | Autorrelleno | Imprimir | Correo

Dirección: http:/www.ciudadjardin.com/ Ir

Página inicial de actualidad | Apple | iTools | Soporte de Apple | Apple Store | Productos para Mac | Microsoft Office | Internet Explorer

Pandilla de Ciudad Jardín

Lista de amigos/as | Historias y anécdotas | Fotos y links

En la plaza preparados para ir al concierto de Alaska

En la foto podéis ver a buena parte de la pandilla:

Ricardo: Era el más alto y jugaba al baloncesto en un equipo. Le encantaba el cine y dibujaba fenomenal.
Martina: Era una punkie muy divertida que cantaba en un grupo, Fantasmas de luxe, una auténtica rebelde.
Carlos: Era un revolucionario, tenía el pelo largo y tocaba la batería. A algunos nos ayudaba con las mates y la química.
Alfredo: Siempre iba en su moto. Era un poco tímido, pero contaba los chistes como ninguno.
Nathalie: Nos encantaba escuchar sus historias de los veranos en Francia, nos parecía tan moderna y tan idealista...

Noticias

El 23 de mayo nos reunimos en una estupenda fiesta en el colegio. ¡Cómo hemos cambiado!
¿Nos reconoces?

Más fotos

Zona de Internet

- *Yo creo que Ricardo es el chico de la izquierda porque dice que es el más alto de la pandilla.*
- *Sí, yo también. Y en las fotos de la derecha creo que es el señor rubio que lleva una chaqueta verde.*

b. ¿Recuerdas a los amigos de tu adolescencia, de tu barrio, del colegio? Escribe sus nombres y piensa cómo erais, qué os gustaba y qué hacíais juntos. Después coméntalo con tu compañero.

- *Yo salía con unos amigos del barrio, organizábamos fiestas, excursiones en bicicleta... Éramos muy deportistas.*
- *Mis amigos y yo teníamos un grupo de teatro y actuábamos en las fiestas del barrio.*

c. ¿Sigues viendo a algunos de esos amigos? ¿Cómo es vuestra vida ahora? Coméntalo con tu compañero.

- *Yo sigo en contacto con una amiga del colegio. Vivíamos en el mismo barrio, íbamos al colegio juntas todos los días, a la misma clase, y teníamos los mismos amigos. Ahora hablamos por teléfono, pero nos vemos muy poco porque ella vive en Turín.*

4.a. Escucha a unos niños que cuentan los recuerdos que tienen sus abuelos sobre cómo era antes la vida en México y marca en esta lista las afirmaciones que escuches.

- ☐ Los jóvenes respetaban más a los mayores.
- ☐ Había más seguridad.
- ☐ Las ciudades estaban más limpias.
- ☐ En los pueblos no había ni luz ni agua potable.
- ☐ En algunos lugares no había hospitales.
- ☐ En casa tenían televisión, plancha eléctrica, etcétera.
- ☐ La gente ganaba menos dinero.
- ☐ Había muchas comodidades.
- ☐ Con poco dinero podían comprar muchas cosas.
- ☐ La gente pasaba más tiempo con la familia en casa.

b. ¿Qué dicen las personas mayores de tu país sobre cómo era la vida antes y cómo es ahora? Comenta con tu compañero con qué opiniones estás de acuerdo, con cuáles no y por qué.

TAREA FINAL

5.a. Piensa en los siguientes aspectos y prepara algunas preguntas para descubrir cómo eran antes tus compañeros. Completa tus preguntas con las que han escrito ellos.

- rutina y tiempo libre
- físico, carácter y forma de vestir
- amigos, familiares, profesores
- actividades y lugares preferidos
- aficiones: deportes, lectura, música, cine, televisión...
- planes para el futuro

Referirse a épocas del pasado

de niño/a
cuando era (más) joven
cuando tenía 18 años
cuando iba al colegio/al instituto/a la universidad
cuando vivía/estudiaba/trabajaba en...

b. Habla con un compañero para descubrir cómo era su vida antes y cómo es ahora. ¿Ha habido muchos cambios? ¿Sus experiencias y recuerdos son similares a los tuyos?

Expresar sorpresa y extrañeza

¿Sí? ¿De verdad?
¡No me digas!
¡Qué curioso!
¡Anda!

- *Cuando ibas al colegio, ¿qué asignaturas te gustaban?*
- *Me encantaban las Matemáticas y la Química, pero al final estudié Letras.*
- *¡Anda! Igual que yo. Era muy bueno en Ciencias, pero acabé estudiando Derecho.*

Lengua y comunicación

Pretérito imperfecto

Verbos regulares:

	Jugar	Tener	Salir
(yo)	jugaba	tenía	salía
(tú)	jugabas	tenías	salías
(él/ella/usted)	jugaba	tenía	salía
(nosotros/as)	jugábamos	teníamos	salíamos
(vosotros/as)	jugabais	teníais	salíais
(ellos/ellas/ustedes)	jugaban	tenían	salían

Verbos irregulares:

	Ser	Ver	Ir
(yo)	era	veía	iba
(tú)	eras	veías	ibas
(él/ella/usted)	era	veía	iba
(nosotros/as)	éramos	veíamos	íbamos
(vosotros/as)	erais	veíais	ibais
(ellos/ellas/ustedes)	eran	veían	iban

Usos del imperfecto

Hablar de las costumbres del pasado.

- *Mi abuela no **salía** mucho, **pasaba** mucho tiempo con sus hermanos en casa.*

Comparar el pasado con el presente.

- *La gente antes **pasaba** más tiempo con la familia, ahora se sale más.*

Describir personas, situaciones y objetos del pasado.

- ***Llevaba** el pelo largo y **tocaba** la batería.*
- *En algunos lugares no **había** hospitales, luz, agua potable.*

6.a. Observa la casa donde José Miguel pasaba sus vacaciones cuando era pequeño y marca las frases correctas.

- ☐ La casa era muy grande y tenía varios pisos.
- ☐ Cerca de la casa había un camino.
- ☐ La casa tenía un jardín donde había algunos árboles, flores y plantas.
- ☐ El jardín de la casa era enorme.
- ☐ La casa estaba cerca del mar.
- ☐ Al lado de la casa había muchas otras casas.

b. Escucha a José Miguel contándole a un amigo qué hacía durante sus vacaciones y relaciona los elementos de las columnas.

Todos los días...	... iba a la playa con los hijos de los vecinos.
Por las mañanas...	... jugaba y hacía carreras con Ringo, el perro de su tío.
Por las tardes...	... se levantaba tarde, desayunaba e iba a comprar el pan con su prima María Teresa.
Por las noches...	... daba grandes paseos con su tío José Luis.
Cuando hacía buen tiempo...	... salía al jardín de la casa para ver los barcos en el mar y la luz del faro.
Si hacía mal tiempo...	... la familia se reunía para comer juntos.
Los domingos...	... veía la tele o jugaba a las cartas con su hermano y su prima.

7.a. Piensa en un lugar de tu infancia que ya no existe o que ha cambiado mucho (tu antigua casa, un lugar donde pasabas tus vacaciones, tu escuela...) y toma notas.

- ¿Dónde estaba? (o ¿dónde está?)
- ¿Cómo era?
- ¿Qué tenía ese lugar?
- ¿Qué había allí?
- ¿Qué hacías en ese lugar?

b. En parejas, vais a describir ese lugar. Dibuja en una hoja lo que tu compañero te explica (él no puede ver tu dibujo) y después dáselo al profesor, que va a repartir cada dibujo a un compañero diferente. Busca al que tenga el dibujo del lugar de tu infancia y cuéntale qué solías hacer allí.

● *Esta era la casa y el barrio donde yo vivía cuando era pequeña. En esta plaza jugábamos los niños y las niñas del barrio.*

▲ *¿Y los niños y las niñas jugábais juntos?*

8.a. La revista *Cinemaniac* ha preguntado a sus lectores qué recuerdos tienen de las primeras veces que fueron al cine. Lee la respuesta que dan dos lectores y relaciona los tiempos verbales con su uso.

El ***pretérito indefinido*** (*fui* al cine, *estuve* en el estreno de *Gladiator*, *me gustó* mucho, *me aburrí*) se utiliza...

El ***pretérito imperfecto*** (*era* joven, *estaba* estudiando en la universidad, *había* muchísima gente) se utiliza...

... para contar acontecimientos en el pasado (algo que ocurrió o que se hizo).

... para describir la situación o las circunstancias en las que ocurrió algo.

... para valorar una experiencia que tuvimos hace tiempo.

Cinemaniac pregunta a sus lectores...

¿Qué recuerdos guardas de las primeras veces que fuiste al cine? ¿Qué película fuiste a ver? ¿Qué edad tenías? ¿Te gustó o no?

• *Respuesta de Paula, Sevilla*
La primera vez que fui al cine era muy niña, tenía 4 ó 5 años, y estaba con mis padres y mis hermanos. Fuimos a ver *La bella y la bestia* de Walt Disney y en el cine había muchos niños. Recuerdo que hacía frío porque todos llevábamos ropa de invierno. La película me gustó mucho y la experiencia en la sala de cine, con todo a oscuras, fue fantástica.

• *Respuesta de Jesús, Santiago de Chile*
La primera película que recuerdo es *Matrix*. Era mi cumpleaños. Cumplía 7 añitos y fui con mi hermana mayor. La ponían en el teatro Aurora y recuerdo que era el estreno de la película y que había muchísima gente que quería verla. También recuerdo que cuando salimos del cine ya era de noche. Yo me aburrí un poco porque no entendía muy bien lo que pasaba en la película, pero a mi hermana le encantó.

b. Escribe a *Cinemaniac* y cuenta tus primeros recuerdos en el cine.

9.a. Señala cuáles de estos acontecimientos puedes recordar.

TAREA FINAL

- ☐ La primera vez que te enamoraste.
- ☐ El día en que nació un hermano / un hijo...
- ☐ El día en que aprendiste a nadar / a montar en bicicleta...
- ☐ La primera vez que dormiste fuera de tu casa.
- ☐ La primera vez que hiciste un viaje.
- ☐ La primera vez que viajaste en avión.
- ☐ La primera vez que fuiste a un concierto / una obra de teatro...

b. Completa una tabla como la siguiente para cada uno de los acontecimientos que has señalado.

ACONTECIMIENTO	CIRCUNSTANCIAS	VALORACIONES
Me enamoré.	Estaba en el instituto. Tenía 15 años. Había un chico que me gustaba. Se llamaba Thomas.	Todo fue muy bonito.

c. Comenta con dos compañeros en qué circunstancias ocurrieron esos acontecimientos de tu infancia y juventud. ¿Coincides en algo con ellos?

● *Yo me enamoré por primera vez cuando estaba en el instituto. Tenía 15 años y había un chico en mi clase que me gustaba mucho. Se llamaba Thomas...*

▲ *¿Y recuerdas cómo era?*

LENGUA Y COMUNICACIÓN

NARRAR EN EL PASADO: USOS DEL INDEFINIDO Y EL IMPERFECTO

El **pretérito indefinido** se utiliza para contar acontecimientos que ocurrieron en el pasado. También se utiliza para valorar una experiencia que tuvimos hace tiempo.

El **pretérito imperfecto** se utiliza para describir la situación o las circunstancias en las que ocurrió algo.

*- La primera vez que **fui** al cine **era** muy niña, **tenía** 4 ó 5 años, y **estaba** con mis padres y mis hermanos.*
***Fuimos** a ver* La bella y la bestia *de Walt Disney y en el cine **había** muchos niños.*
*La película **me gustó** mucho y la experiencia en la sala de cine **fue** fantástica.*

10.a. Carolina tuvo un pequeño accidente y no puede ir al trabajo. Lee los mensajes que envía a la jefa de Recursos Humanos y a un colega. ¿Qué le ocurrió? ¿En qué circunstancias? Completa este esquema:

¿QUÉ OCURRIÓ?
Se cayó de una silla.
Se rompió una pierna.

¿EN QUÉ CIRCUNSTANCIAS?
Tenía invitados en casa.

Baja laboral por accidente - Mensaje (texto sin formato)

Para... recursoshumanos@empresa.com
CC...
Asunto: Baja laboral por accidente

Querida María:
Te escribo desde casa para comunicarte que durante unos días no voy a poder ir a trabajar. El sábado me caí de una silla y me rompí una pierna. Tuve que ir a urgencias y el médico me dio una baja laboral de tres semanas que mañana te envío por correo.
Si necesitas cualquier aclaración, por favor, dímelo.
Gracias por todo. Un saludo,
Carolina

Accidente del sábado - Mensaje (texto sin formato)

Para... dario@empresa.com
CC...
Asunto: Accidente del sábado

¡Hola, Darío!:
Supongo que ya te has enterado. Me he roto una pierna y estoy en casa con una escayola y sin poder moverme. Resulta que el sábado tenía invitados a comer porque era el cumpleaños de Juan y, como necesitábamos platos, me subí a una silla y... ¡ay! La silla no estaba bien segura, se movió y me caí. Juan estaba a mi lado pero no pudo hacer nada, así que me caí con tan mala suerte que me rompí la pierna derecha. Bueno... ¡Imagínate! Me dolía muchísimo y mis amigos me llevaron a urgencias. Me dijeron que era una fractura y me dieron una baja de tres semanas. Así que, Darío, creo que no vas a verme durante unos días ;-)
Bueno, si necesitas ayuda para cualquier cosa llámame a casa, ¿de acuerdo?
Un abrazo,
Carolina

b. Carolina utiliza dos tiempos verbales diferentes: el pretérito indefinido y el pretérito imperfecto. ¿En qué mensaje utiliza solo las formas del indefinido? ¿Por qué no utiliza el imperfecto?

PDi

11.a. Ordena este puzzle para saber cómo Nicanor se encontró un día con Nicole Kidman. Después, compara tu puzzle con el de tu compañero.

Resulta que me dolía muchísimo la cabeza [1]

y, como no tenía aspirinas en casa, [2]

me llevé el paraguas. [ ]

Entonces me acerqué y le di mi paraguas. Ella me miró sorprendida, me sonrió y me dio las gracias. Así que, [ ]

al día siguiente, tuve que ir al médico porque tenía una gripe tremenda. [ ]

tuve que salir y buscar una farmacia. Pero llovía, y por eso, [ ]

yo me fui muy contento, con mi dolor de cabeza, con la lluvia y sin mi paraguas a la farmacia... Total, que [ ]

Cuando salí a la calle me encontré con ella... La pobre caminaba bajo la lluvia, totalmente empapada, pero estaba guapísima. [ ]

b. Escucha a Nicanor contando la anécdota a sus amigos y comprueba el orden de tu puzzle.

12.a. El domingo por la noche Irene tuvo un pequeño problema. Observa las imágenes y, con tu compañero, intenta descubrir qué le pasó y en qué circunstancias.

- ● *Yo creo que se quedó dentro del ascensor de su casa.*
- ▲ *Ah, pues yo creo que no estaba en su casa...*

b. Escucha a Irene contándole a una amiga qué le pasó y responde a estas preguntas.

- ¿Por qué no subió por las escaleras?
- ¿Cuándo se paró el ascensor?
- ¿Qué hizo cuando se paró? ¿Por qué no utilizó su teléfono móvil?
- ¿Cómo salió del ascensor?
- ¿Qué hizo cuando llegó a casa? ¿Por qué?

13. TAREA FINAL

Piensa en alguna anécdota divertida o curiosa que te ha ocurrido a ti (o a un conocido) y escríbela. Después, cuenta tu anécdota a dos compañeros. ¿A ellos les ha ocurrido algo parecido?

Lengua y comunicación

Contar una anécdota combinando pretérito indefinido y pretérito imperfecto

En español, cuando contamos una anécdota o un suceso, solemos combinar dos tiempos verbales: el **pretérito indefinido** y el **pretérito imperfecto**.

Utilizamos el **pretérito indefinido** cuando queremos contar algo que ocurrió o algo que hizo alguien.
- *El sábado **me caí** de una silla y **me rompí** una pierna.*

Cuando hablamos de las circunstancias que rodeaban a los acontecimientos (cuando describimos el escenario de los hechos) entonces utilizamos el **pretérito imperfecto**.
- *El sábado **tenía** invitados a comer porque **era** el cumpleaños de Juan y...*

Conectores

Comenzar a contar una anécdota: ***resulta que...***
- ***Resulta que** el domingo estaba solo en casa...*

Causa: ***como*, *porque***
- *... y, **como** hacía frío, subí la calefacción...*
- *... y subí la calefacción **porque** hacía frío...*

Consecuencia: ***así que*, *por eso***
- *La calefacción empezó a hacer ruido, **así que** llamé a un técnico.*
- *La calefacción empezó a hacer ruido, **por eso** llamé a un técnico.*

Introducir la consecuencia final de una anécdota: ***total, que...***
- *... **total, que** tuve que pagar un montón.*

14.a. Luba, Ashok, Masoud y Rasha nos cuentan una anécdota que les ocurrió cuando comenzaron a aprender español. Lee sus historias y, con tu compañero, relaciónalas con estas frases.

- Se confundió al decir una palabra.
- No entendió una broma.
- No entendió el significado de la frase en esa situación.
- Utilizó una frase que la gente no suele decir en esa situación.
- Dijo una frase que significaba algo diferente de lo que quería decir.
- Utilizó gestos y sonidos para conseguir lo que quería.

Una vez una señora me preguntó: «¿Cuál es tu estado civil? ¿Estás soltera, casada, divorciada, separada...?» Y yo muy seria le dije: «Sí, estoy divertida». Enseguida me di cuenta del error. Quería decir «divorciada», pero pareció que quería decir otra cosa.

Luba Ioussoupova

Uno de los primeros días de estar aquí, fui a comprar una barra de pan y el señor del hostal me dijo que pidiera una pistola[1]. Yo fui a la panadería a preguntar: «¿Tiene pistola, por favor?» Y el hombre de la tienda me dijo: «¿Para comer o para matar?». No lo entendí y me marché de allí. Al cabo de seis meses, volví a la tienda y me dijo que le sonaba mi cara. Le conté lo del pan y le dije que me marché porque no sabía qué me decía.

Ashok Beera

(1) En algunas zonas de España es un tipo de barra de pan. También significa revólver, arma de fuego de pequeño tamaño.

Al principio utilizaba mucho los gestos. Cuando quería comprar carne imitaba el sonido: decía «beee» para indicar que quería cordero, y hacía «oink, oink» para indicar que no quería cerdo. Como el carnicero ya me conocía, él hacia «beeeee» y yo decía sí con la cabeza. Vivía en Canillejas y todo el mundo del mercado esperaba que yo llegara para reírse, pero no de mí, sino conmigo.

Masoud Harandi

Una vez yo salía del ascensor y me encontré con un vecino, creo que llevaba un mes nada más, sabía decir «hola», «buenas tardes», «buenos días». Ese vecino me dijo: «¿Qué pasa?[2]» Y yo le dije: «Nada, no pasa nada». Me dijo «qué pasa» como saludo y yo no lo entendí.

Rasha Shekheldin

(2) Es una forma de saludar muy coloquial equivalente a «¿Qué tal?»

(Adaptado de www:cvc.cervantes.es/aula/luna/)

b. ¿Cómo reaccionaron los españoles en cada situación? ¿Crees que entendieron por qué actuaron así Luba, Ashok, Masoud y Rasha? Coméntalo con tus compañeros.

● *Luba no cuenta cómo reaccionó la señora, pero imagino que se rió.*

▲ *Seguramente se imaginó que Luba quiso decir: «Estoy divorciada».*

15.a. Esta es la historia de un malentendido que surgió entre una chica chilena que estudiaba en Suecia y un compañero de clase. Numera las viñetas.

Cuando llegó el momento de pagar María descubrió con sorpresa que dividieron el total en partes iguales y que Per no pagó la parte que le correspondía a ella.

Resulta que Per invitó a María a ir a cenar con él y algunos amigos de la facultad a un restaurante. Ella aceptó encantada.

Total, que quedó al día siguiente con cada uno de ellos para darles el dinero.

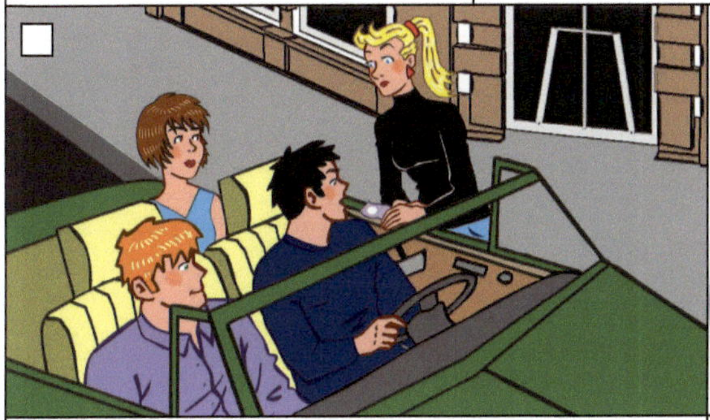

Cuando la llevaron a su casa, les pidió que la esperaran un momento, subió a buscar dinero y volvió con un billete. No tenían cambio para repartirse lo que cada uno había pagado y no quisieron aceptar el billete.

Como no llevaba dinero en ese momento, María se vio obligada a pedirles dinero prestado y entre todos lograron reunir la parte que le correspondía pagar.

(Adaptado de www.arthist.lu.se/kultsem/sonesson/Interaccion.html)

b. Responde a estas preguntas con tus hipótesis y, después, compara tus respuestas con tu compañero.

- ¿Qué pensó María cuando Per la invitó?
- ¿Por qué no llevaba dinero María?
- ¿Qué pensaron Per y sus amigos al final de la cena? ¿Y cuando llevaron a María a casa?
- ¿Cómo se sintió María cuando vio que no tenía dinero?
- ¿Por qué Per no pagó la cena de María?

c. ¿Qué te parece la reacción de María? ¿Qué pudo hacer María para evitar o para solucionar el malentendido? ¿Y Per? Coméntalo con tus compañeros.

16.a. TAREA FINAL **Al aprender una nueva lengua y conocer a gente de otras culturas siempre ocurren historias como las anteriores. ¿Recuerdas alguna anécdota que te ocurrió a ti o a alguien que conoces? Toma nota de los siguientes aspectos:**

- dónde estabas
- con quién estabas
- qué pasó
- cómo reaccionaste
- cómo reaccionó la otra persona
- por qué crees que ocurrió

b. Escucha las historias de tus compañeros. ¿En alguna de las anécdotas se produjo un malentendido? ¿Crees que pudieron hacer algo para evitarlo?

C
MÓDULO

MI PORTFOLIO DE ESPAÑOL

REPASO 3

1.a. ¿Recuerdas las cosas que hemos hecho en estas cuatro unidades del Módulo C? Asocia lo que hemos hecho con el dibujo correspondiente y selecciona los que te gustaría incluir en el "Dossier" de tu Portfolio.

- hablar de los productos que exporta tu país y de los que podrían tener éxito en otros países
- participar en un foro virtual dando consejos
- contar una anécdota
- hablar de tus planes personales y profesionales
- hablar con un hispanohablante de su experiencia en el extranjero
- escribir un relato de un viaje
- contar experiencias interesantes que has tenido
- escribir una carta de presentación para tu CV
- hablar de los amigos de la infancia, de la adolescencia

1

2

Madrid, 3 de febrero de 2003

...sta a la oferta de trabajo publicada en la sección ...sado domingo, 1 de febrero.

... que adjunto, terminé mis estudios de Hostelería en ...e Hostelería "Conde de Osuna" de Santander.

... a trabajar en el Restaurante *El tenedor*, donde

... Francia para perfeccionar mis conocimientos de ...epostería de Carcassone.

3

4

5

dónde estabas	
con quién estabas	
qué pasó	
cómo reaccionaste	

6

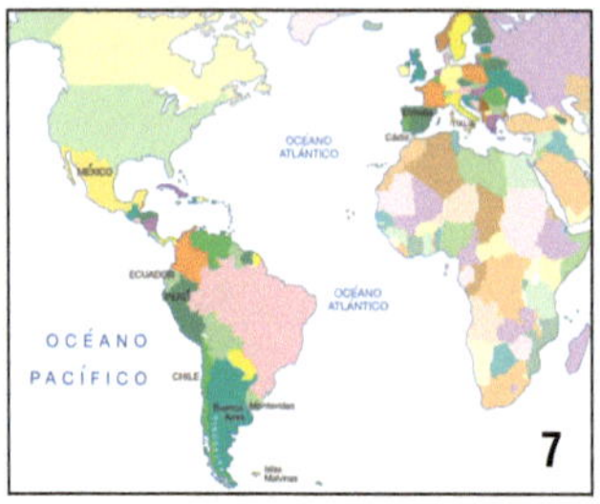

7

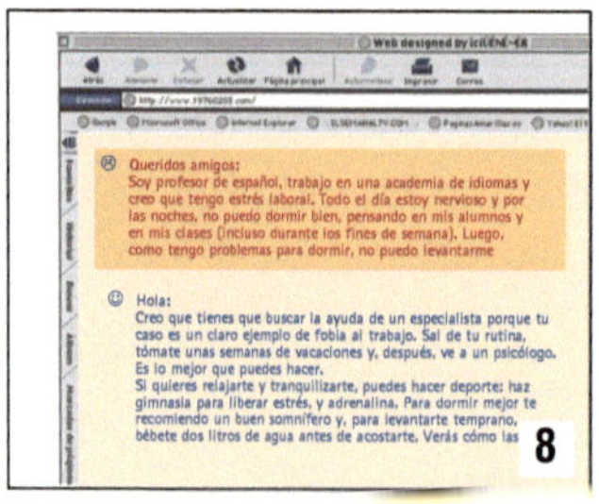

8

9

- *A mí me gustaría incluir el mensaje en el foro porque me resultan interesantes los trabajos relacionados con Internet. También quiero incluir...*

b. Elabora la lista de todos los trabajos que vas a incluir en el "Dossier" de tu Portfolio. Señala para cada trabajo el tipo de documento, la fecha de elaboración y modo de realización.

Modo de realización:
individual / en grupo
revisado y corregido / no revisado ni corregido
realizado con preparación previa / realizado sin preparación

Tipo de documento:
Cuestionario, mural, cartel, postal, lista de la compra, grabación de llamada telefónica, de una rueda de prensa, de una conversación, de una anécdota, de una presentación oral, test, correo electrónico o en un foro virtual, formulario, carta de presentación, narración escrita de un viaje...

2.a. ¿En qué medida has alcanzado los siguientes objetivos de aprendizaje correspondientes a un nivel A2? Completa esta tabla de autoevaluación y recoge la información en la sección "Biografía" de tu Portfolio.

Columna 1
- ✔ Puedo hacerlo.
- ✔✔ Puedo hacerlo con facilidad.

Columna 2
- ✔ Mi profesor (u otra persona) dice que puedo hacerlo.
- ✔✔ Mi profesor (u otra persona) dice que puedo hacerlo con facilidad.

Columna 3
- ✔ Quiero hacerlo, es uno de mis objetivos.
- ✔✔ Es un objetivo prioritario para mí.

ENTENDER	1	2	3
Puedo entender preguntas e instrucciones básicas.			
Puedo entender instrucciones para ir de un sitio a otro, a pie o en transporte público.			
Puedo entender una conversación sobre asuntos de la vida cotidiana si hablan directamente conmigo, despacio y con claridad.			
Puedo entender el tema principal de los anuncios, de los mensajes orales o de las noticias de la TV.			

LEER	1	2	3
Puedo entender carteles de la calle como *prohibido aparcar, entrada*, etc.			
Puedo entender una postal o una carta en la que se habla de asuntos de la vida cotidiana.			
Puedo entender mensajes de amigos o compañeros.			
Puedo encontrar anuncios, titulares o información que me interesa en un periódico.			
Puedo entender narraciones sencillas de temas que conozco.			
Puedo entender los mensajes de un programa informático y las palabras básicas como *enviar, archivar, imprimir.*			
Puedo entender la información importante de los anuncios, instrucciones, artículos de periódicos, folletos de información, etc. que me interesan y están estructurados con claridad o ilustrados.			

INTERACTUAR	1	2	3
Puedo hablar con la gente de lo que me gusta y lo que no.			
Puedo hablar con la gente de cantidades, precios, números y horas.			
Puedo hacer un pedido de comida y bebida.			
Puedo conseguir información básica sobre viajes y transportes y comprar los billetes.			
Puedo hacer transacciones sencillas en lugares como tiendas, bancos y en Correos.			
Puedo dar y pedir instrucciones relacionadas con un mapa.			
Puedo invitar, aceptar o rechazar una invitación y quedar.			
Puedo pedir disculpas y aceptarlas.			
Puedo hablar con la gente de lo que hace en su trabajo y en su tiempo libre.			
Puedo pedir ayuda para comunicarme, pedir a alguien que repita o que hable más despacio.			

HABLAR	1	2	3
Puedo hablar del lugar donde vivo.			
Puedo describirme, describir a mi familia y a otras personas.			
Puedo hablar de mi pasado, de mi presente y de mis planes en relación con mis estudios, mi trabajo y mi vida personal.			
Puedo hablar de mis experiencias en el pasado, de las actividades que he realizado y del momento en que tuvieron lugar.			
Puedo describir de forma sencilla algo que ha sucedido.			

ESCRIBIR	1	2	3
Puedo describir acontecimientos con frases sencillas y usar palabras como *y, pero, porque, primero, después...*			
Puedo escribir sobre aspectos sencillos de mi vida cotidiana (personas, lugares, trabajo, escuela, aficiones).			
Puedo rellenar un cuestionario sobre mi pasado, mi presente y mis intereses relacionados con estudios y trabajo.			
Puedo presentarme en una carta o un correo electrónico con frases sencillas.			
Puedo escribir mensajes sencillos y notas para expresar agradecimiento, preguntar por alguien y pedir algo.			

b. ¿Hay objetivos del nivel A2 que todavía no has alcanzado? ¿Son objetivos prioritarios para ti?

● *Para mí es muy importante entender los mensajes de un programa informático y todavía tengo problemas.*

c. ¿Has pensado hasta qué nivel quieres llegar en español? ¿Qué objetivos te planteas a corto plazo? ¿Y a largo plazo?

● *A corto plazo me gustaría entender los mensajes de los programas informáticos, porque lo necesito para mi trabajo, y entender mejor a mis compañeros. A largo plazo, me gustaría poder redactar informes y, en lo personal, leer el periódico con cierta facilidad.*

3.a. ¿Tienes algún certificado o diploma que acredita tu conocimiento de idiomas? ¿En qué nivel? Recoge esta información en la sección "Pasaporte" de tu Portfolio.

Idioma	Certificado o diploma	A1	A2	B1	B2	C1	C2

b. ¿Cuándo y cómo los has obtenido? Coméntalo con tu compañero.

● *Yo tengo el certificado First Certificate de inglés, que equivale a un nivel B1, creo. Hice el examen hace tres años y lo aprobé.*

▲ *¿Es el examen de la Universidad de Cambridge?*

Niveles en el aprendizaje de lenguas (Consejo de Europa)

A1: Nivel de Acceso (Breakthrough)
A2: Nivel Plataforma (Waystage)
B1: Nivel Umbral (Threshold)
B2: Nivel Avanzado (Vantage)
C1: Nivel de Dominio operativo eficaz (Effective Operational Proficiency)
C2: Nivel de Maestría (Mastery)

c. ¿Piensas obtener algún certificado o diploma en el futuro? ¿Cuál?

● *Me gustaría tener un diploma de español y quiero preparar el examen del Instituto Cervantes.*

▲ *¿Sí? ¿Cuándo?*

ML

N.º3

MUNDO LATINO

Guinea Ecuatorial

Un país de habla hispana en el corazón de África

Los remedios de la abuela

Una alternativa natural a los medicamentos

Los orígenes del chocolate

El regalo del dios Quetzalcóatl a los hombres

Antonio Banderas

Un andaluz que triunfa en el mundo del cine

¿Quién no ha sufrido, en alguna ocasión, un tremendo dolor de muelas en mitad de la noche? ¿O una indigestión? ¿O una erupción repentina? En esos casos tenemos que acudir a nuestro botiquín o a la farmacia más cercana. Pero hay otra forma, más natural, para acabar con nuestros males. A continuación te presentamos una selección de esos pequeños trucos de siempre, los "remedios de la abuela" que se han transmitido de generación en generación y que son tan eficaces como muchos medicamentos pero ¡más económicos!

Los remedios de la abuela

Para la tos nocturna

Cuando sufrimos ataques de tos nocturna como consecuencia de un resfriado reciente, el remedio está en la cocina: corta una cebolla por la mitad y colócala cerca de la persona que tose. A los pocos minutos, la tos desaparece por completo.

Para el ardor y la acidez de estómago

Olvida los antiácidos de la farmacia y prueba esta otra receta: disuelve una cucharadita de bicarbonato en medio vaso de agua templada. Déjalo reposar diez minutos y añádele el zumo de medio limón.

Para el resfriado

Este es uno de los remedios más antiguos y efectivos para aliviar los síntomas del resfriado. Picamos una cebolla, la cubrimos con azúcar moreno y dejamos reposar el preparado durante ocho horas. Después, se filtra el líquido, se añade el zumo de dos limones, se agita y ya tenemos un jarabe que podemos conservar durante días.

Para relajarse

Una buena infusión de hojas de naranjo y valeriana hace maravillas: el efecto sedante es casi inmediato y el sabor... delicioso.

Para la afonía

Si tienes una afonía o irritación de garganta, solo tienes que cortar una cebolla en trozos pequeños y ponerla en zumo de limón y agua durante toda la noche. Al día siguiente, fíltralo y tómate el líquido muy despacio.

- ¿Qué haces cuando tienes dolor de estómago, resfriado, tos...? ¿Tomas medicamentos o prefieres utilizar remedios naturales? ¿Cuáles?
- ¿Alguna vez has utilizado estos remedios naturales u otros similares? ¿Crees que son eficaces?
- ¿Conoces algún otro remedio casero para las dolencias del texto? ¿Coinciden en algún ingrediente con los remedios que conocen tus compañeros?

Antonio Banderas

Una vida... de cine

Hijo de una maestra de escuela y de un comisario de policía, José Antonio Domínguez Banderas nació en Benalmádena (Málaga) el 10 de agosto de 1960. De pequeño jugaba en un equipo de fútbol de Málaga porque quería ser futbolista, pero una lesión le impidió seguir con este deporte. Cuando era estudiante alternaba las clases de arte dramático con sus estudios y, a los 19 años, se trasladó a Madrid para buscar fortuna como actor. Allí trabajó como camarero y como acomodador antes de actuar en el teatro.

En una representación, el director de cine Pedro Almodóvar lo descubre y, a partir de ese momento, Antonio Banderas se convirtió en habitual de sus películas, entre ellas, *Mujeres al borde de un ataque de nervios* (1988) y *¡Átame!* (1990), que tuvieron un gran éxito internacional y dieron a conocer al actor en gran parte del mundo.

En 1992, debutó en Hollywood con el film *Los reyes del mambo tocan canciones de amor* (*The Mambo Kings*) donde interpretó el papel de un joven músico cubano. Después de esta película participó en muchas otras como *Philadelphia* (1993), *Entrevista con el vampiro* (*Interview with a Vampire*, 1994) y *Desperado* (1995), en esta última ya como protagonista.

En 1995, cuando participaba en el rodaje de la película *Two Much* (1996) de Fernando Trueba, se produjo un flechazo entre él y la actriz Melanie Griffith. Ambos se divorciaron de sus respectivas parejas (Ana Leza y Don Johnson). El 14 de mayo de 1996 se casaron en Westminster (Londres). Unos meses más tarde, nació su hija Estela del Carmen.

Antonio Banderas ha continuado trabajando como actor en musicales de Broadway y en conocidas películas como *Evita* (1996), *La máscara del Zorro* (*The Mask of Zorro*, 1998), *Frida* (2002), etc. En 1999 eligió a su mujer para el papel protagonista de *Locos en Alabama* (*Crazy in Alabama*, 1999), la película con la que debutó como director.

Curiosidades

- Su madre se llevó una gran decepción cuando le comunicó su deseo de ser actor.
- En *Los reyes del mambo* aprendió el texto de su papel fonéticamente porque no sabía hablar inglés.
- Es yerno de la actriz Tippi Hedren, la protagonista de *Los pájaros* (*The Birds*, 1963) de Hitchcock.
- En el año 2000 fue el encargado de entregar el Oscar a la mejor película en habla no inglesa al director Pedro Almodóvar, su descubridor.

- ✔ ¿Conoces a Antonio Banderas? ¿Qué sabes de él? ¿Y de su vida? Coméntalo con tus compañeros.
- ✔ ¿Has visto alguna de las películas que se mencionan en el artículo? ¿Te gustaron? ¿Opinan lo mismo tus compañeros?
- ✔ ¿Conoces alguna película de los actores y directores que aparecen en el texto?
- ✔ ¿Quiénes son tus actores preferidos? ¿En qué películas crees que hicieron sus mejores trabajos? ¿Coincides con algún compañero?

Desde el Pico Basile

El viaje seleccionado esta semana es...

... Guinea Ecuatorial

Hacía tiempo que quería visitar un país del África negra y elegí Guinea Ecuatorial por el idioma, ya que el español es lengua oficial en este estado del tamaño de Bélgica, que cuenta con medio millón de habitantes (la mayoría de etnia bantú: bubis, fang y ndowe) y con muchísimos recursos naturales como el cacao, la madera, la pesca y el petróleo.

La isla de Bioko

Mi viaje comenzó en Malabo, la antigua capital del país, en la isla volcánica de Bioko. De Malabo me encantó su puerto, situado en el cráter sumergido de un volcán, además de su bonito paseo marítimo y su zona de bares y restaurantes, donde pude cenar al aire libre. Allí conocí a un grupo de españoles y franceses que venían de Camerún y querían conocer Bioko. Con ellos subí en 4X4 al Pico Basilé (el enorme volcán que domina Malabo) donde disfrutamos, a más de 3.000 metros de altura, de unas vistas grandiosas y donde tuve mi primer contacto con la selva africana (la selva domina casi toda la isla).

Además del Pico Basilé, visitamos el valle de Moka, al sur de Bioko y a 1.200 metros de altura. Un guía nos comentó que el valle de Moka estaba considerado uno de los paisajes más bonitos de África. Allí pudimos contemplar las hermosas cuevas morimó, que tienen un significado simbólico y espiritual para el pueblo bubi, además de cataratas, bosques y lagos volcánicos en el interior de cráteres de volcanes apagados.

También fuimos a la aldea de Ureca y paseamos por su enorme playa de arena fina, donde pudimos ver varios animales: monos, aves, tortugas gigantes... y, además, nos encontramos con una sorpresa: ante nuestros ojos, el río Eola terminaba su viaje desde el corazón de Bioko y llegaba al mar en una espectacular catarata en medio de un escenario de vegetación exuberante. Todos corrimos a bañarnos para sentir la fuerza del agua, que caía con una temperatura estupenda.

Malabo-Ceiba en la finca Sampaka

Monte Alén en Río Muni

Continué el viaje solo hacia Monte Alén, el único parque nacional de Guinea Ecuatorial, a 50 km del Océano Atlántico y en el corazón de Río Muni. Allí me encontré con una auténtica selva virgen, ya que Monte Alén guarda en su interior uno de los pocos bosques primarios (jamás explotado por el hombre) que quedan en el mundo, habitado por gorilas, chimpancés, leopardos, búfalos, elefantes, pitones...

Texto enviado por Álvaro Cabello Castellanos, lector de Piura (Perú)

- ¿Sabes algo de Guinea Ecuatorial? ¿Cómo imaginas este país? ¿Cómo crees que es su paisaje? ¿Qué recursos tiene?
- ¿Has leído en el texto algún dato de Guinea que te haya sorprendido?
- ¿Te gustaría visitar la isla de Bioko? ¿Y Monte Alén? ¿Y a tus compañeros?
- ¿Alguna vez has estado en una isla? ¿Y en una selva? ¿Por qué fuiste y qué hiciste allí?

El chocolate: el elixir de los DIOSES

Cuenta la mitología tolteca que el dios sabio Quetzalcóatl cultivaba las tierras del Paraíso, donde crecía algodón con diferentes colores y gruesas mazorcas de maíz. De todas las plantas que cultivaba Quetzalcóatl, la preferida de los dioses era la planta del cacao o cacahuaquahitl, de la que obtenían una deliciosa bebida que tan solo bebían ellos. Quetzalcóatl, que amaba a los hombres, les enseñó el cultivo, la astronomía, la medicina y las artes y, como regalo, les entregó el árbol del cacao. Cuando los dioses descubrieron que los hombres toltecas también tomaban la bebida divina, decidieron vengarse y expulsar a Quetzalcóatl del Paraíso.

Esta leyenda llegó a los mayas y a los aztecas que, por su origen divino, solo reservaban la bebida del cacao a los gobernantes y a los guerreros, pues creían que el chocolate daba fuerza y vigor a quienes lo bebían. Después de los sacrificios tomaban tchocolath, un vino de cacao con especias, chile picante y pimienta, del que estaba prohibido beber más de tres jarras, pues era muy embriagador. Esta bebida era bastante amarga pero, al parecer, muy afrodisíaca. También bebían chorote, una mezcla de cacao, maíz y agua de lluvia.

“UNA SOLA TAZA FORTALECE TANTO AL SOLDADO QUE PUEDE CAMINAR TODO EL DÍA SIN NECESIDAD DE TOMAR NINGÚN OTRO ALIMENTO.”

Dicen que el emperador azteca Moctezuma consumía unas 50 jarras de chocolate al día, varias de ellas antes de visitar su harén. Este consumo desmedido llamó poderosamente la atención de Hernán Cortés quien, interesado por sus propiedades tónicas, comenta en una de sus cartas:

Una sola taza fortalece tanto al soldado que puede caminar todo el día sin necesidad de tomar ningún otro alimento.

Los colonos españoles trataron de mantener en secreto las técnicas de cultivo y elaboración del cacao, pensando en los beneficios que reportaría. Pero la popularidad del chocolate hizo que muy pronto el resto de los países europeos buscaran la forma de cultivar el árbol del cacao.

Los siguientes capítulos de la historia tienen que ver con la rápida extensión de la fama del producto y su comercialización en todo el mundo...

- ¿Te gusta el chocolate? ¿Cuándo y cómo lo tomas? ¿Lo relacionas con algún momento o celebración especial?
- ¿Conoces el origen del chocolate? ¿Sabes cómo llegó a Europa?
- ¿Qué diferencias hay entre el chocolate que tomamos hoy y el que tomaban los nativos americanos?
- ¿Con qué momentos de tu pasado relacionas el chocolate? ¿Se parecen tus recuerdos a los de tus compañeros?

LENGUA Y COMUNICACIÓN

MÓDULO A

Escritura y pronunciación (U1)

B/V	Se pronuncian /b/: *bien, Venezuela*
C	Se pronuncia /k/ en *ca, co* y *cu*: *gramática, Marruecos, cultura* Se pronuncia /θ/ en *ce* y *ci*: *hacer, pronunciación*
CH	Se pronuncia /t͡ʃ/: *escuchar, ocho*
G	Se pronuncia /x/ en *ge* y *gi*: *gente, Ginebra* Se pronuncia /g/ en *ga, go* y *gu*: *jugador, gol, pregunta.* Y también en *gue* y *gui*: *guerra, guitarra*
H	No se pronuncia: *Honduras, hola*
J	Se pronuncia /x/: *viajar, ejercicio, dibujo*
LL	Se pronuncia /ʎ/ en algunas zonas del norte y centro de España. Se pronuncia /ž/ en el cono sur americano. En otros lugares se pronuncia /y/: *calle, llamarse*
Ñ	Se pronuncia /ɲ/:*compañero, español*
QU	Se pronuncia /k/ en *que* y *qui*: *que, quiero*
R	Se pronuncia con sonido fuerte / r̄/ en posición inicial de sílaba: *restaurante, Israel* Se pronuncia con sonido débil /r/ en posición final de sílaba y entre vocales: *Corea, Turquía*
RR	Se pronuncia siempre con sonido fuerte / r̄/. Solo aparece entre vocales: *guitarra, marroquí*
Y	Se ponuncia /y/ en posición inicial de sílaba: *yo, mayo* Se pronuncia /i/ en posición final de sílaba: *soy, hay*
Z	Se pronuncia /θ/ en el centro y norte de España. En otros lugares se pronuncia /s/: *Cádiz, aprendizaje*

Números del 0 al 100 (U1, U2)

De 0 a 30 los números se escriben con una sola palabra. A partir de 30, los números tienen tres palabras, excepto 40, 50, 60, 70, 80, 90 y 100. Se utiliza la conjunción *y* entre las decenas y las unidades.

0 **cero**				
1 **uno**	11 **once**	21 **veintiuno**	31 **treinta y uno**	41 **cuarenta y uno**
2 **dos**	12 **doce**	22 **veintidós**	32 **treinta y dos**	42 **cuarenta y dos**
3 **tres**	13 **trece**	23 **veintitrés**	33 **treinta y tres**	...
4 **cuatro**	14 **catorce**	24 **veinticuatro**	34 **treinta y cuatro**	50 **cincuenta**
5 **cinco**	15 **quince**	25 **veinticinco**	35 **treinta y cinco**	51 **cincuenta y uno**
6 **seis**	16 **dieciséis**	26 **veintiséis**	36 **treinta y seis**	60 **sesenta**
7 **siete**	17 **diecisiete**	27 **veintisiete**	37 **treinta y siete**	70 **setenta**
8 **ocho**	18 **dieciocho**	28 **veintiocho**	38 **treinta y ocho**	80 **ochenta**
9 **nueve**	19 **diecinueve**	29 **veintinueve**	39 **treinta y nueve**	90 **noventa**
10 **diez**	20 **veinte**	30 **treinta**	40 **cuarenta**	100 **cien**

La palabra *uno* cambia a *un* cuando va seguida de un nombre masculino.

Tengo ***un*** *hijo.*
En mi clase hay ***cuarenta y un*** *alumnos.*

Cuando se refiere a un nombre femenino, cambia a *una*.

Vive en un edificio de ***veintiuna*** *plantas.*

● *¿Cuántas chicas hay en tu clase?*
▲ *Solo* ***una.***

Nacionalidad y procedencia (U1, U2)

Nacionalidades

masculino	femenino
-o	-a
*guinean**o***	*guinean**a***
*venezolan**o***	*venezolan**a***
*brasileñ**o***	*brasileñ**a***
*panameñ**o***	*panameñ**a***
*chin**o***	*chin**a***
*turc**o***	*turc**a***

masculino	femenino
-consonante	-consonante + a
*escoc**és***	*escoc**esa***
*holand**és***	*holand**esa***
*alem**án***	*aleman**a***
*españo**l***	*españo**la***

no cambian

iraquí, iraní, paquistaní...
estadounidense, canadiense, nicaragüense... belga

● *¿**De dónde** es Gabriel García Márquez?*
▲ *Es colombiano.*

● *Es usted andaluz, ¿verdad?*
▲ *Sí, **de** Almería.*

Pronombres interrogativos: *qué*, *quién(es)*, *por qué*, *cómo*, *dónde*, *cuánto/a(s)*, *cuál(es)* (U1, U2, U3, U4)

Utilizamos los pronombres interrogativos para preguntar por un elemento de la información que no conocemos. Normalmente se usan al principio de la frase.

Qué – Cuando preguntamos por un objeto o por algo abstracto.

● *¿**Qué** palabras conoces en tu lengua con el sonido /f/?*
▲ *Pharmacie, photo...*

● *Y tú, ¿**qué** haces? ¿Estudias? ¿Trabajas?*
▲ *Trabajo en un banco.*

Quién/Quiénes – Cuando preguntamos por una persona (*quién*) o por varias (*quiénes*).

● *¿Con **quién** vives?*
▲ *Con mis padres y mi hermana pequeña.*

● *¿**Quiénes** son tus padres?*
▲ *Los de la derecha: el señor de gafas y la señora de pelo corto.*

Por qué – Cuando preguntamos por la razón o motivo de algo.

● *¿**Por qué** le gusta?*
▲ *Porque es una plaza muy animada, con muchos bares y música.*

Cómo – Cuando preguntamos por el modo.

● *¿**Cómo** se escribe pasaporte?*
▲ *P-a-s-a-p-o-r-t-e.*

● *¿**Cómo** es tu marido?*
▲ *Alto, moreno, delgado...*

Dónde – Cuando preguntamos por un lugar.

● *¿**Dónde** trabajas?*
▲ *En una empresa de informática.*

● *¿**Dónde** está el cine Chaplin?*
▲ *En la calle Ripoll, al lado de un supermercado.*

Cuánto(s)/Cuánta(s) – Cuando preguntamos por una cantidad.

● *¿**Cuántos** años tienes?*
▲ *Veintiocho.*

● *¿**Cuántas** páginas tiene una unidad de este libro?*
▲ *Diez.*

Cuál/Cuáles – Cuando preguntamos por uno o más elementos de un grupo de personas u objetos del mismo tipo (hermanos, números de teléfono, lugares de una ciudad...).

● *¿**Cuál** es el mayor de tus hermanos?*
▲ *Roberto es el mayor y después va Arturo.*

● ¿**Cuáles** son tus lugares preferidos de Buenos Aires?
▲ Pues me gustan mucho los bosques de Palermo y La Boca.

Cuál y *cuáles* nunca aparecen delante de un nombre.

¿~~**Cuál**~~ restaurante te gusta más?

● ¿Qué restaurante te gusta más?
▲ No sé. ¿**Cuál** te gusta a ti?

Pronombres personales de sujeto (U1, U2)

	singular	plural
1ª persona	yo	nosotros/nosotras
2ª persona	tú/usted/vos	vosotros/vosotras/ustedes
3ª persona	él/ella	ellos/ellas

Normalmente, en español no se usa el pronombre sujeto. Las terminaciones del verbo indican de qué persona gramatical se trata.

*<u>**Me**</u> llam<u>**o**</u> Miguel y <u>**soy**</u> vuestro profesor de español.*
1.ª pers. sing.   1.ª pers. sing.

Es habitual utilizar el pronombre de sujeto cuando se contrastan informaciones, opiniones, etc. Es decir, cuando la persona que habla espera que otras personas también hablen del mismo tema.

● **Yo** estudio español para hablar con mis compañeros de trabajo.
▲ Pues **yo** para estudiar en la Universidad de Granada.

Usted y *ustedes* se refieren a la segunda persona, pero se utilizan con la tercera persona del verbo.

¿Usted dónde **trabaja**?
¿Dónde **viven** ustedes?

Vos se utiliza en algunas zonas de Hispanoamérica para el tratamiento de confianza de la segunda persona de singular. La forma del verbo es diferente a la forma utilizada con el pronombre *tú* **(ver *Tablas de verbos*)**.

Vos, ¿por qué **querés** aprender castellano?

Usted y *ustedes* pueden abreviarse con *Ud*. y *Uds*.

Verbos reflexivos (U1, U2)

Los verbos reflexivos siempre se conjugan con los pronombres reflexivos *me, te, se, nos, os* y *se*.

	llamar(se)	
(yo)	**me**	llamo
(tú)	**te**	llamas*
(él/ella/usted)	**se**	llama
(nosotros/nosotras)	**nos**	llamamos
(vosotros/vosotras)	**os**	llamáis
(ellos/ellas/ustedes)	**se**	llaman
* (vos)	**te**	llamás

La finalidad: «*para* + infinitivo» (U1)

Utilizamos la preposición "*para* + infinitivo" para hablar del objetivo con que se hace algo.

● Kathrin quiere aprender español **para viajar** a otros países y **conocer** otras culturas y gente diferente.
▲ Sí, y John **para trabajar** en México.

Los artículos determinados e indeterminados (U1, U2, U3, U4)

	artículo determinado		artículo indeterminado	
	masculino	femenino	masculino	femenino
singular	el	la	un	una
plural	los	las	unos	unas

El artículo concuerda en género y número con el nombre al que acompaña.

Me interesa mucho **la** <u>cocina</u> hispana.
Mis compañeros son **los** <u>chicos</u> de la izquierda.

Utilizamos el artículo determinado cuando el nombre ha aparecido antes o creemos que la otra persona sabe que existe.

*Mi novio estudia en **la** Universidad de Barcelona.*
*¿Sabes dónde está **el** cine Liceo?*

Utilizamos el artículo indeterminado cuando hablamos por primera vez de un nombre.

*¿Sabes dónde hay **una** farmacia por aquí cerca?*
*Es **una** plaza muy animada, con muchos bares y música.*

Expresar intenciones (U1, U2)

Utilizamos el presente del verbo «*querer* + infinitivo» cuando queremos expresar nuestra voluntad de hacer algo.

*Yo **quiero hablar** con los compañeros de clase y hacer ejercicios gramaticales.*
*Yo también **quiero escribir** mensajes.*

Utilizamos el presente del verbo «*ir* + *a* + infinitivo» cuando queremos hablar de nuestros planes, de lo que está decidido.

● *¿Qué **vas a hacer** para conocer a gente que habla español?*
▲ ***Voy a buscar** amigos en un chat.*

El nombre. Género y número (U1, U2, U3, U4)

Los nombres pueden tener **género** masculino o femenino. El artículo nos indica el género.

masculino: ***el** cine, **el** arte, **un** barrio, **los** paisajes, **los** escritores*
femenino: ***la** literatura, **la** radio, **una** (página) web, **las** comidas, **las** costumbres*

Algunas terminaciones también nos indican el género.

masculino		femenino	
-o	*amig**o**, document**o***	-a	*amig**a**, películ**a***
-aje	*pais**aje**, mens**aje***	-ción	*tradi**ción**, can**ción***
-or	*profes**or**, trabajad**or***	-sión	*televi**sión**, expre**sión***
-ema	***tema**, probl**ema***	-dad	*uni**dad**, ciu**dad***

Hay varias excepciones, por ejemplo: *la mano, el idioma, la moto, el sofá, la radio*.

El plural se forma, normalmente, añadiendo *–s* o *–es*.

El plural de los nombres que terminan en vocal y de algunos nombres de origen extranjero que terminan en consonante se forma añadiendo *–s*.

*amig**o**-amigo**s**, máste**r**-máster**s**, paisaj**e**-paisaje**s**, cha**t**-chat**s**, tem**a**-tema**s***

El plural de los nombres que terminan en consonante y en *–í* o *–ú* se forma añadiendo *–es*.

*profes**or**-profesor**es**, marroqu**í**-marroquí**es**, canci**ón**-cancion**es**, iran**í**-iraní**es**, ciuda**d**-ciudad**es**, bant**ú**-bantú**es***

Algunos nombres tienen la misma forma para el singular que para el plural, son invariables.

el lunes-los lunes, el atlas-los atlas, la crisis-las crisis, el virus-los virus

Numerales ordinales (U2)

1.º primero	6.º sexto	1.ª primera	6.ª sexta
2.º segundo	7.º séptimo	2.ª segunda	7.ª séptima
3.º tercero	8.º octavo	3.ª tercera	8.ª octava
4.º cuarto	9.º noveno	4.ª cuarta	9.ª novena
5.º quinto	10.º décimo	5.ª quinta	10.ª décima

A partir del numeral ordinal *décimo/a* en español es más habitual utilizar el número.

*Vivo en el piso **doce**.*

Los numerales ordinales concuerdan en género y número con el nombre al que acompañan.

*Guadalupe vive en el **quinto** piso.*
*El arquitecto está en la **quinta** planta.*

Cuando *primero* y *tercero* aparecen delante del nombre utilizamos la forma *primer* y *tercer*.

*El **primer** estudiante de la cola.*
*El **tercer** piso.*

Los adverbios *también* y *tampoco* (U1, U2, U3, U4)

Utilizamos *también* y *tampoco* para añadir un elemento nuevo a lo que se ha dicho antes.

Utilizamos *también* cuando la frase anterior es afirmativa.

● *En clase se hablan cinco lenguas: italiano, inglés, árabe, francés y español.*
▲ *Y **también** se habla alemán. En total, seis.*

Utilizamos *tampoco* cuando la frase anterior es negativa.

● *En el bario de Kay no hay gasolineras.*
▲ *Y **tampoco** hay estación de tren.*

Expresar deseos: «*me gustaría* + infinitivo» (U2, U3, U4)

Para hablar de las cosas que deseamos hacer podemos utilizar la forma del condicional del verbo *gustar* + infinitivo.

(a mí)	**me**	
(a ti/vos)	**te**	
(a él/ella/usted)	**le**	gustaría + infinitivo
(a nosotros/nosotras)	**nos**	
(a vosotros/vosotras)	**os**	
(a ellos/ellas/ustedes)	**les**	

● *¿Qué quieres estudiar?*
▲ *A mí **me gustaría estudiar** francés y Derecho.*

● *A mí **me gustaría ir** al Museo Nacional porque me interesa la pintura.*
▲ *Pues a mí **me gustaría ir** a cenar a El Viejo Almacén para ver un espectáculo de tango.*

Describir a una persona (U3)

Para describir a una persona podemos utilizar los verbos:

- *ser* con adjetivos, para describir el físico y el carácter de una persona.

*Omar **es** moreno, alto y muy guapo.* *__Soy__ abierta y muy activa.*

- *tener,* para describir el pelo y el color de los ojos.

*Ana **tiene** el pelo largo y rizado.* *Mi hijo **tiene** los ojos negros.*

- *llevar,* para hablar de ropa y complementos.

*Omar **lleva** gafas.* *Nadia **lleva** unos pantalones negros.*

- *parecer*, para expresar la impresión que tenemos del físico y del carácter de una persona a la que no conocemos mucho, a la que solo conocemos de una fotografía, etc.

*Fernando **parece** un poco desordenado.* *Tus hermanas **parecen** muy simpáticas.*

El adjetivo calificativo. Género y número (U3, U4)

singular		plural	
masculino	femenino	masculino	femenino
-o *simpátic**o*** *activ**o*** *modern**o***	-a *simpátic**a*** *activ**a*** *modern**a***	-os *simpátic**os*** *activ**os*** *modern**os***	-as *simpátic**as*** *activ**as*** *modern**as***
e *inteligent**e*** *interesant**e*** *grand**e*** -consonante *difíci**l*** *comercia**l***		-es *inteligent**es*** *interesant**es*** *grand**es*** -consonante + -es *difícil**es*** *comercial**es***	

El adjetivo calificativo concuerda con el nombre en género y número. El género y el número del nombre afectan a otras palabras de la oración.

*Est<u>e</u> chic<u>o</u> es muy simpátic**o**.* *Est<u>as</u> chic<u>as</u> parecen muy simpátic**as**.*

En español, la posición más común del adjetivo calificativo es detrás del nombre.

*Es un chico **alto** y **moreno**.* *La Plaza de Julio Cortázar es una plaza muy **animada**.*

Algunos adjetivos se utilizan con frecuencia delante del nombre.

Grande cambia a *gran* cuando va delante de un nombre singular.
Bueno cambia a *buen* cuando va delante de un nombre masculino singular.

*Silvia y María son muy **buenas** personas.*
*Paco es un **buen** amigo mío.*
*Buenos Aires es una **gran** ciudad, moderna y cosmopolita.*

Expresar gustos e intereses (U3, U4)

Para expresar gustos e intereses utilizamos verbos como *gustar, encantar* o *interesar*.

me gusta me encanta me interesa	+ nombre en singular o verbo en infinitivo

*Me gusta mucho **el cine** de ciencia-ficción.*
*Me interesa bastante **la cultura** mexicana.*
*Le encanta **salir** por la noche con amigos.*

me gusta**n** me encanta**n** me interesa**n**	+ nombre en plural

*Me gustan muchísimo **los deportes**.* *Me interesan **las costumbres** españolas.*

Estos verbos llevan delante un pronombre de objeto indirecto *(me, te, le, nos, os, les)*.
Utilizamos «*a* + pronombre personal tónico» para contrastar opiniones.

● *¿**A ti te** gusta la literatura hispanoamericana?*
▲ *Sí, **me** encanta.*
■ ***A mí** también.*

(a mí)	**me**	
(a ti/vos)	**te**	
(a él/ella/usted)	**le**	gusta/n
(a nosotros/nosotras)	**nos**	interesa/n
(a vosotros/vosotras)	**os**	encanta/n
(a ellos/ellas/ustedes)	**les**	

Los verbos *gustar* e *interesar* a veces van acompañados de *muchísimo, mucho, bastante, nada.*

*Me gusta **muchísimo** la música española.*
*Me gusta **bastante** la gramática.*
*Me interesan **mucho** las costumbres hispanas.*
*No me gusta **nada** el cine de ciencia-ficción.*

El verbo *encantar* equivale a *gustar mucho* y nunca va acompañado de *muchísimo, mucho, bastante, nada.*

A mí me encanta ~~muchísimo~~ el cine europeo.

También, tampoco, sí, no (U3, U4)

Cuando la frase anterior es afirmativa:

● *Yo creo que Fernando es este.* ☺
▲ *Sí, yo **también**.* ☺
■ *Pues yo **no**, yo creo que es este.* ☹

● *Me encanta viajar.* ☺
▲ *A mí **también**.* ☺
■ *Pues a mí **no** me gusta **mucho**.* ☹

Cuando la frase anterior es negativa:

● *Andrea no habla alemán.* ☹
▲ *Yo **tampoco**.* ☹
■ *Pues yo **sí**.* ☺

● *No me gusta nada viajar.* ☹
▲ *A mí **tampoco**.* ☹
■ *Pues a mí **sí**.* ☺

Muy, *bastante*, *un poco*, *nada* (U3, U4)

Cuando hablamos de las cualidades de una persona o un lugar es muy frecuente utilizar adverbios como *muy*, *bastante*, *un poco* o *nada*.

*Tu madre es **muy** simpática.*
*Mi hermano es **bastante** abierto.*
*No son **nada** ordenados.*

*México D.F. es una ciudad **muy** grande.*
*Barcelona es **bastante** moderna.*
*Sevilla no es **nada** aburrida.*

Un poco normalmente se utiliza con adjetivos que expresan cualidades negativas.

*María es **un poco** tímida.*
Es un poco trabajador.

*Caracas es **un poco** ruidosa.*
Madrid es un poco bonita.

Adjetivos y pronombres demostrativos: *este*, *esta*, *estos*, *estas* (U1, U2, U3, U4)

Sirven para señalar objetos o personas que están cerca de la persona que habla.

	singular	plural
masculino	este	estos
femenino	esta	estas

Los **adjetivos demostrativos** aparecen junto a un nombre y concuerdan con él en género y número.

*Completa **este** cuestionario.*
***Estos** señores son mis abuelos.*

*Escucha **esta** conversación.*
*Ordena **estas** dos conversaciones.*

Los **pronombres demostrativos** se refieren a un nombre. Tienen el género y el número del nombre al que se refieren.

● *Fred, **este** es Miguel, un nuevo profesor. Fred es guardia de seguridad.*
▲ *Ah, encantado.*

***Esta** es la página web de Fernando.*

Adjetivos y pronombres posesivos (U3)

Los **adjetivos posesivos** sirven para expresar propiedad o relación entre dos elementos (poseedor y poseído).

mi clase		**mis** clases	
tu padre		**tus** padres	
su hija		**sus** hijas	
nuestro profesor	**nuestra** profesora	**nuestros** profesores	**nuestras** profesoras
vuestro trabajo	**vuestra** oficina	**vuestros** trabajos	**vuestras** oficinas
su nieto		**sus** nietos	

Los adjetivos posesivos concuerdan en número con el nombre al que acompañan.

● *¿Cómo se llama **tu** padre?*
▲ *Luis, como yo.*

● *¿Vives con **tus** padres?*
▲ *No, vivo sola.*

Los adjetivos posesivos de 1ª y 2ª persona plural (*nuestro, nuestra, nuestros, nuestras, vuestro, vuestra, vuestros, vuestras*) también concuerdan en género con el nombre al que acompañan.

● ***Nuestro** profesor de español es muy simpático.*
▲ [illegible]

Los **pronombres posesivos** sirven para expresar propiedad o relación entre dos elementos (poseedor y poseído) cuando el poseído ya se ha mencionado o está en el contexto.

mío	**mía**	**míos**	**mías**
tuyo	**tuya**	**tuyos**	**tuyas**
suyo	**suya**	**suyos**	**suyas**
nuestro	**nuestra**	**nuestros**	**nuestras**
vuestro	**vuestra**	**vuestros**	**vuestras**
suyo	**suya**	**suyos**	**suyas**

Los pronombres posesivos concuerdan en género y número con el elemento poseído.

● *¿Esta es tu calle?*
▲ *No, no es esta, pero la **mía** no está muy lejos.*

● ¿Y ese niño de la foto? ¿Es **tuyo**?
▲ No, es mi sobrino.

Tú, *vos*, *usted* (U2, U4)

En español hay dos formas de tratamiento: una más formal y otra menos formal. Cuando decidimos utilizar un tratamiento más formal usamos las formas *usted* o *ustedes*.

● **Perdone**, ¿**sabe usted** dónde está la Plaza Mayor?
▲ Sí, **mira**. **Sigue** por esta calle todo recto y, al final, **gira** a la derecha.

● Buenos días. ¿Qué **desean** tomar?
▲ Dos cafés con leche, por favor.
● Muy bien. ¿La leche la **quieren** fría o caliente?

Cuando decidimos utilizar un tratamiento menos formal, usamos las formas *tú*, *vosotros/as*.

● **Oye,** Pablo. ¿**Tú sabes** cómo se va a la Plaza Mayor desde aquí?
▲ Sí, es muy fácil. **Mira... Sigues** por esta calle todo recto y al final **giras** a la derecha.

● Bueno... Voy a prepararme un café... ¿**Queréis vosotros** también? ¿O **preferís** té?
▲ No, no... Café está bien.
● Bien... ¿Lo **tomáis** solo o con leche?

En gran parte de Hispanoamérica no se usa la forma de 2ª persona del plural (*vosotros*, *vosotras*) y se utiliza la forma *ustedes* para la 2ª y para la 3ª persona del plural.

● Bueno... Voy a prepararme un café... ¿**Quieren ustedes** también? ¿O **prefieren** té?
▲ No, no... Café está bien.
● Bien... ¿Lo **toman** solo o con leche?

En algunas zonas de Hispanoamérica se utiliza la forma *vos* para la 2ª persona del singular (*tú*).

● **Oí**, Pablo. ¿**Vos sabés** cómo se va a la Plaza de Mayo desde acá?
▲ Sí, es muy fácil. **Mirá... Seguí** por esta calle todo recto y al final **girá** a la derecha.

Verbo *estar* (U2, U3, U4)

En las unidades 2, 3 y 4 hemos aprendido a usar el verbo *estar*:

- para situar o localizar

● ¿Dónde **está** Tuxtla?
▲ Al sudeste de México.
● ¿En la costa o en el interior?
▲ **Está** en el interior, no muy lejos de la frontera con Guatemala.

● No veo a tus hermanos. ¿Dónde **están**?
▲ **Están** con papá, a la derecha del tío José Luis. ¿Los ves?

- para hablar del estado civil

● ¿**Estás** casado?
▲ Sí, pero mi mujer y yo **estamos** separados.
■ Ah, vaya... Yo **estoy** divorciado.

- en algunas expresiones, como *estar jubilado/a*, *estar en paro*, *¿qué tal está/s?...*

● ¿Y a qué se dedica tu madre?
▲ Mi madre es abogada pero ya **está** jubilada.
● ¡Qué casualidad! Yo también soy abogado... pero **estoy en paro**.

Hay (U4)

Se utiliza la forma impersonal del presente del verbo haber (*hay*) para expresar la existencia de algo.

● Perdona, ¿sabes dónde **hay** un supermercado por aquí?
▲ Sí, creo que **hay** uno en la siguiente calle.

Es una forma verbal invariable y se utiliza con nombres en singular o en plural.

- ● *En mi barrio **hay** varios bares y cafeterías.*
- ▲ *¿Y no **hay** restaurantes?*
- ● *Sí, **hay** uno mexicano y otro japonés.*

Hay/Está(n) (U4)

Utilizamos *hay* para hablar de la existencia de algo y preguntar sobre un lugar que no se ha mencionado antes.

- ● *Por favor, ¿sabe si **hay** un buzón por aquí?*
- ▲ *Sí, **hay** uno en la esquina.*

Utilizamos *está/n* cuando queremos situar en el espacio algo que sabemos que existe o que ya se ha mencionado.

- ● *Perdone, ¿sabe donde **está** la plaza de Cuzco?*
- ▲ *Sí, **está** al final de esta calle.*

Expresiones para situar un elemento respecto a otro (U4)

a la izquierda de
*El perro está **a la izquierda de** la farola.*

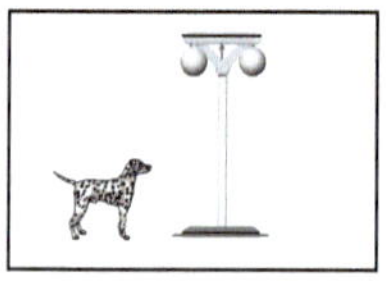

a la derecha de
*El perro está **a la derecha de** la farola.*

al lado de
*El perro está **al lado del** quiosco.*

enfrente de
*El perro está **enfrente del** quiosco.*

delante de
*El perro está **delante de** la cabina.*

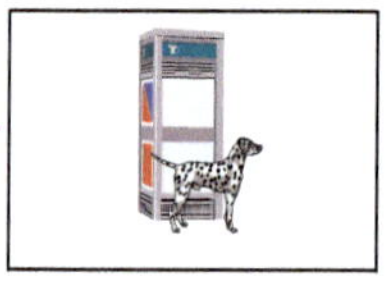

detrás de
*El perro está **detrás de** la cabina.*

MÓDULO B

Números a partir de 100 (U5)

100 *cien*	200 *doscientos*	600 *seiscientos*	1.000 *mil*	1.000.000 *un millón*
101 *ciento uno*	300 *trescientos*	700 *setecientos*	2.000 *dos mil*	25.000.000 *veinticinco millones*
102 *ciento dos*	400 *cuatrocientos*	800 *ochocientos*	24.000 *veinticuatro mil*	500.000.000 *quinientos millones*
103 *ciento tres*	500 *quinientos*	900 *novecientos*	73.000 *setenta y tres mil*	900.000.000 *novecientos millones*

Cuando el número *cien* va seguido de unidades o decenas se dice *ciento* y no *cien*.

100	*cien*	
101	*ciento uno*	~~*cien uno*~~
123	*ciento veintitrés*	~~*cien veintitrés*~~

A partir de 200, las centenas concuerdan en género y número con el sustantivo al que acompañan.

250 g *doscient**os** cincuenta gramos* 2.500 *dos mil quinient**as** personas*

No se utiliza la conjunción *y* entre las centenas y las decenas o unidades.

559	*quinientos cincuenta y nueve*	*quinientos ~~y~~ cincuenta y nueve*
9.708	*nueve mil setecientos ocho*	*nueve mil setecientos ~~y~~ ocho*

Expresar gustos (U5)

Para hablar de gustos, utilizamos los verbos *gustar*, *encantar y preferir* (ver módulo A).

- ● ***Me gusta** mucho el pescado.*
- ▲ *Yo **prefiero** la pasta con mejillones.*
- ■ *Yo también. Me gusta mucho el pescado, pero la pasta **me encanta.***

Los verbos *gustar* y *encantar* van precedidos de los pronombres personales de objeto indirecto: *me, te, le, nos, os, les.*

Expresar deseos: verbo *apetecer* (U5)

Utilizamos el verbo *apetecer* cuando expresamos un deseo. Va precedido siempre de los pronombres personales de objeto indirecto: *me, te, le, nos, os, les*.

● *¿**Te apetece** comer marisco?*
▲ *No, **me apetece** más la paella de la huerta.*

*A mí **me apetecen** los salmonetes a la plancha.*

La frecuencia (U6)

Para hablar de la frecuencia con la que se realiza una acción utilizamos las expresiones:

siempre	cada día/todos los días
casi siempre	cada tarde/todas las tardes
muchas veces	cada noche/todas las noches
a veces	cada fin de semana/todos los fines de semana
casi nunca	una vez/dos veces/tres veces
nunca	un día/dos veces... a la semana/al año/...

Estas expresiones pueden ocupar distintas posiciones en la oración.

*Voy al gimnasio **dos veces a la semana**.*
***Dos veces a la semana** voy al gimnasio.*
*Voy **dos veces a la semana** al gimnasio.*

La expresión *nunca*, en determinadas posiciones en la oración, va acompañada del adverbio *no*.

*Raúl **no** va al cine **nunca**.* *Raúl **no** va **nunca** al cine.* *Raúl **nunca** va al cine.*

Todos/as, cada (U6)

Todos/as va delante de nombres en plural, seguido siempre del artículo determinado.

***todos** los fines de semana* ***todas** las tardes*

Cada va delante de nombres en singular.

***cada** fin de semana* ***cada** noche*

En muchas ocasiones, *todos/as* y *cada* son equivalentes.

*Me afeito **todas** las mañanas.* *Me afeito **cada** mañana.*

En otras ocasiones, utilizamos *todos/as* cuando nos interesa destacar la generalidad y *cada* cuando queremos destacar la individualidad.

● *¿Y **todos** los fines de semana sales de excursión?*
▲ *Sí, sí, todos. Pero **cada** fin de semana vamos a un sitio diferente.*

Pronombres personales de objeto directo de tercera persona (U7)

3ª persona	masculino	femenino
singular	lo, le *	la
plural	los, les*	las

Los pronombres personales de objeto directo van generalmente delante del verbo conjugado.

*El sofá **lo** puede poner a la izquierda de la puerta.*

*A mí me gusta mucho la mesa redonda, **la** pondría en mi salón.*

*Me encantan los marcos de fotos, **los** puedo poner en muchos sitios.*

*Las dos sillas **las** puede poner al lado de la mesa.*

* Las formas *le* y *les* solo se refieren a personas.

Además (U7)

Utilizamos la conjunción *además* para introducir un elemento nuevo que se suma a los ya mencionados.

*Yo prefiero el chalet porque tiene tres habitaciones y jardín. **Además**, no es muy caro y está cerca de Barcelona.*

Oraciones comparativas (U7)

- De superioridad

más + adjetivo + *(que...)* — *Seguramente esta casa es **más** cara.*

más + adverbio + *(que...)* — *La Casa de la Mesta está **más** lejos de la playa **que** la Casa de la Luz.*

Hay algunas formas especiales:

~~más bueno/~~ bien	mejor	~~más malo/~~ mal	peor
más grande*	mayor	más pequeño*	menor

*Prefiero el chalé adosado porque tengo niños y la casa tiene jardín. Para mí es **mejor**.*
*La Casa de la Mesta está **peor** situada que la Casa de la Luz, ¿no?*
*Yo creo que esta casa es **más grande/mayor** que las otras, probablemente tiene tres o cuatro habitaciones.*
*La Casa de la Mesta parece **más pequeña/menor.***
*Javier es **menor** que Antonio y **mayor** que Cristina.*

* Solo utilizamos *más grande* y *más pequeño* para hablar de tamaño. En otros casos (como para hablar de la edad) utilizamos *mayor* y *menor*. También podemos utilizar *mayor* y *menor* para hablar de tamaño.

- De inferioridad

menos + adjetivo + *(que...)* — *En mi supermercado el aceite de oliva es **menos** caro.*

menos + adverbio + *(que...)* — *La Casa de la Luz está **menos** cerca de la playa **que** la Casa de la Mesta.*

- De igualdad

tan + adjetivo + *(como)* — *Para mí la Casa de la Luz es **tan** bonita **como** la Casa de la Mesta.*

tan + adverbio + *(como)* — *La Casa de la Mesta no está **tan** cerca de la playa.*

A veces no se menciona el segundo término de la comparación porque está claro por el contexto.

● *Seguramente esta casa es **más** cara **que** las otras.*
▲ *Sí, pero también parece **más** grande. Probablemente tiene tres o cuatro habitaciones.*

*En mi supermercado el aceite de oliva es **menos** caro.*

● *Para mí la Casa de la Luz es **tan** bonita **como** la Casa de la Mesta.*
▲ *Sí, pero la Casa de la Mesta no está **tan** cerca de la playa.*

** En el caso de tan, no se menciona el segundo término de la comparación (como...) solo en enunciados negativos.*

Estar + gerundio (U7)

En esta unidad hemos aprendido a utilizar *estar* + gerundio para hablar de una acción que se realiza en el momento en el que estamos hablando o del que estamos hablando.

*El chico que está en el salón **está leyendo** un periódico.*

Con verbos reflexivos, el pronombre puede ir delante del verbo conjugado o detrás del gerundio, formando con este una sola palabra.

*La señora del baño **se** está secando el pelo.* — *La señora del baño está secándo**se** el pelo.*

Pronombres personales precedidos de preposición (U7, U8)

Los pronombres personales tónicos siempre van precedidos de preposición.

	1ª persona	2ª persona	3ª persona
singular	mí	ti/vos	él/ella/usted
plural	nosotros/as	vosotros/as	ellos/ellas/ustedes

***A mí** me gusta mucho el sofá azul. ¿Y **a ti**?*
*El sábado hay un concierto de Alejandro Sanz en La Riviera y vamos a ir Inma, Juan Luis y yo. ¿Quieres venir **con nosotros**?*
*Prefiero el chalé adosado porque tengo niños y la casa tiene jardín. **Para mí** es mejor.*

Cuando ~~la preposición~~ *con* precede a los pronombres *mí y ti,* hay unas formas especiales:

~~con mí~~	conmigo
~~con ti~~	contigo

*Me apetece mucho quedar **contigo,** pero este viernes no puedo.*
*Mañana voy a la Fundación Juan March. Hay una exposición de esculturas muy interesante. ¿Vienes **conmigo**?*

Presente de indicativo para anunciar algo previsto o programado (U8)

Utilizamos el presente para hablar de acciones o acontecimientos previstos o programados para un momento futuro.

*El viernes **estrenan** una obra de Ricardo Darín.*

● *¿Tienes planes para el fin de semana?*
▲ *El viernes **voy** al teatro y el sábado al cine con mi novia.*

Imperativo afirmativo (U8)

En esta unidad hemos aprendido a utilizar el imperativo para:

- dar instrucciones

● *Perdone, ¿sabe usted cómo llegar al Museo Thyssen?*
▲ *Sí, **vaya** por esta calle hasta el final y luego **gire** a la izquierda.*

- llamar la atención de nuestro interlocutor

***Perdona**, ¿sabes cómo llegar al teatro Lara?*

MÓDULO C

Pues (U9)

Utilizamos *pues* para marcar que tenemos en cuenta lo dicho anteriormente.

● *A mí, cuando viajo en tren, me duelen mucho los oídos y la cabeza y no quiero tomar medicamentos. No sé qué puedo hacer...*
▲ ***Pues** cómprate unos tapones para los oídos. Son muy cómodos.*

● *Yo estoy de acuerdo en que vestir apropiadamente depende de la situación y varía según las culturas.*
▲ ***Pues** yo no estoy de acuerdo del todo porque creo que también depende de cada persona.*

Imperativo (U9)

Además de utilizar el imperativo para dar instrucciones y llamar la atención del interlocutor (**ver módulo B**), también lo utilizamos para dar consejos o hacer recomendaciones.

*Si tienes fiebre, **tómate** una aspirina.* *El próximo fin de semana **vaya** a un buen balneario para descansar.*

Posición de los pronombres átonos con imperativo afirmativo (U9)

Los pronombres átonos van detrás del imperativo afirmativo y forman con él una sola palabra.

*Cómpra**te** unos tapones para los oídos.* *Para el insomnio, acuéste**se** pronto y lea un libro aburrido en la cama.*

En los verbos reflexivos, en la forma *vosotros* se pierde la *–d.*

*Toma**os** unos días de vacaciones.*

Posición de los pronombres personales átonos de objeto directo e indirecto (U9)

Los pronombres personales átonos de objeto directo (*lo/s, la/s y le/s*) e indirecto (*me, te, le, nos, os, les*) van generalmente delante del verbo conjugado.

*La camiseta para su sobrino **la** puede comprar en una tienda de ropa juvenil.* (objeto directo)
***Me** duele mucho el pie. ¿**Me** puede dar algo para el dolor?* (objeto indirecto)

Con infinitivo, gerundio y participio pueden ir delante del verbo conjugado o detrás de éste formando una sola palabra.

*El conjunto de lencería puede encontrar**lo** en una tienda de ropa interior.* (objeto directo)
*El conjunto de lencería **lo** puede encontrar en una tienda de ropa interior.* (objeto directo)

*Por experiencia, voy a dar**le** el siguiente consejo: el próximo fin de semana vaya a un buen balneario para descansar.* (objeto indirecto)
*Por experiencia, **le** voy a dar el siguiente consejo: el próximo fin de semana vaya a un buen balneario para descansar.* (objeto indirecto)

Con imperativo afirmativo van siempre detrás del verbo y forman con él una sola palabra.

*Esta pomada es muy buena. Póngase**la** tres veces al día.* (objeto directo)

Hay que + infinitivo. *Tener que* + infinitivo (U9)

Utilizamos «*hay que* + infinitivo» para expresar, de forma impersonal, la obligación o necesidad de hacer algo.

*Para comer sano **hay que** tomar mucha fruta.*

Utilizamos «*tener que* + infinitivo» para expresar, de forma personal, la obligación o necesidad de hacer algo.

● ***Tiene que** llevar un bañador para ir a la playa y ropa cómoda.*
▲ *Sí, por ejemplo, unos pantalones vaqueros, alguna camiseta... También **tiene que** llevar un paraguas, por si llueve.*

También utilizamos «*tener que* + infinitivo» para dar consejos o hacer recomendaciones.

***Tienes que** buscar la ayuda de un especialista porque tu caso es un claro ejemplo de fobia al trabajo.*

Perífrasis de gerundio: *estar* + gerundio, *seguir* + gerundio (U10)

El gerundio aparece normalmente acompañando a otros verbos, es decir, en perífrasis verbales. Son frecuentes las perífrasis:

- **«*estar* + gerundio»**
  Utilizamos «*estar* + gerundio» para referirnos a una acción que se realiza en el momento en el que estamos hablando o del que estamos hablando (**ver módulo B**), y también cuando presentamos una situación o acción como algo temporal en el presente.

  ***Últimamente está trabajando** mucho.* ***Estos días se está portando** muy bien.*

- **«*seguir* + gerundio»**
  Utilizamos «*seguir* + gerundio» para expresar que una acción tiene continuidad.

  *El trimestre que viene voy a **seguir estudiando** español.*

La impersonalidad: *se* + verbo + nombre (U10)

- «*se* + verbo en 3ª persona del singular + nombre en singular» *Se ofrece incorporación inmediata.*
- «*se* + verbo en 3ª persona del plural + nombre en plural» *Se requieren conocimientos de inglés.*

Ya/Todavía no (U11)

Utilizamos *todavía no* para hablar de algo previsto y que hasta el momento presente no ha sucedido.

***Todavía no** he visto la última película de Woody Allen.*

Utilizamos *ya* para hablar de algo previsto que ha sucedido.

● *¿Has visto la película* La mala educación*?*
▲ *Sí, **ya** la he visto.*

Pretérito perfecto/Pretérito indefinido (U11)

Utilizamos el **pretérito perfecto** para hablar de acontecimientos pasados que el hablante sitúa en una unidad de tiempo relacionada con el presente. Por eso, usamos el pretérito perfecto con referencias temporales como *hoy, esta mañana, este año*...

AYER
EL MES PASADO
EN 1970
HACE TRES DÍAS
EL SÁBADO

HOY
ESTA SEMANA
ESTE MES
ESTE AÑO
ESTOS DÍAS

Unidades de tiempo independientes del presente

Unidades de tiempo relacionadas con el presente

*Esta mañana **he recibido** una noticia muy buena.*

*Este año **hemos viajado** mucho.*

También utilizamos el pretérito perfecto cuando queremos señalar si una acción se ha realizado y no nos interesa señalar el momento.

● *¿**Te has enamorado** alguna vez?*
▲ *Sí, un par de veces.*

● *Ya **has visto** la última película de Woody Allen?*
▲ *No, todavía no la he visto. ¿Y tú?*

Utilizamos el **pretérito indefinido** para hablar de acontecimientos o sucesos pasados que el hablante sitúa en una unidad de tiempo independiente del presente. Por eso, usamos el pretérito indefinido con referencias temporales como *ayer, anteayer*...

Unidades de tiempo independientes del presente	Unidades de tiempo relacionadas con el presente
AYER	
EL MES PASADO	HOY
EN 1970	ESTA SEMANA
HACE TRES DÍAS	ESTE MES
EL SÁBADO	ESTE AÑO
	ESTOS DÍAS

*Ayer **fui** a un concierto.*

*El 20 de julio de 1969 el hombre **llegó** a la luna.*

En algunos lugares del norte de España y en Hispanoamérica se utiliza el pretérito indefinido en lugar del pretérito perfecto.

Pretérito indefinido y pretérito perfecto/Pretérito imperfecto (U11, U12)

Utilizamos el **pretérito indefinido** y el **pretérito perfecto** cuando presentamos la información como acontecimientos.

***Nací** en noviembre de 1989.*
*Esta semana **he ido** dos veces al cine.*

Utilizamos el **pretérito imperfecto** cuando presentamos la información como circunstancias de un acontecimiento.

*Nací en noviembre de 1989 cuando mis padres **vivían** en Ginebra.*
*Esta semana he ido dos veces al cine: una porque **era** el cumpleaños de mi hermano y otra porque **tenía** una invitación para un estreno.*

Utilizamos también el pretérito imperfecto para describir situaciones.

*Llegué a casa y todo **estaba** limpio y ordenado.*

También para hablar de acciones habituales en pasado.

*En el colegio **era** muy bueno y **me portaba** muy bien, pero una vez me enfadé con una niña...*

Explicar la causa de algo: *porque, como* (U12)

Utilizamos *porque* para explicar la causa de algo.

*Estoy ahorrando **porque** quiero ir a Japón a ver a unos amigos.*
*Subí la calefacción **porque** hacía frío.*

Utilizamos *como* para presentar la causa de lo que expresamos a continuación.

***Como** quiero ir a Japón a ver a unos amigos, estoy ahorrando.*
***Como** hacía frío, subí la calefacción.*

Explicar la consecuencia de algo: *así que, por eso, total que* (U12)

Utilizamos *así que* y *por eso* para explicar la consecuencia de algo que se acaba de decir.

*La calefacción empezó a hacer ruido, **así que/por eso** llamé a un técnico.*
*Quiero trabajar en Bélgica, **por eso/así que** estoy estudiando flamenco y francés.*

Utilizamos *total que* para presentar conclusiones.

*Llovía, por eso cogí mi paraguas. En la calle me encontré con una chica guapísima que caminaba bajo la lluvia totalmente empapada de agua. Me acerqué y le di mi paraguas. Ella me sonrió y me dio las gracias. **Total, que** al día siguiente tuve que ir al médico porque tenía una gripe tremenda...*

TABLAS DE VERBOS

VERBOS REGULARES

Verbos en -AR	HABLAR	1	Verbos en -ER	COMER	2	Verbos en -IR	VIVIR	3

FORMAS NO PERSONALES

	Verbos en -AR	Verbos en -ER	Verbos en -IR
Infinitivo	habl**ar**	com**er**	viv**ir**
Gerundio	habl**ando**	com**iendo**	viv**iendo**
Participio	habl**ado**	com**ido**	viv**ido**

IMPERATIVO

	Verbos en -AR	Verbos en -ER	Verbos en -IR
tú	habla*	come*	vive*
él/ella/ud.	habl**e**	com**a**	viv**a**
vosotros/-as	habl**ad**	com**ed**	viv**id**
ellos/ellas/uds.	habl**en**	com**an**	viv**an**
*vos	habl**á**	com**é**	viv**í**

INDICATIVO

	Presente			Pretérito perfecto		
	Verbos en -AR	Verbos en -ER	Verbos en -IR	Verbos en -AR	Verbos en -ER	Verbos en -IR
yo	habl**o**	com**o**	viv**o**	**he** habl**ado**	**he** com**ido**	**he** viv**ido**
tú	habl**as***	com**es***	viv**es***	**has** habl**ado**	**has** com**ido**	**has** viv**ido**
él/ella/ud.	habl**a**	com**e**	viv**e**	**ha** habl**ado**	**ha** com**ido**	**ha** viv**ido**
nosotros/as	habl**amos**	com**emos**	viv**imos**	**hemos** habl**ado**	**hemos** com**ido**	**hemos** viv**ido**
vosotros/as	habl**áis**	com**éis**	viv**ís**	**habéis** habl**ado**	**habéis** com**ido**	**habéis** viv**ido**
ellos/ellas/uds.	habl**an**	com**en**	viv**en**	**han** habl**ado**	**han** com**ido**	**han** viv**ido**
* vos	habl**ás**	com**és**	viv**ís**			

	Pretérito indefinido			Pretérito imperfecto		
yo	habl**é**	com**í**	viv**í**	habl**aba**	com**ía**	viv**ía**
tú	habl**aste**	com**iste**	viv**iste**	habl**abas**	com**ías**	viv**ías**
él/ella/ud.	habl**ó**	com**ió**	viv**ió**	habl**aba**	com**ía**	viv**ía**
nosotros/as	habl**amos**	com**imos**	viv**imos**	habl**ábamos**	com**íamos**	viv**íamos**
vosotros/as	habl**asteis**	com**isteis**	viv**isteis**	habl**abais**	com**íais**	viv**íais**
ellos/ellas/uds.	habl**aron**	com**ieron**	viv**ieron**	habl**aban**	com**ían**	viv**ían**

*En algunas zonas de Hispanoamérica se utiliza la forma *vos* para la segunda persona del singular.

VERBOS IRREGULARES

ANDAR	4

FORMAS NO PERSONALES

Infinitivo	andar	**Gerundio**	andando	**Participio**	andado

	INDICATIVO				IMPERATIVO
	Presente	Pretérito perfecto	Pretérito indefinido	Pretérito imperfecto	
yo	ando	he andado	**anduve**	andaba	
tú	andas*	has andado	**anduviste**	andabas	anda*
él/ella/ud.	anda	ha andado	**anduvo**	andaba	ande
nosotros/as	andamos	hemos andado	**anduvimos**	andábamos	
vosotros/as	andáis	habéis andado	**anduvisteis**	andabais	andad
ellos/ellas/uds.	andan	han andado	**anduvieron**	andaban	anden
* vos	andás				andá

CAERSE	5

FORMAS NO PERSONALES

Infinitivo	caerse	**Gerundio**	**cayéndose**	**Participio**	caído

	INDICATIVO				IMPERATIVO
	Presente	Pretérito perfecto	Pretérito indefinido	Pretérito imperfecto	
yo	**me caigo**	me he caído	me caí	caía	
tú	te caes*	te has caído	te caíste	caías	cáete*
él/ella/ud.	se cae	se ha caído	**se cayó**	caía	**cáigase**
nosotros/as	nos caemos	nos hemos caído	nos caímos	caíamos	
vosotros/as	os caéis	os habéis caído	os caísteis	caíais	**caeos**
ellos/ellas/uds.	se caen	se han caído	**se cayeron**	caían	**cáiganse**
* vos	te caés				caete

CERRAR						6
FORMAS NO PERSONALES						
Infinitivo	cerrar	**Gerundio**	cerrando	**Participio**	cerrado	

	INDICATIVO				IMPERATIVO
	Presente	**Pretérito perfecto**	**Pretérito indefinido**	**Pretérito imperfecto**	
yo	**cierro**	he cerrado	cerré	cerraba	
tú	**cierras***	has cerrado	cerraste	cerrabas	**cierra***
él/ella/ud.	**cierra**	ha cerrado	cerró	cerraba	**cierre**
nosotros/as	cerramos	hemos cerrado	cerramos	cerrábamos	
vosotros/as	cerráis	habéis cerrado	cerrasteis	cerrabais	cerrad
ellos/ellas/uds.	**cierran**	han cerrado	cerraron	cerraban	**cierren**
* vos	cerrás				cerrá

CONDUCIR						7
FORMAS NO PERSONALES						
Infinitivo	conducir	**Gerundio**	conduciendo	**Participio**	conducido	

	INDICATIVO				IMPERATIVO
	Presente	**Pretérito perfecto**	**Pretérito indefinido**	**Pretérito imperfecto**	
yo	**conduzco**	he conducido	**conduje**	conducía	
tú	conduces*	has conducido	**condujiste**	conducías	conduce*
él/ella/ud.	conduce	ha conducido	**condujo**	conducía	**conduzca**
nosotros/as	conducimos	hemos conducido	**condujimos**	conducíamos	
vosotros/as	conducís	habéis conducido	**condujisteis**	conducíais	conducid
ellos/ellas/uds.	conducen	han conducido	**condujeron**	conducían	**conduzcan**
* vos	conducís				conducí

CONOCER						8
FORMAS NO PERSONALES						
Infinitivo	conocer	**Gerundio**	conociendo	**Participio**	conocido	

	INDICATIVO				IMPERATIVO
	Presente	**Pretérito perfecto**	**Pretérito indefinido**	**Pretérito imperfecto**	
yo	**conozco**	he conocido	conocí	conocía	
tú	conoces*	has conocido	conociste	conocías	conoce*
él/ella/ud.	conoce	ha conocido	conoció	conocía	**conozca**
nosotros/as	conocemos	hemos conocido	conocimos	conocíamos	
vosotros/as	conocéis	habéis conocido	conocisteis	conocíais	conoced
ellos/ellas/uds.	conocen	han conocido	conocieron	conocían	**conozcan**
* vos	conocés				conocé

CONSTRUIR						9
FORMAS NO PERSONALES						
Infinitivo	construir	**Gerundio**	**construyendo**	**Participio**	construido	

	INDICATIVO				IMPERATIVO
	Presente	**Pretérito perfecto**	**Pretérito indefinido**	**Pretérito imperfecto**	
yo	**construyo**	he construido	construí	construía	
tú	**construyes***	has construido	construiste	construías	**construye***
él/ella/ud.	**construye**	ha construido	**construyó**	construía	**construya**
nosotros/as	construimos	hemos construido	construimos	construíamos	
vosotros/as	construís	habéis construido	construisteis	construíais	construid
ellos/ellas/uds.	**construyen**	han construido	**construyeron**	construían	**construyan**
* vos	construís				construí

CRUZAR						10
FORMAS NO PERSONALES						
Infinitivo	cruzar	**Gerundio**	cruzando	**Participio**	cruzado	

	INDICATIVO				IMPERATIVO
	Presente	**Pretérito perfecto**	**Pretérito indefinido**	**Pretérito imperfecto**	
yo	cruzo	he cruzado	**crucé**	cruzaba	
tú	cruzas*	has cruzado	cruzaste	cruzabas	cruza*
él/ella/ud.	cruza	ha cruzado	cruzó	cruzaba	**cruce**
nosotros/as	cruzamos	hemos cruzado	cruzamos	cruzábamos	
vosotros/as	cruzáis	habéis cruzado	cruzasteis	cruzabais	cruzad
ellos/ellas/uds.	cruzan	han cruzado	cruzaron	cruzaban	**crucen**
* vos	cruzás				cruzá

DAR — 11

FORMAS NO PERSONALES					
Infinitivo	dar	**Gerundio**	dando	**Participio**	dado

	INDICATIVO				IMPERATIVO
	Presente	**Pretérito perfecto**	**Pretérito indefinido**	**Pretérito imperfecto**	
yo	**doy**	he dado	**di**	daba	
tú	das*	has dado	**diste**	dabas	da*
él/ella/ud.	da	ha dado	**dio**	daba	dé
nosotros/as	damos	hemos dado	**dimos**	dábamos	
vosotros/as	dais	habéis dado	**disteis**	dabais	dad
ellos/ellas/uds.	dan	han dado	**dieron**	daban	den
* vos	das				da

DECIR — 12

FORMAS NO PERSONALES					
Infinitivo	decir	**Gerundio**	**diciendo**	**Participio**	**dicho**

	INDICATIVO				IMPERATIVO
	Presente	**Pretérito perfecto**	**Pretérito indefinido**	**Pretérito imperfecto**	
yo	**digo**	he **dicho**	**dije**	decía	
tú	**dices***	has **dicho**	**dijiste**	decías	**di***
él/ella/ud.	**dice**	ha **dicho**	**dijo**	decía	**diga**
nosotros/as	decimos	hemos **dicho**	**dijimos**	decíamos	
vosotros/as	decís	habéis **dicho**	**dijisteis**	decíais	decid
ellos/ellas/uds.	**dicen**	han **dicho**	**dijeron**	decían	**digan**
* vos	decís				decí

DIRIGIR — 13

FORMAS NO PERSONALES					
Infinitivo	dirigir	**Gerundio**	dirigiendo	**Participio**	dirigido

	INDICATIVO				IMPERATIVO
	Presente	**Pretérito perfecto**	**Pretérito indefinido**	**Pretérito imperfecto**	
yo	**dirijo**	he dirigido	dirigí	dirigía	
tú	diriges*	has dirigido	dirigiste	dirigías	dirige*
él/ella/ud.	dirige	ha dirigido	dirigió	dirigía	**dirija**
nosotros/as	dirigimos	hemos dirigido	dirigimos	dirigíamos	
vosotros/as	dirigís	habéis dirigido	dirigisteis	dirigíais	dirigid
ellos/ellas/uds.	dirigen	han dirigido	dirigieron	dirigían	**dirijan**
* vos	dirigís				dirigí

DORMIR — 14

FORMAS NO PERSONALES					
Infinitivo	dormir	**Gerundio**	durmiendo	**Participio**	dormido

	INDICATIVO				IMPERATIVO
	Presente	**Pretérito perfecto**	**Pretérito indefinido**	**Pretérito imperfecto**	
yo	**duermo**	he dormido	dormí	dormía	
tú	**duermes***	has dormido	dormiste	dormías	**duerme***
él/ella/ud.	**duerme**	ha dormido	**durmió**	dormía	**duerma**
nosotros/as	dormimos	hemos dormido	dormimos	dormíamos	
vosotros/as	dormís	habéis dormido	dormisteis	dormíais	dormid
ellos/ellas/uds.	**duermen**	han dormido	**durmieron**	dormían	**duerman**
* vos	dormís				dormí

ENTENDER — 15

FORMAS NO PERSONALES					
Infinitivo	entender	**Gerundio**	entendiendo	**Participio**	entendido

	INDICATIVO				IMPERATIVO
	Presente	**Pretérito perfecto**	**Pretérito indefinido**	**Pretérito imperfecto**	
yo	**entiendo**	he entendido	entendí	entendía	
tú	**entiendes***	has entendido	entendiste	entendías	**entiende***
él/ella/ud.	**entiende**	ha entendido	entendió	entendía	**entienda**
nosotros/as	entendemos	hemos entendido	entendimos	entendíamos	
vosotros/as	entendéis	habéis entendido	entendisteis	entendíais	entended
ellos/ellas/uds.	**entienden**	han entendido	entendieron	entendían	**entiendan**
* vos	entendés				entendé

ESTAR 16

FORMAS NO PERSONALES					
Infinitivo	estar	**Gerundio**	estando	**Participio**	estado

	INDICATIVO				IMPERATIVO
	Presente	**Pretérito perfecto**	**Pretérito indefinido**	**Pretérito imperfecto**	
yo	**estoy**	he estado	**estuve**	estaba	
tú	estás*	has estado	**estuviste**	estabas	está*
él/ella/ud.	está	ha estado	**estuvo**	estaba	esté
nosotros/as	estamos	hemos estado	**estuvimos**	estábamos	
vosotros/as	estáis	habéis estado	**estuvisteis**	estabais	estad
ellos/ellas/uds.	están	han estado	**estuvieron**	estaban	estén
* vos	estás				está

HACER 17

FORMAS NO PERSONALES					
Infinitivo	hacer	**Gerundio**	haciendo	**Participio**	**hecho**

	INDICATIVO				IMPERATIVO
	Presente	**Pretérito perfecto**	**Pretérito indefinido**	**Pretérito imperfecto**	
yo	**hago**	he **hecho**	**hice**	hacía	
tú	haces*	has **hecho**	**hiciste**	hacías	**haz***
él/ella/ud.	hace	ha **hecho**	**hizo**	hacía	**haga**
nosotros/as	hacemos	hemos **hecho**	**hicimos**	hacíamos	
vosotros/as	hacéis	habéis **hecho**	**hicisteis**	hacíais	haced
ellos/ellas/uds.	hacen	han **hecho**	**hicieron**	hacían	**hagan**
* vos	hacés				hacé

IR 18

FORMAS NO PERSONALES					
Infinitivo	ir	**Gerundio**	**yendo**	**Participio**	ido

	INDICATIVO				IMPERATIVO
	Presente	**Pretérito perfecto**	**Pretérito indefinido**	**Pretérito imperfecto**	
yo	**voy**	he ido	**fui**	**iba**	
tú	**vas***	has ido	**fuiste**	**ibas**	**ve***
él/ella/ud.	**va**	ha ido	**fue**	**iba**	**vaya**
nosotros/as	**vamos**	hemos ido	**fuimos**	**íbamos**	
vosotros/as	**vais**	habéis ido	**fuisteis**	**ibais**	id
ellos/ellas/uds.	**van**	han ido	**fueron**	**iban**	**vayan**
* vos	**vas**				**andá**

JUGAR 19

FORMAS NO PERSONALES					
Infinitivo	jugar	**Gerundio**	jugando	**Participio**	jugado

	INDICATIVO				IMPERATIVO
	Presente	**Pretérito perfecto**	**Pretérito indefinido**	**Pretérito imperfecto**	
yo	**juego**	he jugado	**jugué**	jugaba	
tú	**juegas***	has jugado	jugaste	jugabas	**juega***
él/ella/ud.	**juega**	ha jugado	jugó	jugaba	**juegue**
nosotros/as	jugamos	hemos jugado	jugamos	jugábamos	
vosotros/as	jugáis	habéis jugado	jugasteis	jugabais	jugad
ellos/ellas/uds.	**juegan**	han jugado	jugaron	jugaban	**jueguen**
* vos	jugás				jugá

LEER 20

FORMAS NO PERSONALES					
Infinitivo	leer	**Gerundio**	**leyendo**	**Participio**	leído

	INDICATIVO				IMPERATIVO
	Presente	**Pretérito perfecto**	**Pretérito indefinido**	**Pretérito imperfecto**	
yo	leo	he leído	leí	leía	
tú	lees*	has leído	leíste	leías	lee*
él/ella/ud.	lee	ha leído	**leyó**	leía	lea
nosotros/as	leemos	hemos leído	leímos	leíamos	
vosotros/as	leéis	habéis leído	leísteis	leíais	leed
ellos/ellas/uds.	leen	han leído	**leyeron**	leían	lean
* vos	leés				leé

LLEGAR 21

FORMAS NO PERSONALES					
Infinitivo	llegar	**Gerundio**	llegando	**Participio**	llegado

	INDICATIVO				IMPERATIVO
	Presente	**Pretérito perfecto**	**Pretérito indefinido**	**Pretérito imperfecto**	
yo	llego	he llegado	**llegué**	llegaba	
tú	llegas*	has llegado	llegaste	llegabas	llega*
él/ella/ud.	llega	ha llegado	llegó	llegaba	**llegue**
nosotros/as	llegamos	hemos llegado	llegamos	llegábamos	
vosotros/as	llegáis	habéis llegado	llegasteis	llegabais	llegad
ellos/ellas/uds.	llegan	han llegado	llegaron	llegaban	**lleguen**
* vos	llegás				llegá

MOVERSE 22

FORMAS NO PERSONALES					
Infinitivo	moverse	**Gerundio**	moviéndose	**Participio**	movido

	INDICATIVO				IMPERATIVO
	Presente	**Pretérito perfecto**	**Pretérito indefinido**	**Pretérito imperfecto**	
yo	**me muevo**	me he movido	me moví	me movía	
tú	**te mueves***	te has movido	te moviste	te movías	**muévete***
él/ella/ud.	**se mueve**	se ha movido	se movió	se movía	**muévase**
nosotros/as	nos movemos	nos hemos movido	nos movimos	nos movíamos	
vosotros/as	os movéis	os habéis movido	os movisteis	os movíais	moveos
ellos/ellas/uds.	**se mueven**	se han movido	se movieron	se movían	**muévanse**
* vos	te movés				movete

PEDIR 23

FORMAS NO PERSONALES					
Infinitivo	pedir	**Gerundio**	**pidiendo**	**Participio**	pedido

	INDICATIVO				IMPERATIVO
	Presente	**Pretérito perfecto**	**Pretérito indefinido**	**Pretérito imperfecto**	
yo	**pido**	he pedido	pedí	pedía	
tú	**pides***	has pedido	pediste	pedías	**pide***
él/ella/ud.	**pide**	ha pedido	**pidió**	pedía	**pida**
nosotros/as	pedimos	hemos pedido	pedimos	pedíamos	
vosotros/as	pedís	habéis pedido	pedisteis	pedíais	pedid
ellos/ellas/uds.	**piden**	han pedido	**pidieron**	pedían	**pidan**
* vos	pedís				pedí

PODER 24

FORMAS NO PERSONALES					
Infinitivo	poder	**Gerundio**	**pudiendo**	**Participio**	podido

	INDICATIVO				IMPERATIVO
	Presente	**Pretérito perfecto**	**Pretérito indefinido**	**Pretérito imperfecto**	
yo	**puedo**	he podido	**pude**	podía	
tú	**puedes***	has podido	**pudiste**	podías	**puede***
él/ella/ud.	**puede**	ha podido	**pudo**	podía	**pueda**
nosotros/as	podemos	hemos podido	**pudimos**	podíamos	
vosotros/as	podéis	habéis podido	**pudisteis**	podíais	poded
ellos/ellas/uds.	**pueden**	han podido	**pudieron**	podían	**puedan**
* vos	podés				podé

PONER 25

FORMAS NO PERSONALES					
Infinitivo	poner	**Gerundio**	poniendo	**Participio**	**puesto**

	INDICATIVO				IMPERATIVO
	Presente	**Pretérito perfecto**	**Pretérito indefinido**	**Pretérito imperfecto**	
yo	**pongo**	he **puesto**	**puse**	ponía	
tú	pones*	has **puesto**	**pusiste**	ponías	**pon***
él/ella/ud.	pone	ha **puesto**	**puso**	ponía	**ponga**
nosotros/as	ponemos	hemos **puesto**	**pusimos**	poníamos	
vosotros/as	ponéis	habéis **puesto**	**pusisteis**	poníais	poned
ellos/ellas/uds.	ponen	han **puesto**	**pusieron**	ponían	**pongan**
* vos	ponés				poné

PREFERIR 26

FORMAS NO PERSONALES					
Infinitivo	preferir	**Gerundio**	**prefiriendo**	**Participio**	preferido

	INDICATIVO				IMPERATIVO
	Presente	**Pretérito perfecto**	**Pretérito indefinido**	**Pretérito imperfecto**	
yo	**prefiero**	he preferido	preferí	prefería	
tú	**prefieres***	has preferido	preferiste	preferías	**prefiere***
él/ella/ud.	**prefiere**	ha preferido	**prefirió**	prefería	**prefiera**
nosotros/as	preferimos	hemos preferido	preferimos	preferíamos	
vosotros/as	preferís	habéis preferido	preferisteis	preferíais	preferid
ellos/ellas/uds.	**prefieren**	han preferido	**prefirieron**	preferían	**prefieran**
* vos	preferís				preferí

QUERER 27

FORMAS NO PERSONALES					
Infinitivo	querer	**Gerundio**	queriendo	**Participio**	querido

	INDICATIVO				IMPERATIVO
	Presente	**Pretérito perfecto**	**Pretérito indefinido**	**Pretérito imperfecto**	
yo	**quiero**	he querido	**quise**	quería	
tú	**quieres***	has querido	**quisiste**	querías	**quiere***
él/ella/ud.	**quiere**	ha querido	**quiso**	quería	**quiera**
nosotros/as	queremos	hemos querido	**quisimos**	queríamos	
vosotros/as	queréis	habéis querido	**quisisteis**	queríais	quered
ellos/ellas/uds.	**quieren**	han querido	**quisieron**	querían	**quieran**
* vos	querés				queré

RECOGER 28

FORMAS NO PERSONALES					
Infinitivo	recoger	**Gerundio**	recogiendo	**Participio**	recogido

	INDICATIVO				IMPERATIVO
	Presente	**Pretérito perfecto**	**Pretérito indefinido**	**Pretérito imperfecto**	
yo	**recojo**	he recogido	recogí	recogía	
tú	recoges*	has recogido	recogiste	recogías	recoge
él/ella/ud.	recoge	ha recogido	recogió	recogía	**recoja**
nosotros/as	recogemos	hemos recogido	recogimos	recogíamos	
vosotros/as	recogéis	habéis recogido	recogisteis	recogíais	recoged
ellos/ellas/uds.	recogen	han recogido	recogieron	recogían	**recojan**
* vos	recogés				recogé

RECORDAR 29

FORMAS NO PERSONALES					
Infinitivo	recordar	**Gerundio**	recordando	**Participio**	recordado

	INDICATIVO				IMPERATIVO
	Presente	**Pretérito perfecto**	**Pretérito indefinido**	**Pretérito imperfecto**	
yo	**recuerdo**	he recordado	recordé	recordaba	
tú	**recuerdas***	has recordado	recordaste	recordabas	**recuerda***
él/ella/ud.	**recuerda**	ha recordado	recordó	recordaba	**recuerde**
nosotros/as	recordamos	hemos recordado	recordamos	recordábamos	
vosotros/as	recordáis	habéis recordado	recordasteis	recordabais	recordad
ellos/ellas/uds.	**recuerdan**	han recordado	recordaron	recordaban	**recuerden**
* vos	recordás				recordá

REIRSE 30

FORMAS NO PERSONALES					
Infinitivo	reírse	**Gerundio**	**riéndose**	**Participio**	reído

	INDICATIVO				IMPERATIVO
	Presente	**Pretérito perfecto**	**Pretérito indefinido**	**Pretérito imperfecto**	
yo	**me río**	me he reído	me reí	me reía	
tú	**te ríes***	te has reído	te reíste	te reías	**ríete***
él/ella/ud.	**se ríe**	se ha reído	**se rió**	se reía	**ríase**
nosotros/as	nos reímos	nos hemos reído	nos reímos	nos reíamos	
vosotros/as	os reís	os habéis reído	os reísteis	os reíais	**reíos**
ellos/ellas/uds.	**se ríen**	se han reído	**se rieron**	se reían	**ríanse**
* vos	te reís				reíte

SABER 31

FORMAS NO PERSONALES					
Infinitivo	saber	**Gerundio**	sabiendo	**Participio**	sabido

	INDICATIVO				IMPERATIVO
	Presente	**Pretérito perfecto**	**Pretérito indefinido**	**Pretérito imperfecto**	
yo	**sé**	he sabido	**supe**	sabía	
tú	sabes*	has sabido	**supiste**	sabías	sabe*
él/ella/ud.	sabe	ha sabido	**supo**	sabía	**sepa**
nosotros/as	sabemos	hemos sabido	**supimos**	sabíamos	
vosotros/as	sabéis	habéis sabido	**supisteis**	sabíais	sabed
ellos/ellas/uds.	saben	han sabido	**supieron**	sabían	**sepan**
* vos	sabés				sabé

SACAR 32

FORMAS NO PERSONALES					
Infinitivo	sacar	**Gerundio**	sacando	**Participio**	sacado

	INDICATIVO				IMPERATIVO
	Presente	**Pretérito perfecto**	**Pretérito indefinido**	**Pretérito imperfecto**	
yo	saco	he sacado	**saqué**	sacaba	
tú	sacas*	has sacado	sacaste	sacabas	saca*
él/ella/ud.	saca	ha sacado	sacó	sacaba	**saque**
nosotros/as	sacamos	hemos sacado	sacamos	sacábamos	
vosotros/as	sacáis	habéis sacado	sacasteis	sacabais	sacad
ellos/ellas/uds.	sacan	han sacado	sacaron	sacaban	**saquen**
* vos	sacás				sacá

SALIR 33

FORMAS NO PERSONALES					
Infinitivo	salir	**Gerundio**	saliendo	**Participio**	salido

	INDICATIVO				IMPERATIVO
	Presente	**Pretérito perfecto**	**Pretérito indefinido**	**Pretérito imperfecto**	
yo	**salgo**	he salido	salí	salía	
tú	sales*	has salido	saliste	salías	**sal***
él/ella/ud.	sale	ha salido	salió	salía	**salga**
nosotros/as	salimos	hemos salido	salimos	salíamos	
vosotros/as	salís	habéis salido	salisteis	salíais	salid
ellos/ellas/uds.	salen	han salido	salieron	salían	**salgan**
* vos	salís				salí

SEGUIR 34

FORMAS NO PERSONALES					
Infinitivo	seguir	**Gerundio**	**siguiendo**	**Participio**	seguido

	INDICATIVO				IMPERATIVO
	Presente	**Pretérito perfecto**	**Pretérito indefinido**	**Pretérito imperfecto**	
yo	**sigo**	he seguido	seguí	seguía	
tú	**sigues***	has seguido	seguiste	seguías	**sigue***
él/ella/ud.	**sigue**	ha seguido	**siguió**	seguía	**siga**
nosotros/as	seguimos	hemos seguido	seguimos	seguíamos	
vosotros/as	seguís	habéis seguido	seguisteis	seguíais	seguid
ellos/ellas/uds.	**siguen**	han seguido	**siguieron**	seguían	**sigan**
* vos	seguís				seguí

SER 35

FORMAS NO PERSONALES					
Infinitivo	ser	**Gerundio**	siendo	**Participio**	sido

	INDICATIVO				IMPERATIVO
	Presente	**Pretérito perfecto**	**Pretérito indefinido**	**Pretérito imperfecto**	
yo	**soy**	he sido	**fui**	**era**	
tú	**eres***	has sido	**fuiste**	**eras**	**sé***
él/ella/ud.	**es**	ha sido	**fue**	**era**	**sea**
nosotros/as	**somos**	hemos sido	**fuimos**	**éramos**	
vosotros/as	**sois**	habéis sido	**fuisteis**	**erais**	sed
ellos/ellas/uds.	**son**	han sido	**fueron**	**eran**	**sean**
* vos	**sos**				sé

TENER 36

FORMAS NO PERSONALES					
Infinitivo	tener	**Gerundio**	teniendo	**Participio**	tenido

	INDICATIVO				IMPERATIVO
	Presente	**Pretérito perfecto**	**Pretérito indefinido**	**Pretérito imperfecto**	
yo	**tengo**	he tenido	**tuve**	tenía	
tú	**tienes***	has tenido	**tuviste**	tenías	**ten***
él/ella/ud.	**tiene**	ha tenido	**tuvo**	tenía	**tenga**
nosotros/as	tenemos	hemos tenido	**tuvimos**	teníamos	
vosotros/as	tenéis	habéis tenido	**tuvisteis**	teníais	tened
ellos/ellas/uds.	**tienen**	han tenido	**tuvieron**	tenían	**tengan**
* vos	tenés				tené

TRAER 37

FORMAS NO PERSONALES					
Infinitivo	traer	**Gerundio**	**trayendo**	**Participio**	traído

	INDICATIVO				IMPERATIVO
	Presente	**Pretérito perfecto**	**Pretérito indefinido**	**Pretérito imperfecto**	
yo	**traigo**	he traído	**traje**	traía	
tú	traes*	has traído	**trajiste**	traías	trae*
él/ella/ud.	trae	ha traído	**trajo**	traía	**traiga**
nosotros/as	traemos	hemos traído	**trajimos**	traíamos	
vosotros/as	traéis	habéis traído	**trajisteis**	traíais	traed
ellos/ellas/uds.	traen	han traído	**trajeron**	traían	**traigan**
* vos	traés				traé

VENIR 38

FORMAS NO PERSONALES					
Infinitivo	venir	**Gerundio**	**viniendo**	**Participio**	venido

	INDICATIVO				IMPERATIVO
	Presente	**Pretérito perfecto**	**Pretérito indefinido**	**Pretérito imperfecto**	
yo	**vengo**	he venido	**vine**	venía	
tú	**vienes***	has venido	**viniste**	venías	**ven***
él/ella/ud.	**viene**	ha venido	**vino**	venía	**venga**
nosotros/as	venimos	hemos venido	**vinimos**	veníamos	
vosotros/as	venís	habéis venido	**vinisteis**	veníais	venid
ellos/ellas/uds.	**vienen**	han venido	**vinieron**	venían	**vengan**
* vos	venís				vení

VER 39

FORMAS NO PERSONALES					
Infinitivo	ver	**Gerundio**	**viendo**	**Participio**	**visto**

	INDICATIVO				IMPERATIVO
	Presente	**Pretérito perfecto**	**Pretérito indefinido**	**Pretérito imperfecto**	
yo	**veo**	he **visto**	vi	veía	
tú	ves*	has **visto**	viste	veías	ve*
él/ella/ud.	ve	ha **visto**	vio	veía	**vea**
nosotros/as	vemos	hemos **visto**	vimos	veíamos	
vosotros/as	veis	habéis **visto**	visteis	veíais	ved
ellos/ellas/uds.	ven	han **visto**	vieron	veían	**vean**
* vos	ves				ve

VOLVER 40

FORMAS NO PERSONALES					
Infinitivo	volver	**Gerundio**	volviendo	**Participio**	**vuelto**

	INDICATIVO				IMPERATIVO
	Presente	**Pretérito perfecto**	**Pretérito indefinido**	**Pretérito imperfecto**	
yo	**vuelvo**	he **vuelto**	volví	volvía	
tú	**vuelves***	has **vuelto**	volviste	volvías	**vuelve***
él/ella/ud.	**vuelve**	ha **vuelto**	volvió	volvía	**vuelva**
nosotros/as	volvemos	hemos **vuelto**	volvimos	volvíamos	
vosotros/as	volvéis	habéis **vuelto**	volvisteis	volvíais	volved
ellos/ellas/uds.	**vuelven**	han **vuelto**	volvieron	volvían	**vuelvan**
* vos	volvés				volvé

ÍNDICE

* Participio irregular: descubierto, escrito, muerto

PALABRAS Y EXPRESIONES

MÓDULO A Unidad 1

ESPAÑOL	INGLÉS	FRANCÉS	ALEMÁN	ITALIANO
Aprender español, 12	To learn Spanish	Apprendre l'espagnol	Spanisch lernen	Imparare lo spagnolo
Arte (f.), 21	Art	Art	Kunst (f.)	L'arte
Baile (m.), 20	Dancing	Danse	Tanz (m.)	Ballo
Bebida (f.), 20	Drink	Boisson	Getränk (n.)	Bibita / bevanda
Cantante (m.), 20	Singer	Chanteur	Sänger (m.)	Cantante
Cine (m.), 21	Cinema	Cinéma	Kino (n.)	Cinema
Comida (f.), 20	Food	Nourriture	Essen (n.)	Pranzo / pasto
¿Cómo se dice "ciao" en español?, 15	How do you say "ciao" in Spanish?	Comment dit-on "ciao" en espagnol?	Wie sagt man "ciao" auf Spanisch?	Come si dice "ciao" in spagnolo?
¿Cómo se escribe "hola"?, 15	How do you write "hola"?	Comment écrit-on "hola"?	Wie schreibt man "hola"?	Come si scrive "hola"?
Conocer otras culturas, 18	To know other cultures	Connaître d'autres cultures	andere Kulturen kennen lernen	Conoscere degli altre culture
Costumbre (f.), 20	Custom	Habitudes	Sitte (f.), Gebrauch (m.)	Abitudine
Cultura (f.), 18	Culture	Culture	Kultur (f.)	Cultura
Deportista (m.), 20	Sportman	Sportif	Sportler (m.)	Sportivo
¿En qué página estamos?, 14	Which page is it?	À quelle page en étions-nous?	In welcher Seite ist das?	Che pagina è questa?
Entender la tele, 19	To understand the TV	Comprendre la télé	das Fernsehen verstehen	Capire la televisione
Escribir, 19	To write	Écrire	schreiben	Scrivere
cartas, 19	letters	des lettres	Briefe	le lettere
mensajes electrónicos, 18	e-mails	des mails/courriels	E-Mails	il correo elettronico
postales, 19	postcards	des cartes postales	Postkarten	le cartoline
Escuchar canciones, 18	To listen to songs	Écouter des chansons	Lieder hören	Ascoltare le canzoni
Estudiar en un lugar, 18	To study in a place	Étudier quelque part	in einem Ort lernen	Studiare in un posto
Geografía (f.), 21	Geography	Géographie	Geographie (f.)	Geografia
Hablar, 18	To speak	Parler	sprechen	Parlare
con los compañeros, 18	with mates	avec les camarades	mit den Kollegen	con i compagni
por teléfono, 18	To talk by phone	au téléphone	am Telefon	Communicarsi per il telefono
Hacer ejercicios gramaticales, 18	To do grammar exercises	Faire des exercices de grammaire	grammatische Übungen machen	Fare i essercizii grammaticale
Historia (f.), 21	History	Histoire	Geschichte (f.)	Storia
Leer,19	To read	Lire	lesen	Leggere
novelas, 19	novels	des romans	Romane	il romanzo
periódicos,18	newspapers	des quotidiens	Zeitungen	il giornale
revistas, 18	magazines	des revues	Zeitschriften	le riviste
Literatura (f.), 21	Literature	Littérature	Literatur (f.)	Letteratura
Me interesa la historia, 19	I have interest in History	Je m'intéresse à l'histoire	mich interessiert Geschichte	Mi interessa la Storia
Me interesan las tradiciones, 19	I have interest in traditions	Je m'intéresse aux traditions	mich interessieren die Traditionen	Mi interessano le tradizioni
Música (f.), 21	Music	Musique	Musik (f.)	Musica
No entiendo, 15	I don't understand	Je ne comprends pas	ich verstehe nicht	Non capisco
No sé, 15	I don't know	Je ne sais pas	ich weiss nicht	Non so
Obra (f.) literaria, 20	Literary work	Œuvre littéraire	literarisches Werk (n.)	Lavoro literario
Paisaje (m.), 20	Landscape	Paysage	Landschaft (f.)	Paesaggio
¿Para qué estudias español?, 19	Why do you study Spanish?	Pourquoi étudies-tu l'espagnol?	Warum lernst du Spanisch?	Perchè studi lo spagnolo?
Película (f.), 20	Film	Film	Film (m.)	Il film
Pintor (m.), 20	Painter	Peintre	Maler (m.)	Pittore
Pizarra (f.), 15	Blakboard	Tableau noir	Tafel (f.)	Lavagna
¿Puedes escribirlo?, 15	Can you write it?	Peux-tu l'écrire?	Kannst du das schreiben?	Puoi scriverlo?
¿Puedes repetir?, 15	Can you repeat?	Peux-tu répéter?	Kannst du wiederholen?	Puoi ripeterlo?
Política (f.), 21	Politics	Politique	Politik (f.)	Politica
¿Qué significa "vale"?, 15	What is the meaning of "vale" ?	Que veut dire "vale"?	Was bedeutet "vale"?	Che cosa significa "vale"?
Trabajar, 18	To work	Travailler	Arbeiten	Lavorare
en grupo, 18	in group	en groupe	in Gruppen	in gruppo
en parejas, 18	in pairs	en binôme	in Paaren	a coppia
en un banco, 18	in a bank	dans une banque	in einer Bank	in banca
solo, 18	alone	seul	allein	da solo
Tradición (f.), 21	Tradition	Tradition	Tradition (f.)	Tradizione
Utilizar Internet, 18	To use Internet	Utiliser Internet	Internet benutzen	Utilizzare Internet
Ver películas, 18	To watch films	Regarder des films	Filme sehen	Vedere i films
Viajar a otros países, 18	To travel to other countries	Voyager dans d'autres pays	nach anderen Ländern reisen	Viaggare in altri paesi

Unidad 2

ESPAÑOL	INGLÉS	FRANCÉS	ALEMÁN	ITALIANO
¿A qué te dedicas?, 22	Where do you work?	Que veux-tu faire plus tard?	Was machst du beruflich?	A che cosa ti dedici? / Che cosa fai ?
Arroba (f.), 24	At	Arobase (f.)	Affe (m.)	Chiocciola
Avenida (f.), 24	Avenue	Avenue	Allee (f.)	Corso / viale
Calle (f.), 24	Street	Rue	Straße (f.)	Via / strada
Código (m.) postal (C.P), 27	ZIP code	Code postal	Postleitzahl (f.) (PLZ)	Codice postale
¿Cómo te apellidas?, 25	What is your surname?	Quel est ton nom de famille?	Wie heißt du mit Nachname?	Qual è il tuo cognome?
¿Cómo te llamas?, 25	What is your name?	Comment t'appelles-tu?	Wie heißt du?	Come ti chiami?
¿Cuál es tu (número de) teléfono?, 25	What is your telephone number?	Quel est ton numéro de téléphone?	Wie ist deine (Telefon)nummer?	Come è il tuo numero di telefono?
¿Cuántos años tienes?, 25	How old are you?	Quel âge as-tu?	Wie alt bist du?	Quanti anni hai?
¿De dónde eres?, 25	Where do you come from?	D'où es-tu?	Woher kommst du?	Da dove sei?
Dentista (m.), 29	Dentist	Dentiste	Zahnarzt (m.)	Dentista
Derecha (f.), 27	Right	Droite	rechts	Destra

ESPAÑOL	INGLÉS	FRANCÉS	ALEMÁN	ITALIANO
Dirección (f.) actual, 24	The current address	Adresse actuelle	aktuelle Adresse (f.)	L`indirizzo attuale
electrónica, 24	E-mail address	Adresse mail	E-Mailadresse (f.)	Posta elettronica / e-mail
Domicilio (m.), 25	Residence /Address	Domicile	Wohnort (m.)	Domicilio / indirizzo
¿Dónde estudias/trabajas?, 29	Where do you study / work?	Où études-tu? / travailles-tu?	Wo studierst / arbeitest du?	Dove studi / lavori?
¿Dónde vives?, 25	Where do you live?	Où vis-tu?	Wo wohnst du?	Dove abiti?
Edad (f.), 24	Age	Âge	Alter (n.)	L'Età
¿En qué trabajas?, 29	Which is your profession?	Dans quel secteur travailles-tu?	Als was arbeitest du?	In che cosa lavori?
Entrar en un club, 30	To go in a club	Entrer dans un club	in einen Club eintreten	Accedere in un club
Estar en paro, 28	To be unemployed	Être au chômage	arbeitslos sein	Essere disoccupato
Estar jubilado/a, 28	To retire	Être retraité	pensioniert sein	Mettere pensionato
¿Estudias o trabajas?, 29	Do you study or work?	Tu travailles ou tu études?	Studierst du oder arbeitest du?	Studi o lavori?
Guión/guión bajo (m.), 25	Hyphen / Dash	Trait d'union	Strich / niedriger Strich (m.)	Trattino
Hacer deporte, 30	To do sport	Faire du sport	Sport treiben	Fare lo sport
un curso de inglés, 30	an English Course	Suivre un cours d'anglais	einen Englischkurs besuchen	un corso di inglese
un intercambio de conversación, 30	conversation exchange	Cours de conversation	einen Austausch machen	Intercambiare la conversazione
un máster, 26	To study a Master Course	Faire un mastère	ein Zusatzstudium machen	Studiare un master
Hombre (m.), 23	Man	Homme	Mann (m.)	L'uomo
Me gustaría estudiar francés, 26	I'd like to study French	J'aimerais apprendre le français	Ich möchte Französisch lernen	Mi piacerebbe studiare il Francese
Mujer (f.), 23	Woman	Femme	Frau (f.)	La donna
Nacionalidad (f.), 24	Nationality	Nationalité	Staatsangehörigkeit (f.)	Nazionalità
Nombre (m.), 24	Name	Nom	Name (m.)	Nome
Participar en un chat, 30	To participate in a chat	Participer à un chat	in einem Chat Teil nehmen	Participare in un chat
Pasear al perro, 30	To take the dog out for a walk	Promener le chien	den Hund spazierenführen	Portare a spasso il cane
Piso (m.), 27	Apartment / flat	Appartement	Wohnung (f.)	Appartamento
Poner un anuncio, 30	To post an ad	Passer une annonce	eine Anzeige aufgeben	Mettere un spot
Planta (f.), 27	Floor	Étage	Pflanze (f.) / Stock (m.)	Piano
Población (f.), 27	Population	Population	Bevölkerung (f.)	Popolazione
Primer/segundo apellido (m.), 24	Last name	Premier et second nom de famille	erster / zweiter Nachname (m.)	Primo/ secondo cognome
Provincia (f.), 27	Province	Province	Provinz (f.)	Provincia
Puerta (f.), 27	Door	Porte	Tür (f.)	Porta
Punto (m.), 25	Point	Point	Punkt (m.)	Punto
¿Qué estudias?, 27	What do you study?	Qu'études-tu?	Was studierst du?	Che cosa studi?
¿Qué haces?, 29	What do you do?	Que fais-tu?	Was machst du?	Che cosa fai?
¿Qué quieres estudiar?, 26	What do you want to study?	Que veux-tu étudier?	Was willst du studieren?	Che cosa vuoi studiare?
Teléfono (m.) fijo / móvil, 24	Home phone / mobile phone	Téléphone fixe/mobile	Telefon (n.) / Handy (n.)	Telefono fisso / telefonino
¿Tienes dirección electrónica?, 25	Do you have e-mail ?	As-tu une adresse mail?	Hast du eine E-Mailadresse?	Hai la posta elettronica?
¿Y de apellido?, 25	And what is your surname?	Quel est ton nom?	Und mit Nachname?	E come è il tuo cognome?

Unidad 3

ESPAÑOL	INGLÉS	FRANCÉS	ALEMÁN	ITALIANO
Abuelo (m.) / abuela (f.), 36	Grandfather/ grandmother	Grand-père / grand-mère	Großvater (m.) / Großmutter (f.)	Nonno / nonna
Activo/a (una persona), 34	Active	Actif	aktiv- (eine Person)	Attivo / attiva
Alto/a (una persona), 34	Tall	Grand	groß- (eine Person)	Alto / alta
Amigo (m.) / amiga (f.), 33	Friend	Ami (e)	Freund (m.) / -in (f.)	Amico / amica
suyo/a, 36	His / her	Son ami (e)	sein- / ihr-	Il suo / la sua
Atractivo/a (una persona), 35	Attractive	Attractif / Attrayant	attraktiv- (eine Person)	Attraente
Bajo/a (una persona), 35	Short / small	Petit	klein- (eine Person)	Basso / bassa
Cuñado (m.) / cuñada (f.), 37	Brother in law / sister in law	Beau-frère, belle sœur	Schwager (m.) / Schwägerin (f.)	Cognatto / cognatta
Delgado/a (una persona), 33	Thin	Maigre	schlank- (eine Person)	Magro / magra
Desordenado/a (una persona), 34	Untidy	Désordonné	unordentlich- (eine Person)	Disordinato / disordinata
Encantado/a (de conocerte), 38	Nice to meet you	Enchanté (de faire ta connaissance)	sehr erfreut (dich kennen zu lernen)	Piacere di conoscerti
Esta es Fleur, 38	This is Fleur	Je te présente Fleur	das ist Fleur	Questa è Fleur
Estar casado/a, 37	To be married	Être marié	verheiratet sein	Essere sposato / sposata
divorciado/a, 37	divorced	divorcé	geschieden sein	divorziato / divorziata
separado/a, 37	separated	séparé	getrennt sein	separato / separata
soltero/a, 37	single	célibataire	ledig sein	celibe
viudo/a, 37	widowed	veuf	verwitwet sein	vedovo / vedova
Feo/a (una persona), 35	Ugly	Laid	hässlich- (eine Person)	Brutto / brutta
Gordito/a (una persona), 35	Fat	Grassouillet	fett- (eine Person)	Grosso / grossa
Guapo/a (una persona), 33	Handsome / nice	Beau	hübsch- (eine Person)	Bello / bella
Hermano (m.) / hermana (f.), 33	Brother / sister	Frère/sœur	Bruder (m.) / Schwester (f.)	Fratello / sorella
mayor/menor, 36	The oldest / the youngest brother/ sister	Aîné, cadet	älterer / jüngerer	Il/ la maggiore/ minore fratello / sorella
Hijo (m.) / hija (f.), 33	Son / daughter	Fils, fille	Sohn (m.)/Tochter (f.)	Figlio/ figlia
Llevar gafas, 33	To wear glasses	Porter des lunettes	Brille tragen	Mettersi i occhiali
Madre (f.), 33	Mother	Mère	Mutter (f.)	Mamma
Marido (m.) / mujer (f.), 33	Husband / wife	Mari, femme	Ehemann (m.) / Ehefrau (f.)	Marito / Moglie
Me encanta la música, 34	I love music	J'adore la musique	ich liebe Musik	Mi piace molto la musica
Me gusta viajar, 34	I like travelling	J'aime voyager	ich mag reisen	Mi piace viaggiare
Moreno/a (una persona), 33	Brown	Brun	braun- (eine Person)	Bruno / bruna
Nieto (m.) / nieta (f.), 37	Grandson / granddaughter	Petit fils, petite fille	Enkelkind (m./f.)	Nipote
Novio (m.) / novia (f.), 33	Boyfriend / girlfriend	Fiancé(e)	Bräutigam, Freund (m.)/Braut, Freundin (f.)	Fidanzato / fidanzata
Ojos (m.) 35	Eyes	Yeux	Augen (pl.)	Occhi
azules, 35	blue eyes	bleus	blaue	blu
claros, 35		clairs	helle	chiari
negros, 33	black eyes	noirs	schwarze	neri
oscuros, 35	dark eyes	foncés	dunkle	scuri
Ordenado/a (una persona), 34	Tidy	Ordonné	ordentlich- (eine Person)	Ordinato / ordinata

ESPAÑOL	INGLÉS	FRANCÉS	ALEMÁN	ITALIANO
Padre (m.), 33	Father	Père	Vater (m.)	Padre
Parecer simpático/a, 34	To seem to be nice/ pleasant	Il a l'air sympathique	sympatisch aussehen	Assomiglia essere simpatico / simpatica
Pelirrojo/a (una persona), 35	Red-haired	Roux (Rousse)	rothaarig- (eine Person)	Dai capelli rossi
Pelo (m.), 33	Hair	Cheveux	Haar (n.)	Capelli
corto, 35	short hair	courts	kurzes	corti
rizado, 33	curly hair	frisés	lockiges	arricciati
largo, 33	long hair	longs	langes	lunghi
Presentar a alguien, 38	To introduce someone	Présenter quelqu'un	jemanden vorstellen	Fare la presentazione di qualcuno
Primo (m.) / prima (f.), 36	Cousin	Cousin(e)	Cousin (m.) / Cousine (f.)	Cugino / cugina
Rubio/a (una persona), 33	Blond	Blond	blond- (eine Person)	Biondo / bionda
Serio/a (una persona), 34	Serious	Sérieux	ernst- (eine Person)	Serio / seria
Simpático/a (una persona), 34	Nice / pleasant	Sympathique	sympatisch- (eine Person)	Simpatico / simpatica
Sobrino (m.) / sobrina (f.), 37	Nephew / niece	Neveu/nièce	Neffe (m.) / Nichte (f.)	Nipote
Suegro (m.)/ suegra (f.), 37	Father / mother in law	Beau-père, belle-mère	Schwiegervater (m.) / Schwiegermutter (f.)	Suocero / suocera
¿Tienes hermanos?, 36	Do you have brothers?	As-tu des frères et sœurs?	Hast du Geschwister?	Hai fratelli?
¿Tienes hijos?, 36	Do you have sons?	As-tu des enfants?	Hast du Kinder?	Hai figlii?
Tío (m.) / tía (f.), 36	Uncle / Aunt	Oncle/tante	Onkel (m.) / Tante (f.)	Zio / zia
Vago/a (una persona), 34	Lazy	Paresseux	faul- (eine Person)	Pigro / pigra
¿Vives solo/a?, 36	Do you live alone?	Tu vis seul(e)?	Wohnst du allein?	Vivi da solo / sola?

Unidad 4

ESPAÑOL	INGLÉS	FRANCÉS	ALEMÁN	ITALIANO
A la derecha, 47	On the right	À droite	nach rechts	Alla destra
A la izquierda, 47	On the left	À gauche	nach links	Alla sinistra
Animado/a (un lugar), 45	Lively	Animé (lieu/endroit)	belebt- (ein Ort)	Animato / Incoraggiato
Banco (m.), 47	Bank	Banque	Bank (f./m.)	Banca
Bar (m.), 44	Bar	Bar	Bar (f.)	Bar
Barrio (m.) 44	Neighborhood / suburb	Quartier	Stadtviertel (n.)	Quartiere
famoso, 44	famous	célèbre	famoses	famoso
popular, 50	popular	populaire	populäres	popolare
residencial, 50	residential	résidentiel	Wohngebiet	residenziale
Boca de metro (f.), 47	Tube station	Bouche de métro	U-Bahnhaltestelle (f.)	Ingresso della metropolitana
Bonito/a (un lugar), 45	Nice	Joli	schön- (ein Ort)	Bello
Bosque (m.), 49	Forest	Bois / Forêt	Wald (m.)	Bosco
Buzón (m.), 47	Mailbox	Boîte aux lettres	Briefkasten (m.)	Buca
Cabina (f.) telefónica, 47	Telephone box	Cabine téléphonique	Telefonzelle (f.)	Cabina telefonica
Café (m.) antiguo, 43	Old coffeshop	Café ancien	altes Café (n.)	Caffè antico
Capital (f.) del país, 43	Capital city	Capital du pays	Hauptstadt (f.)	Capitale del paese
Centro (m.) comercial, 44	Shopping center	Centre commercial	Kaufhaus (n.)	Centro commerciale
Ciudad (f.), 43	City	Ville	Stadt (f.)	Cittá
aburrida, 45	Boring city	ennuyeuse	langweilige	noiosa
agradable, 45	Nice city	agréable	nette	gradevole
antigua, 45	Old city	ancienne	alte	antica
comercial, 45	Comercial city	commerciale	kommerzielle	commerciale
cosmopolita, 45	Cosmopolitan city	cosmopolite	Weltstadt	cosmopolita
importante, 45	Important city	importante,	wichtige	importante
industrial, 45	Industrial city	industrielle	industrielle	industriale
moderna, 45	Modern city	moderne	moderne	moderna
pequeña, 45	Small city	petite	kleine	piccola
romántica, 45	Romantic city	romantique	romantische	romantica
ruidosa, 45	Noisy city	bruyante	lärmende	rumorosa
turística, 45	Tourist city	touristique	touristische	turistica
Colegio (m.), 47	School	École	Schule (f.)	Scuola
Colina (f.), 49	Hill	Colline	Hügel (m.)	Collina
Discoteca (f.), 44	Discotheque	Discothèque	Diskothek (f.)	Discoteca
Disculpa/disculpe, 47	Apology / Excuse me	Excuse-moi, excusez-moi	Verzeihe / Verzeihen Sie	Scusi / scusa
Edificio (m.) muy alto, 43	Skyscraper	Grand édifice / gratte-ciel	ein sehr altes Gebäude (n.)	Grattacielo
Elegante (un lugar), 45	Smart / elegant	Élégant	elegant (ein Ort)	Elegante
Está al final de esta calle, 47	It's at the end of this street	C'est au bout de la rue	das ist am Ende der Straße	E al fine di questa strada
al sur del país, 43	on the south of the country	au sud du pays	das ist im Süden des Landes	al sud del paese
bien comunicado, 51	well communicated	bien desservi	es hat sehr gute Verbindungen	buon servito / ha buona communicazione
en el centro del país, 43	in the centre of the country	au centre du pays	es ist im Zentrum des Landes	nel centro del paese
en Europa, 43	in Europe	en Europe	es ist in Europa	nella Europa
Famoso/a (un lugar), 45	Famous	Célèbre	bekannt- (ein Ort)	Famoso / famosa
Farmacia (f.), 47	Chemist's	Pharmacie	Apotheke (f.)	Farmacia
Galería (f.) de arte, 44	Art Gallery	Galerie d'art	Kunstgalerie (f.)	Galleria d'arte
Gimnasio (m.), 47	Gym	Gymnase	Turnhalle (f.)	Palestra
Gran ciudad (f.), 45	Big city	Grande ville	Großstadt (f.)	Cittá grande
Grande (un lugar), 45	Big	Grand	groß- (ein Ort)	Grande
Hasta pronto, 49	See you!	À bientôt	bis bald	Ciao!/Arrivederci!
Hay una en aquella esquina, 47	There is one in that corner	Il y en a une au coin	es ist um die Ecke	Cè una in quel angolo
¿Hay una farmacia por aquí?, 47	Is there any chemist's around here?	Y a-t-il une pharmacie près d'ici?	Gibt es eine Apotheke in der Nähe?	Cé una farmacia da queste parti?
¡Hola, Berta!, 49	Hi, Berta!	Salut Berta!	Hallo, Berta!	Ciao, Berta!
¡Hola, chicos! ¿Qué tal?, 49	Hello, boys! How are you?	Salut les garçons! Comment allez-vous?	Hallo, Leute! Wie geht's?	Ciao ragazzi, come state?
Hospital (m.), 47	Hospital	Hôpital	Krankenhaus (n.)	Ospedale
Hotel (m.), 47	Hotel	Hôtel	Hotel (n.)	Hotel

ESPAÑOL	INGLÉS	FRANCÉS	ALEMÁN	ITALIANO
Interesante (un lugar), 45	Interesting	Intéressant	interessant- (ein Ort)	Interessante
La siguiente a la derecha, 47	Take the first turning on the right	La prochaine à droite	in die nächste Straße rechts	La seguente alla destra
Lago (m.), 49	Lake	Lac	See (m.)	Lago
Montaña (f.), 49	Mountain	Montagne	Berg (m.)	Montagna
Monumento (m.), 44	Monument	Monument	Monument (n.)	Monumento
Muchos besos (correpondencia), 49	Kisses	Je t'embrasse	schöne Grüße (Briefwechsel)	Bacci
Museo (m.), 44	Museum	Musée	Museum (n.)	Museo
Numeroso/a, 44	Numerous	Nombreux	zahlreich-	Numeroso
Oficina (f.), 47	Office	Bureau	Büro / Amt (n.)	Ufficio
de correos 47	Post office	de poste	Postamt	di posta
¿Para ir al ayuntamiento?, 47	How can I go to the Townhall?	Pour aller à la mairie ?	Wie komme ich zum Rathaus?	Come si va al Concile?
Parada (f.) de autobús, 47	Bustop	Arrêt d'autobus	Bushaltestelle (f.)	Fermata del l'autobus
de taxis, 47	Taxi stand / cab rank	Station de taxi	Taxihaltestelle (f.)	di taxi
Parque (m.), 44	Park	Parc	Park (m.)	Parco
Perdona/perdone, 47	Excuse me!	Excuse-moi / excusez-moi	Entschuldige / Entschuldigen Sie	Scusi / Scusa
Playa (f.), 49	Beach	Plage	Strand (m.)	Spiaggia
Plaza (f.), 44	Square	Place	Platz (m.)	Piazza
Prado (m.), 49	Meadow	Pré	Wiese (f.)	Pascolo / prato
Precioso/a (un lugar), 45	Very nice / wonderful	Très beau	wunderschön- (ein Ort)	Molto bello / bella
Pueblo (m.), 49	Town	Village	Dorf (n.)	Paesino
Quiosco (m.), 47	Kiosk / Stand	Kiosque	Kiosk (m.)	Chiosco
Restaurante (m.), 47	Restaurant	Restaurant	Restaurant (n.)	Ristorante
Río (m.), 43	River	Fleuve	Fluss (m.)	Fiume
Romántico/a (un lugar), 45	Romantic	Romantique	romantisch- (ein Ort)	Romantico / romantica
¿Sabe/s dónde está la plaza de Cuzco?, 47	Do you know where is the Cuzco Square?	Où se trouve la place Cuzco?	Weißt du / Wissen Sie, wo der Cuzco Platz ist?	Sai dove è la piazza di Cuzco?
¿Sabe/s si hay un buzón?, 47	Do you know if there is any mailbox around here?	Savez-vous/Sais-tu s'il y a une boîte aux lettre dans ce quartier?	Weißt du / Wissen Sie, ob es einen Briefkasten gibt?	Sai se cè una buca da queste parti?
Sala (f.) de exposiciones, 44	Exhibition hall	Hall d'exposition	Ausstellungsraum (m.)	Salone di esposizioni
Supermercado (m.), 47	Supermarket	Supermarché	Supermarkt (m.)	Supermercato
Típico/a (un lugar), 45	Typical	Typique	typisch- (ein Ort)	Tipico / tipica
Recomendar, 51	To recommend	Recommander	empfehlen	Raccomandare
Teatro (m.), 47	Theatre	Théâtre	Theater (n.)	Teatro
Tienda (f.), 44	Shop	Boutique	Geschäft (n.)	Bottega
Todo recto, 47	Straight ahead	Tout droit	immer geradeaus	Avanti diritto!
Tradicional, 45	Traditional	Traditionnel	traditionell-	Tradizionale
Tranquilo/a (un lugar), 45	Quiet	Tranquille	ruhig- (ein Ort)	Tranquillo / Tranquilla / silenzioso/a
Un beso muy fuerte, 49	A very huge kiss	Je t'embrasse très fort	einen sehr dicken Kuss	Un bacio molto forte
Valle (m.), 49	Valley	Vallée	Tal (n.)	Valle

MÓDULO B

Unidad 5

ESPAÑOL	INGLÉS	FRANCÉS	ALEMÁN	ITALIANO
A la plancha (un plato), 67	Grilled	Grillé	gegrillt- (Essen)	Alla piastra
Aceite (m.) de oliva, 62	Oil	Huile d'olive	Olivenöl (n.)	Olio
Agua (f.) mineral, 64	Mineral water	Eau minérale	Mineralwasser (n.)	Acqua minerale
Ajo (m.), 64	Garlic	Ail	Knoblauch (m.)	Aglio
Al vapor (un plato), 67	Steamed	À la vapeur	gedunstet- (Essen)	Al vapore
Alcachofa (f.), 64	Artichoke	Artichaut	Artischocke (f.)	Carciofo
Apetecer, 67	To feel like / desire	Profiter	wünschen, begehren	Aver voglia di / desiderare
Arroz (m.), 64	Rice	Riz	Reis (m.)	Riso
Bacalao (m.), 64	Cod	Morue	Kabeljau (m.)	Merluzzo
Barra (f.) de pan, 62	Loaf of bread	Baguette (de pain)	Brotstange (f.)	Barra del pane
Berenjena (f.), 63	Aubergine	Aubergine	Aubergine (f.)	Melanzana
Bocadillería (f.), 61	Snack bar	Sandwicherie	Imbißstube (f.)	Bottega di panini
Botella (f.) de aceite, 62	Oil bottle	Bouteille d'huile	Ölflasche (f.)	Bottiglia d'olio
Café (m.), 67	Coffee	Café	Kaffee (m.)	Caffè
con leche, 67	Caffe latte	au lait	Milchkaffee	Caffellatte
cortado, 67	Coffe with milk	noisette	mit wenig Milch	macchiato
descafeinado, 67	Decaffeinated	décaféiné	koffeinfrei	decaffeinato
solo, 67	Black coffee	noir	ohne Milch	nero
Cafetería (f.), 61	Coffee shop	Cafétéria	Cafeteria (f.)	Caffè
Calabacín (m.), 63	Courgette	Courgette	Zucchini (m.)	Zucchina
Calamar (m.), 64	Squid	Calamar	Tintenfisch (m.)	Calamaro
Carne (f.), 64	Meat	Viande	Fleisch (n.)	Carne
Carta (f.) (de restaurante), 68	Menu	Carte de restaurant	Speisekarte (f.) (im Restaurant)	Carta / menu
Cebolla (f.), 68	Onion	Oignon	Zwiebel (f.)	Cipolla
Coliflor (f.), 64	Coliflower	Chou-fleur	Blumenkohl (m.)	Cavolfiore
Comer algo rápido, 61	To have a snak	Manger rapidement	etwas schnell essen	Mangiare in fretta qualcosa
un menú, 61	To eat menu	Prendre un menu	das Tagesmenü essen	un menu
Conejo (m.), 64	Rabbit	Lapin	Kaninchen (n.)	Coniglio
Dejar una propina, 69	To give a tip	Laisser un pourboire	Trinkgeld geben	Lasciare in aggiunta

ESPAÑOL	INGLÉS	FRANCÉS	ALEMÁN	ITALIANO
Desayunar, 61	To have breakfast	Prendre son petit déjeuner	frühstücken	Fare la prima colazione
Docena (f.) de huevos, 62	Dozen eggs	Douzaine d'œufs	ein Dutzend (n.) Eier	Dozzina d'ouve
Encantar, 67	To love	Enchanter	lieben, gerne mögen	Incantare
Encargar una paella, 65	To order a paella	Commander une paella	eine Paella bestellen	Ordinare una paella
Especialidad (f.), 68	Speciality	Spécialité	Spezialität (f.)	Specialità
Estar asado/a (un plato), 67	To be roasted	Rôti	gebraten sein (Essen)	Essere arrostro/a
cocido/a (un plato), 67	boiled	Cuit	gekocht sein (Essen)	bollito/a
crudo/a (un plato), 67	raw	Cru	roh sein (Essen)	crudo/a
guisado/a (un plato), 67	cooked	Cuisiné	zubereitet sein (Essen)	stufato/a
Flan (m.), 64	Caramel custard	Flan	Karamelpudding (m.)	Crème caramel
Fresa (m.), 65	Strawberry	Fraise	Erdbeere (f.)	Fragola
Fruta (f.), 63	Fruit	Fruit	Obst (n.)	Frutta
Gamba (f.), 64	Prawn	Crevette	Garnele (f.)	Gambero
Gustar, 67	To like	Apprécier	mögen, schmecken	Piacere
Helado (m.), 65	Ice cream	Glace	Eis (n.)	Gelato
Horario (m.), 69	Timetable	Horaire	Stundenplan (m.)	Orario
Jamón (m.) de York, 62	Boiled ham	Jambon blanc	gekochter Schinken (m.)	Prosciutto cotto
Judías (f.) verdes, 64	Green beans	Haricots verts	grüne Bohnen (pl.)	Fagioli
Kilo (m.), 62	Kilo	Kilo	Kilo (n.)	Kilo
Lechuga (f.), 63	Lettuce	Laitue	Kopfsalat (m.)	Lattuga
Lata (f.) de cerveza, 62	Beer can	Canette de bière	Bierdose (f.)	Lattina di birra
Limón (m.), 63	Lemon	Citron	Zitrone (f.)	Limone
Litro (m.), 62	Litre	Litre	Liter (m.)	Litro
Mantequilla (f.), 63	Butter	Beurre	Butter (f.)	Burro
Manzana (f.), 63	Apple	Pomme	Apfel (m.)	Mela
Marisco (m.), 64	Seafood	Fruits de mer	Meeresfrüchte (pl.)	Frutto di mare
Mejillón (m.), 64	Mussel	Moule	Muschel (f.)	Cozza
Melocotón (m.), 63	Peach	Pêche	Pfirsich (m.)	Pesca
Merendar, 61	To have a tea	Goûter	vespern, jausen	Fare merenda
Naranja (f.), 63	Orange	Orange	Orange (f.)	Arancia
Nata (f.), 65	Cream	Crème	Rahm (m.) / Sahne (f.)	Panna
Pan (m.) blanco/integral, 62	Wholemeal / white bread	Pan blanc/ pain complet	Weißbrot (n.) / Vollkornbrot (n.)	Pane bianco integrale
Paquete (m.) de arroz, 62	Rice packet	Paquet de riz	Reispackung (f.)	Pacco di riso
Pasta (f.), 63	Spaghetti / Pasta	Pâtes	Nudel (f.)	Pasta
Patata (m.), 68	Potatoe	Pomme de terre	Kartoffel (f.)	Patata
Perejil (m.), 66	Parsley	Persil	Petersilie (f.)	Prezzemolo
Pescado (m.), 64	Fish	Poisson	Fisch (m.)	Pesce
Pimiento (m.), 63	Green pepper	Poivron	Paprika (m.)	Peperone
Pizza (f.) congelada, 63	Frozen pizza	Pizza surgelée	tiefgekühlte Pizza (f.)	Pizza congelata
Plátano (m.), 63	Banana	Banane	Banane (f.)	Banana
Plato (m.) preferido, 67	Favourite dish	Plat préféré	Lieblingsgericht (n.)	Il mio piatto preferito
Pollo (m.), 63	Chicken	Poulet	Hähnchen (n.)	Pollo
Postre (m.), 67	Dessert	Dessert	Nachtisch (m.)	Dolce / dessert
Preferir, 67	To prefer	Préférer	bevorzugen	Preferire
¿Qué lleva la paella valenciana?, 65	Which ingredients needs the Valencian paella?	Quels sont les ingrédients de la paella valencienne?	Welche Zutaten hat die Paella valenciana?	Che cosa porta la paella di Valencia?
Queso (m.), 62	Cheese	Fromage	Käse (m.)	Formaggio
Refresco (m.), 62	Cool drink	Rafraîchissement	Erfrischung (f.)	Bevanda
Restaurante (m.) 68	Restaurant	Restaurant	Restaurant (n.)	Ristorante
de cocina regional, 68	Regional cook restaurant	de cuisine régionale	mit regionaler Küche	di cucina regionale
económico, 68	Cheap restaurant	économique	billiges	economico
exótico, 68	Exotic restaurant	exotique	exotisches	esotico
mexicano, 68	Mexican restaurant	mexicain	mexikanisches	messicano / tex-mex
romántico, 68	Romantic restaurant	romantique	romantisches	romantico
vegetariano, 68	Vegetarian restaurant	végétarien	vegetarisches	vegetariano
Sal (f.), 66	Salt	Sel	Salz (n.)	Sale
Sin alcohol (m.), 62	Without alcohol	Sans alcool	ohne Alkohol (m.)	Senza alcol
Sin azúcar (m.), 62	Without sugar	Sans sucre	ohne Zucker (m.)	Senza zucchero
Sin gas (m.), 67	Without gas	Plate (eau)	ohne Gas (n.)	Senza gas
Tableta (f.) de chocolate (m.), 63	Bar of chocolate	Tablette de chocolat	Schokoladentafel (f.)	Tavoletta di cioccolata
Tarta (f.), 64	Cake	Tarte	Torte (f.)	Torta
Té (m.), 67	Tea	Thé	Tee (m.)	Tè
Terraza (f.), 61	Two-handled glazed jar / terrace	Terrasse	Terrasse (f.)	Terrazza
Tomar algo, 61	To drink something	Prendre quelque chose	etwas nehmen	Prendere qualcosa
una copa, 61	To have a drink	un verre	etwas trinken	un bicchiere
unas raciones, 61	To eat a few snacks	des *tapas*	Happen essen	alcuni razioni
Tomate (m.), 63	Tomatoe	Tomate	Tomate (f.)	Pomodoro
Verdura (f.), 63	Vegetables	Légumes	Gemüse (n.)	Verdura
Vinagre (m.), 66	Vinegar	Vinaigre	Essig (m.)	Aceto
Vino (m.), 67	Wine	Vin	Wein (m.)	Vino
blanco, 67	White wine	blanc	Weißwein	bianco
tinto, 67	Red wine	rouge	Rotwein	rosso
rosado, 67	Rosè wine	rosé	Rosé	rosato

Unidad 6

ESPAÑOL	INGLÉS	FRANCÉS	ALEMÁN	ITALIANO
¿A qué hora te acuestas?, 74	What time do you go to bed?	A quelle heure penses-tu te coucher?	Um wie viel Uhr gehst du ins Bett?	A che ora vai a letto?
Acostarse, 71	To go to bed	Se coucher	ins Bett gehen	Andare a letto
Afeitarse, 74	To shave	Se raser	sich rasieren	Radersi
Agenda (f.), 72	Agenda	Agenda	Notizbuch (n.)	Agenda
Agrupación (f.), 76	Group / association	Association	Gruppierung (f.)	Raggruppamento
Ahorrar, 72	To save	Économiser	sparen	Risparmiare
Amigo (m.) de los animales, 76	Animal friend	Ami des animaux	Tierenfreund (m.)	Amico degli animali
Antiguo alumno (m.), 76	Old pupil	Ancien élève	Ex-Schüler (m.)	Alunno antico
Aprender idiomas, 78	To learn languages	Apprendre les langues étrangères	Sprachen lernen	Imparare le lingue
Asociación (f.), 76	Association	Association	Verein (m.)	Associazione
Astronomía (f.), 76	Astronomy	Astronomie	Astronomie (f.)	Astronomia
Ayudar a alguien, 74	To help someone	Aider quelqu'un	jemandem helfen	Aiutare qualcuno
Bailar, 78	To dance	Danser	tanzen	Ballare
Bañarse, 76	To take a bath	Se baigner	baden	Fare il bagno
Calcular, 72	To calculate	Calculer	rechnen	Calcolare
Cambiar algunos hábitos, 73	To change some habits	Changer quelques habitudes	einige Gewohnheiten ändern	Cambiare alcuni abitudini
Cenar fuera, 74	To have dinner out	Dîner dehors	im Restaurant zu Abend essen	Cenare fuori
Círculo (m.) de amigos, 76	Friends' group	Cercle d'amis	Freundenkreis (m.)	Cerchia di amici
Clasificar documentos, 72	To classify documents	Classer des documents	Dokumente sortieren	Classificare i documenti
Club (m.), 76	Club	Club	Club (m.)	Club
Coche (m.), 76	Car	Voiture	Wagen (m.)	Macchina
Dar, 76	To give	Faire	geben / halten	Dare
una charla, 76	a lecture	la conversation	einen Vortrag	Fare un colloquio
una conferencia, 76	a conference	une conférence	eine Konferenz	una conferenza
un curso, 76	a course	cours	einen Kurs	Impartire un curso
Deporte (m.) de montaña, 76	Mountain sport	Sorts alpins	Bergsport (m.)	Sport di montagna
Diario/a, 71	Dialy / every day	Quotidien	täglich-	Giornaliero
Dormir, 71	To sleep	Dormir	schlafen	Dormire
la siesta, 71	nap	Faire la sieste	siesta	Fare la siesta
Ducharse, 74	To have a shower	Se doucher	duschen	Prendere la doccia
Escribir a alguien, 71	To write someone	Écrire à quelqu'un	jemandem schreiben	Scrivere qualcuno
Escuchar música, 74	To listen music	Écouter de la musique	Musik hören	Alcoltare la musica
Estar encantado/a, 71	To be pleased	Être enchanté	erfreut sein	Essere incantato
Estudiar en la biblioteca, 71	To study in the library	Étudier à la bibliothèque	in der Bibliothek lernen	Studiare nella biblioteca
Familia (f.), 75	Family	Famille	Familie (f.)	Famiglia
Federación (f.), 76	Federation	Fédération	Verband (m.)	Federazione
Fin (m.) de semana, 74	Weekend	Week-end / Fin de semaine	Wochenende (n.)	Fine settimana
Gasto (m.) del mes, 72	Montly expense	Dépenses du mois	Monatsausgabe (f.)	Spese del mese
Grupo (m.) scout, 76	Scout group	Groupe de scout	Pfadfindergruppe (f.)	Gruppo scout
Gustos (m.), 75	Pleasures	Goûts	Geschmack (m.)	Gusto/ sapore
Hacer fotos, 74	To take a photo	Prendre des photos	Fotos machen	Fare la photo
gimnasia, 74	To do gymnastics	Faire de la gymnastique	Gymnastik üben	la ginnastica
la lista de la compra, 72	To make the shopping roll	la liste des courses	die Einkaufsliste schreiben	la lista delle spese
un viaje, 76	To travel	un voyage	eine Reise machen	un viaggio
una excursión, 75	To go on a trip / to go on outing	une excursion	einen Ausflug machen	la escursione / gita
yoga, 74	To practice yoga	du yoga	Yoga üben	il yoga
Ir a clase, 71	To go to school	Aller en classe	zum Unterricht gehen	Andare a prendere le lezioni
a la playa, 71	to the beach	à la plage	zum Strand gehen	nella spiaggia
a pescar, 76	fishing	pêcher	angeln gehen	a pescare
al campo, 76	to the countryside	dans la campagne	aufs Land gehen	alla campagna
al cine, 74	to the cinema	au cinéma	ins Kino gehen	al cinema
de excursión, 71	on a trip	Partir en excursion	einen Ausflug machen	di escursione
Irse a dormir, 74	To go to bed	Aller dormir	schlafen gehen	al letto
Jugar, 71	To play	Jouer	spielen	Giocare
a las cartas, 76	cards	aux cartes	Karten	a carte
al tenis, 71	tennis	au tennis	Tennis	a tennis
con alguien, 74	with someone	avec quelqu'un	mit jemandem	con qualcuno
Levantarse, 71	To get up	Se lever	aufstehen	Alzarsi
Llegar puntual, 71	To be on time	Arriver à l'heure	pünktlich ankommen	Arrivare puntuale
Mesa (f.) de trabajo, 72	Desk	Bureau	Arbeitstisch (m.)	Tavola / tabella di lavoro
Montar a caballo, 76	To ride	Monter à cheval	reiten	Montare a cavallo
Navegar en Internet, 74	To navigate the Internet	Naviguer/Surfer sur Internet	im Internet surfen	Navigare in Internet
Orden (m.), 72	Order	Ordre	Ordnung (f.)	Ordine
Ordenado/a (una persona), 72	Tidy	Ordonné	ordentlich- (eine Person)	Ordinato/a
Ordenador (m.), 78	Computer	Ordinateur	Computer (m.)	Computer
Ordenar los cajones, 72	To tidy up the drawers	Ranger les tiroirs	die Schubladen ordnen	Mettere in orden le cassette
Organizar una actividad, 76	To organize an activity	Organiser une activité	eine Aktivität organisieren	Organizzare una attività
Organizar las cosas, 73	To organize things	Organiser les choses	die Sachen organisieren	Organizzare le cose
Pasar tiempo con alguien, 72	To spend time with someone	Passer du temps avec quelqu'un	Zeit mit jemandem verbringen	Trascorrere il tempo con qualcuno
Pasear, 71	To have a walk	Se promener	spazieren	Passeggiare
Preferencia (f.), 75	Preference	Préférence	Vorzug (m.)	Preferenza
Preparar un viaje, 72	To organize a trip	Préparer un voyage	eine Reise vorbereiten	Preparare un viaggio
Pronto, 71	Soon	Rapidement/tôt	bald	Subito / pronto
¿Qué haces los fines de semana?, 75	What do you do on weekends?	Que fais-tu les fins de semaine?	Was machst du am Wochenende?	Che cosa fail il fine settimana
¿Qué te gusta hacer en tu tiempo libre?, 77	What do you like doing on your free time?	Qu'est-ce que tu aimes faire pendant ton temps libre?	Was machst du gern in deiner Freizeit?	Che cosa ti piace di fare nel tuo tempo libero?
Recoger la ropa, 72	To tidy up the clothes	Ramasser le linge	die Wäsche holen	Sparecchiare la roba / i vestiti
Reunirse, 76	To meet	Se réunir	sich versammeln	Riunirsi

ESPAÑOL	INGLÉS	FRANCÉS	ALEMÁN	ITALIANO
Salir, 71	To go out	Sortir	ausgehen	Uscire
a tomar algo, 71	to drink something	prendre un verre	etwas trinken	per prendere qualcosa
con amigos, 78	with friends	avec des amis	mit Freunden	con gli amici
por la noche, 71	at nignt	la nuit	nachts	per la notte
puntual, 72	on time	à l'heure	pünktlich	puntuale
tarde, 74	late	tard	spät	tardi
Ser organizado/a (una persona), 72	To be organized	Être organisé	organisiert sein (eine Person)	Essere organizzato
Sociedad (f.), 76	Society	Société	Gesellschaft (f.)	Società
Tarde, 71	Late	Tard	spät	Tardi
Tener buenos hábitos (m.), 73	To have good habits	Avoir de bonnes habitudes	gute Gewohnheiten haben	Avere buoni abitudini
estrés, 71	To be under stress	Être stressé	Stress haben	stress
tiempo suficiente, 71	To have enough time	Avoir suffisamment de temps	Zeit haben	tempo sufficiente
tiempo para, 71	To have time to	Avoir du temps pour	Zeit haben für	tempo per
Terminar a tiempo, 72	To finish on time	Finir à temps	pünktlich beenden	Finire a tempo
Tiempo (m.) libre, 74	Free time	Temps libre	Freizeit (f.)	Tempo libero
Tocarle la lotería, 71	To win the lotto	Gagner à la loterie / gagner le gros lot	an der Lotto gewinnen	Vincere un terno al lotto
Tomar el sol, 76	To sunbathe	Prendre le soleil	die Sonne nehmen	Prendere il sole
Tomar nota, 72	To take notes	Prendre note	Notizen nehmen	Prendere la nota
Trabajar todo el año, 71	To work all the year	Travailler toute l'année	das ganze Jahr arbeiten	Lavorare tutto l'anno
Trabajo (m.), 75	Job	Travail	Arbeit (f.)	Lavoro
Usar, 78	To use	Utiliser	benutzen	Usare
Ver, 71	To see	Regarder	sehen	Vedere
cine, 78	To go to the cinema	un film au cinéma	Kino (Filme)	le pelicole
la tele, 71	To watch TV	la télévision	fernsehen	la televisione
Vida (f.) diaria, 75	Dialy life	Vie quotidienne	Alltag (m.)	Vita quotidiana
Visitar museos, 76	To visit museums	Visiter des musées	Museen besuchen	Visitare i musei
Voluntario/a, 78	Volunteer	Volontaire	freiwillig-	Volontario/a
Volver a casa, 74	To go back home	Revenir / rentrer à la maison	nach Hause zurückkehren	Ritornare a casa

Unidad 7

ESPAÑOL	INGLÉS	FRANCÉS	ALEMÁN	ITALIANO
¿A nombre de quién hacemos la reserva?, 85	What's the reservation name?/ Addressed to whom do we do the book?	À quel nom fait-on la réservation?	Unter welchem Namen wollen Sie reservieren?	A che nome facciamo la prenotazione?
Aire (m.) acondicionado, 81	Air-conditioned	Air conditionné	Klimaanlage (f.)	Aria condizionata
Alfombra (f.) de lana, 86	Wool carpet	Tapis de laine	Wollteppich (m.)	Tappeto di lana
Alojamiento (m.) cómodo, 82	Comfortable lodging	Logement confortable	Unterkunft (f.)	Alloggio comodo
Alquilar, 81	To rent	Louer	ver/mieten	Affitare
Alquiler (m.), 84	Renting	Location	Miete (f.)	Affito
Amarillo/a, 87	Yellow	Jaune	gelb-	Giallo/a
Ambiente (m.) acogedor, 85	Friendly atmosphere	Ambiance agréable	gemütliche Atmosphere (f.)	Ambiente / aria accogliente
Apartamento (m.), 82	Apartment	Appartement	Wohnung (f.)	Appartamento
Armario (m.), 87	Wardrobe	Armoire	Schrank (m.)	Armadio
Ascensor (m.), 83	Lift	Ascenseur	Aufzug (m.)	Ascensore
Ático (m.), 81	Attic / loft	Dernier étage	Dachgeschoss (n.)	Attico
Azul, 87	Blue	Bleu	blau-	Blue / azzurro
Baño (m.) completo, 81	Full bathroom	Salle de bain avec baignoire	komplettes Bad (n.)	Bagno completo
Bien/mal comunicado/a, 81	Well/bad communicated	Bien/mal desservi	gut / schlecht	Bene / male communicato/a
equipado/a, 85	furnished	équipé	gut/schlecht ausgestattet	equipaggiato/a
decorado/a, 85	decorated	décoré	gut/schlecht dekoriert	decorato/a
situado/a, 85	located	situé	gute/schlechte Lage	situato/a
Blanco/a, 87	White	Blanc/blanche	weiß-	Bianco /a
Buhardilla (f.), 84	Dormer window	Mansarde	Dachstube (f.)	Soffitta
Calefacción (f.) central, 84	Central heating	Chauffage central	Heizung (f.)	Riscaldamento centralizzato
Caliente, 84	Hot	Chaud	warm-, heiß-	Caldo
Cama (f.), 87	Bed	Lit	Bett (n.)	Letto
Casa (f.) rural, 84	Country house / rural house	Maison rurale	Bauernhaus (n.)	Casa di campagna
Céntrico/a, 81	Central	Central	zentral-	Centrale
Chalet (m.), 81	Chalet / detached house	Villa	Villa (f.)	Villetta
Chimenea (f.), 84	Chimney	Cheminée	Kamin (m.)	Camino / ciminiera
Cocina (f.), 81	Kitchen	Cuisine	Küche (f.)	Cucina
americana, 81	American kitchen	américaine	amerikanische	Angolo cottura
amueblada, 81	Furnished kitchen	équipée	möblierte	Cucina con equipaggiamento
Casarse, 89	To get married	Se marier	heiraten	Sposarsi
Construir, 89	To build	Construire	bauen	Costruire
Comedor (m.), 84	Dining room	Salle à manger	Eßzimmer (n.)	Sala da pranzo / mensa
Cómoda (f.), 87	Chest of drawers	Commode	Kommode (f.)	Comò
Cuadrado/a, 87	Squared	Carré	viereckig-	Quadrato/a
Cuidar, 88	To take care of	Faire attention	pflegen	Occuparsi di / curarsi
Decoración (f.), 85	Decoration	Décoration	Dekoration (f.)	Decorazione
Dormitorio (m.), 84	Bedroom	Chambre à coucher	Schlafzimmer (n.)	Camara da letto
Dúplex (m.), 83	Maisonette	Duplex	Duplexwohnung	Appartamento su due piani
En buen/mal estado (m.), 81	In good/ bad condition	En bon/mauvais état	in gutem/schlechtem Zustand (m.)	In buon/ male stato
Equipamiento (m.), 85	Furniture	Equipement	Ausstattung (f.)	Equipaggiamento
Equipo (m.) de música, 87	Music system	Chaîne hi-fi	Musikanlage (f.)	Impianto stereo
Espejo (m.), 86	Mirror	Miroir	Spiegel (m.)	Specchio

ESPAÑOL	INGLÉS	FRANCÉS	ALEMÁN	ITALIANO
Estantería (f.), 87	Shelf	Vitrine	Regal (n.)	Scaffalatura
Estudio (m.), 81	Study / research / studio	Studio	Studium (n.) / Arbeitszimmer (n.)	Studio
Gris, 87	Grey	Gris	grau-	Grigio
Hacer bricolaje, 88	To do it yourself	Faire du bricolage	Holzarbeiten machen	Fare il bricolage
Hipoteca (f.), 89	Mortgage	Hypothèque	Hypothek (f.)	Ipoteca
Exterior, 81	External	Extérieur	außen-	Esteriore / esterno
Intercambiar, 82	To exchange	Échanger	austauschen	Scambiare
Irse de casa, 89	To leave home	Quitter la maison	das Haus verlassen	Partire da casa
Jardín (m.), 81	Garden	Jardin	Garten (m.)	Giardino
Jarrón (m.) de cristal, 86	Glass vase	Vase de cristal	Glasvase (f.)	Vaso di cristallo
Lámpara (f.) de hierro, 86	Iron lamp	Lampe en fer forgé	Lampe (f.)	Lampada di ferro
Lavadora (f.), 83	Washing machine	Machine à laver	Waschmaschine (f.)	Lavatrice
Lavaplatos (m.), 83	Dishwasher	Lave-vaisselle	Geschirrspüler (m.)	Lavapiatti
Luz (f.), 85	Light	Lumière	Licht (n.)	Luce
Marco (m.) de fotos, 87	Photo frame	Cadre de photo	Fotorahmen (m.)	Cornice di photo
Marrón, 87	Brown	Marron	braun-	marrone
Mesa (f.) redonda, 86	Round table	Table ronde	runder Tisch (m.)	Tavola rotonda
Mesita (f.) baja, 87	Small table	Table basse	niedriger Tisch (m.)	Comodino
Microondas (m.), 85	Microwave	Four à micro-ondes	Mikrowelle (f.)	Microonde
Mitad (f.) de algo, 89	Half	La moitié de quelque chose	Hälfte von (f.)	La metà
Negro/a, 87	Black	Noir	schwarz-	Nero/a
Nivel (m.) de vida, 89	Standard of living	Niveau de vie	Lebensstandard (m.)	Livello / tenore di vita
Piso (m.) de 3 habitaciones, 81	Flat with three bedrooms	Appartement avec trois chambres	3-Zimmerwohnung (f.)	Appartamento di trè camere
Planta (f.), 88	Floor	Étage	Pflanze (f.) / Stock (m.)	Piano/ pianta
Plaza (f.) de garaje, 83	Garage place	Place de parking	Parkplatz (m.)	Posto di parcheggio
Precio (m.), 85	Price	Prix	Preis (m.)	Prezzo
Rectangular, 87	Rectangular	Rectangulaire	rechteckig-	Rettangolare
Redondo/a, 87	Rounded	Rond	rund-	Rotondo /a
Reserva (f.), 84	Reservation	Réservation	Reservierung (f.)	Prenotazione/ riserva
Rojo/a, 87	Red	Rouge	rot-	Rosso/ a
Rosa, 87	Pink	Rose	rose-	Roso/ a
Salario (m.), 89	Salary	Salaire	Lohn (m.)	Salario
Salón (m.), 81	Livingroom	Salon	Saal (m.)	Salone/ salotto
luminoso, 81	bright /shining	lumineux	hell-	luminoso
Servicio (m.), 81	Service	W.C.	Dienst / Service (m.)	Servizio
Silla (f.), 86	Chair	Chaise	Stuhl (m.)	Sedia
Sillón (m.) de piel, 86	Leather armchair	Fauteuil en cuir	Ledersessel (m.)	Poltrona di pelle
Situación (f.), 85	Situation	Situation	Lage (f.)	Situazione
Sofá (m.), 86	Sofa	Canapé/Sofa	Sofa (n.)	Sofà
Tasa (f.) de natalidad, 89	Birth rate	Taux de natalité	Geburtenrate (f.)	Tasso di natalità
Televisión (f.), 83	Television	Télévision	Fernsehen (n.)	Televisione
Urbanización (f.), 81	Urbanization	Urbanisation	Wohnsiedlung (f.)	Urbanizzazione
Verde, 87	Green	Vert	grün-	Verde
Vídeo (m.) con DVD, 87	Video with DVD	Vidéo et DVD	Videorekorder (m.) mit DVD	Video con il DVD
Violeta, 87	Violet	Violet	violett-	Violetto
Villa (f.), 83	Villa / small town	Ville	kleines Dorf (n.)	Villa/ città
Vista (f.) panorámica, 83	Panoramic sight	Vue panoramique	Rundblick (m.)	Vista panoramica
Vivienda (f.), 82	Housing	Résidence	Wohnung (f.)	Abitazione
en alquiler, 79	for rent	à louer	zu Vermieten	in affito
Segunda vivienda, 82	Second house	Résidence secondaire	zweite Wohnung (f.)	Seconda abitazione

Unidad 8

ESPAÑOL	INGLÉS	FRANCÉS	ALEMÁN	ITALIANO
Ajedrez (m.), 96	Chess	Jeu d'échec	Schach (n.)	Scacchi
Álbum (m.) de fotos, 96	Photo album	Album photo	Fotoalbum (n.)	Album delle photographie
Aniversario (m.), 98	Anniversary	Anniversaire	Jubiläum (n.)	Anniversario
Aparcamiento (m.), 94	Parking	Place de parking	Parkplatz (m.)	Parcheggio
Bajar, 95	To bring down	Descendre	runtergehen	Scendere
Bar (m.) de copas, 91	Snack bar	Pub	Kneipe (f.)	Bar
Bautizo (m.), 99	Christening	Baptême	Taufe (f.)	Battesimo
Boda (f.), 99	Wedding	Mariage	Hochzeit (f.)	Nozze / matrimonio
Bolso (m.), 96	Bag	Sac	Tasche (f.)	Borsa/ borsetta
Bonito/a (un objeto), 97	Nice	Beau / joli	schön- (ein Objekt)	Bello/a
Collar (m.), 96	Necklace	Collier	Kette (f.)	Collana / collare
¿Cómo se llega al centro?, 95	How can I go to the city center?	Comment va-t-on au centre ville?	Wie komme ich zum Zentrum?	Come si arriva al centro?
¿Cómo se va a tu casa?, 95	How can I go to your house?	Comment va-t-on chez toi?	Wie komme ich zu dir?	Come si va a la tua casa?
Concierto (m.), 91	Concert	Concert	Konzert (n.)	Concerto
Cruce (m.), 94	Crossing	Croisement / carrefour	Kreuzung (f.)	Incrocio / intersezione
Cruzar, 95	To cross	Traverser	kreuzen	Incrociare / attravesare
Cuadro (m.), 96	Square / picture	Cadre / tableau	Bild (n.)	Quadrato/ quadro
Cumpleaños (m.), 98	Birthday	Anniversaire	Geburtstag (m.)	Compleanni
Despedida (f.), 98	Farewell	Adieu	Verabschiedung (f.)	Congedo / commiato
de soltero/a, 98	Single farewell	Enterrement de vie de garçon	Polterabend	Addio al celibato
Despertador (m.), 96	Alarm clock	Réveil	Wecker (m.)	Sveglia
Discoteca (f.), 91	Discotheque	Discothèque	Diskothek (f.)	Discoteca

ESPAÑOL	INGLÉS	FRANCÉS	ALEMÁN	ITALIANO
¿Dónde quedamos?, 93	Where do we meet?	Où a-t-on rendez-vous?	Wo treffen wir uns?	Dove ci vediamo? / Dove facciamo l á- ppuntamento?
Elegante (un objeto), 97	Elegant / smart	Élégant	elegant- (Objekt)	Elegante
Espectáculo (m.) de danza, 91	Dance show	Spectacle de danse	Tanzveranstaltung (f.)	Spettacolo di ballo / danza
Exposición (f.), 91	Exhibition	Exposition	Ausstellung (f.)	Esposizione
Gasolinera (f.), 94	Petrol station	Station essence	Tankstelle (f.)	Distribuitore di benzina
Girar, 95	To turn	Tourner	biegen	Girare
¿Hacemos algo este fin de semana?, 92	Do we do anything this weekend?	Fait-on quelque chose cette fin de semaine?	Machen wir etwas dieses Wochenende?	Facciamo qualcosa questo fine?
Fiesta (f.) religiosa, 99	Religious party	Fête religieuse	religiöse Feier (f.)	Festa di precetto / religiosa
Ir a bailar, 92	Go to dancing	Aller danser	tanzen gehen	Andare a ballare
Juego (m.) de café, 96	Coffee set	Jeu de café	Kaffeetassen (pl.)	Servizio da caffè
Maletín (m.), 96	Small case	Attaché case	Handtasche (f.)	Valigetta
Obra (f.) de teatro, 91	Theater play	Pièce de théâtre	Theaterstück (n.)	Rappresentazione teatrale
Oír, 95	To listen to	Écouter	hören	Ascoltare / udire
Paraguas (m.), 96	Umbrella	Parapluie	Regenschirm (m.)	Ombrello
Paso (m.) de peatones, 94	Pedestrian crossing	Passage piétonnier	Fußgängerüberweg (m.)	Strisce pedonali
Perdonar, 95	To forgive	Pardonner	entschuldigen	Perdonare / scusare
Personal (un objeto), 97	Personal	Personnel	persönlich- (Objekt)	Personale
Práctico/a (un objeto), 97	Practical / convenient	Pratique	praktisch- (Objekt)	Pratico/a
Precioso/a (un objeto), 97	Very nice	Très beau	wunderschön- (Objekt)	Molto bello/a / prezioso/a
Prismáticos (m.), 96	Binoculars	Jumelles	Feldstecher (m.)	Binacoli
¿Qué película ponen?, 93	What film does it show ?	Quel film y est projeté?	Was für einen Film kommt?	Chè pellicola / film mettono?
¿Qué te parece?, 92	What does it seem/ look ?	Qu'en penses-tu?	Wie findest du es?	Chè cosa ti pare?
Quedar, 92	To stay	Avoir rendez-vous	sich treffen	Dare l'appuntamento
con alguien, 92	To meet someone	avec quelqu'un	mit jemandem	con qualcuno
en la entrada, 93	To meet at the gate / access / hall	à l'entrée	am Eingang	nell'ingresso
¿Quieres venir con nosotros?, 93	Do you want to come with us?	Veux-tu venir avec nous?	Willst du mit uns mitkommen?	Vuoi andare con noi?
Rotonda (f.), 94	Circular crossing	Rotonde	Umdrehungsplatz (m.)	Piazza circolare / rotonda
¿Sabes si...?, 97	Do you know if...?	Sais-tu...	Weißt du, ob...?	Sai se...?
Santo (m.), 98	Saint	Saint	Heilige (m.)	Santo
Seguir, 95	To follow	Suivre	folgen, fortsetzen	Seguire / continuare
Semáforo (m.), 94	Traffic lights	Feu	Ampel (f.)	Semaforo
Señal (f.) 94	Signal	Panneau	Schild, Zeichen (n.)	Segnale
de dirección prohibida, 94	"No entry" signal	de sens interdit	Verkehrszeichen Verbot der Einfahrt	di direzione proibita
de stop, 94	"Stop" signal	de stop	Verkehrszeichen Halt!	di stop
¿Te apetece venir?, 93	Do you feel like coming?	Cela te ferait-il plaisir de venir?	Möchtest du mitkommen?	Hai voglia di venire?
Vela (f.), 96	Candle / sail (Nav)	Voile	Kerze (f.)	Candela / veglia
¿Y si vamos a un concierto?, 93	And shall we go to a concert?	Pourquoi n'allons-nous pas à un concert?	Und wenn wir in ein Konzert gehen?	E se andiamo in un concerto?

MÓDULO C

Unidad 9

ESPAÑOL	INGLÉS	FRANCÉS	ALEMÁN	ITALIANO
Analgésico (m.), 114	Analgesic	Analgésique	Analgetikum (n.)	Analgesico
Alimentación (f.), 117	Feeding	Alimentation	Ernährung (f.)	Alimentazione
Andar, 114	To walk	Marcher	laufen, gehen	Andare
Antibiótico (m.), 114	Antibiotic	Antibiotique	Antibiotikum (n.)	Antibiotico
Balneario (m.), 115	Spa	Balnéaire	Badeort (m.)	Termale
Bañador (m.), 111	Swimsuit	Maillot de bain	Badeanzug (m.)	Costume da bagno
Banco (m.), 117	Bank	Banque	Bank (f./m.)	Banco / banca
Biquini (m.), 111	Bikini	Bikini	Bikini (m.)	Bikini
Bodega (f.), 117	Warehouse	Cave	Keller (m.)	Cantina / negozio di vini / enoteca
Bolso (m.), 111	Bag	Sac	Tasche (f.)	Borsa
Botas (f.), 111	Boots	Bottes	Stiefel (m.)	Stivali
Brazo (m.), 109	Arm	Bras	Arm (m.)	Braccio
Cabeza (f.), 109	Head	Tête	Kopf (m.)	Testa
Calzado (m.), 111	Shoes	Chaussures	Beschuhung (f.)	Calzatura
Camisa (f.) de manga larga, 110	Long sleeve shirt	Chemise à manches longues	langärmeliges Hemd (n.)	Camicia di manica lunga
Camiseta (f.), 111	T-shirt	T-shirt	T-Shirt (m.)	Maglia
Chaqueta (f.), 111	Jacket	Gilet	Jacke (f.)	Giacca
Cintura (f.), 109	Waist	Taille	Taille (f.)	Cintura
Cinturón (m.), 111	Belt	Ceinture	Gürtel (m.)	Cintura
Color (m.), 112	Colour	Couleur	Farbe (f.)	Colore
Complemento (m.), 111	Accessory / complement	Complément	Komplement (n.)	Accessori
Conjunto (m.), 110	Set / group	Ensemble	Einheit (f.)	Complesso/ gruppo
de lencería, 111	Lingerie set	de lingerie	Unterwäsche (f.)	Completo di biancheria
Consultar al médico, 114	To consult a doctor	Consulter un médecin	einen Arzt zu Rate ziehen	Consultare al dottore
Corbata (f.) de seda, 111	Silk tie	Cravate en soie	Seidekrawatte (f.)	Cravatta di seta
Cuello (m.), 109	Neck	Cou	Hals (m.)	Collo
Dolerle la garganta, 114	To have throatache	Avoir mal à la gorge	Halsschmerzen haben	Fare male la gola
Dolor (m.), 114	Ache / pain / sick	Douleur	Schmerz (m.)	Dolore
Electrodoméstico (m.), 116	Electrical appliance	Électrodomestique	Elektrogerät (n.)	Elettrodomestico
Esmeralda (f.), 116	Emerald	Émeraude	Smaragd (m.)	Smeraldo
Espalda (f.), 109	Back	Dos	Rücken (m.)	Schiena / spalle

ESPAÑOL	INGLÉS	FRANCÉS	ALEMÁN	ITALIANO
Especialista (m.), 115	Specialist	Spécialiste	Spezialist (m.)	Specialista
Estar cansado/a, 114	To be tired	Être fatigué	müde sein	Essere stanco/a
nervioso/a, 114	nervous	nerveux	nervös sein	nervoso/a
Estrés (m.), 115	Stress	Stress	Stress (m.)	Stress
Exportar, 116	To export	Exporter	exportieren	Esportare
Fabricar, 116	To manufacture / make	Fabriquer	herstellen	Fabbricare
Fácil/difícil de combinar, 111	Easy / difficult to combine	Facile/difficile à combiner	leicht / schwierig zu kombinieren	Facile/diffide di combinare
Falda (f.), 111	Skirt	Jupe	Rock (m.)	Gonna
Fobia (f.), 115	Phobia	Phobie	Phobie (f.)	Fobia
Forro (m.) polar, 111	Polartec fleece jacket	Laine polaire	Fleecejacke (f.)	Rivestimento polartec
Gafas (f.) de sol, 112	Sunglasses	Lunettes de soleil	Sonnenbrille (f.)	Occhiali da sole
Gorra (f.), 112	Cap / bonnet	Casquette	Mütze (f.)	Berretto
Hombro (m.), 109	Shoulder	Épaule	Schulter (f.)	Spalla
Infección (f.), 114	Infection	Infection	Infektion (f.)	Infezione
Infusión (m.), 114	Infusion	Infusion	Teesorte (f.)	Infusione
Insomnio (m.), 115	Sleepless	Insomnie	Schlaflosigkeit (f.)	Insonnia
Ir al médico, 114	To go to the doctor	Aller chez le médecin	zum Arzt gehen	Andare al dottore
Ir elegante, 112	To suit elegant	Être élégant	elegant sein	Mettersi elegante
Jabón (m.), 116	Soap	Savon	Seife (f.)	Sapone
Jersey (m.), 111	Jersey / pullover	Pull-over	Pullover (m.)	Maglia
Joya (f.), 112	Jewel	Bijou	Schmuck (m.)	Gioiello
Licor (m.), 116	Liquor / spirit	Liqueur	Likör (m.)	Liquore
Mano (f.), 109	Hand	Main	Hand (f.)	Mano
Marca (f.) de zapatos, 116	Shoes brand	Marque de chaussures	Marke (f.)	Marchio di scarpe
Masaje (m.), 115	Massage	Massage	Massage (f.)	Massaggio
Medicamento (m.), 114	Medicine / drug	Médicament	Medikament (n.)	Medicina
Muela (f.), 114	Back tooth / molar	Molaire	Backenzahn (m.)	Mola
Objeto (m.), 116	Object	Objet	Objekt (n.)	Oggetto
Oído (m.), 114	Ear	Oreille	Ohr, Gehör (n.)	Udito/ orecchio
Óptica (f.), 117	Optics	Optique	Optik (f.)	Ottica
Pantalón (m.), 111	Trousers	Pantalon	Hose (f.)	Pantaloni
Pantalones (m.) vaqueros, 112	Jeans	Blue jeans	Hose (f.)	Jeans
Pastelería (f.), 117	Pastry	Pâtisserie	Konditorei (f.)	Pasticceria
Pastilla (f.), 114	Pill	Pastille	Pille (f.)	Pastiglia
Pecho (m.), 109	Chest	Poitrine	Brust (f.)	Petto
Peligroso/a, 112	Dangerous	Dangereux	gefährlich-	Pericoloso/a
Pie (m.), 109	Foot	Pied	Fuss (m.)	Piede
Pierna (f.), 109	Leg	Jambe	Bein (n.)	Gamba
Pijama (m.), 111	Pyjamas	Pyjama	Pyjama (m.)	Pigiama
Poder , 114	Can / to be able to	Pouvoir	können, dürfen	Potere
Pomada (f.), 114	Ointment	Pommade	Salbe (f.)	Pomata
Porcelana (f.), 116	Porcelain / china	Porcelaine	Porzellan (n.)	Porcellana
Producir algo (m.), 116	To produce / make something	Produire quelque chose	etwas erzeugen	Produrre qualcosa
Producto (m.), 116	Product	Produit	Produkt (n.)	Prodotto
Psicólogo (m.), 115	Psychologist	Psychologique	Psychologe (m.)	Psicologo
Relajarse, 115	To relax yourself	Se relaxer	sich entspannen	Rilassarsi
Ropa (f.), 111	Clothing	Vêtements	Kleidung (f.)	Vestito /vestiti / roba
clásica, 112	Classic clothes	classiques	klassische	Roba clasica
cómoda, 112	Comfortable clothes	commodes	bequeme	confortevole / comoda
de calidad, 112	Quality clothes	de qualité	Qualitäts-	di qualità
de montaña, 111	Mountain clothes	de montagne	Berg-	della montagna
elegante, 113	Smart clothes	élégants	elegante	elegante
interior, 111	Underwear	Sous-vêtements	Unterwäsche	Biancheria intima
juvenil, 111	Young clothes	Mode jeune	jugendliche	Roba per i giovani
moderna, 111	Modern / fashion clothes	moderne	moderne	fashion / moderna
Respirar, 114	To breathe	Respirer	atmen	Respirare
Sentir fatiga, 114	To feel weariness / fatigue	Se sentir fatigué (e)	müde werden	Sentirsi stanco/a
Sombrero (m.), 112	Hat	Chapeau	Hut (m.)	Cappellaio
Somnífero (m.), 114	Sleeping pill / sleep-inducing	Somnifère	Schlafmittel (n.)	Sonnifero
Spray (m.), 114	Spray	Spray	Spray (m.)	Spray
Sudadera (f.), 111	Sweatshirt	Sweat shirt	Sweater (m.)	Felpa
Talla(f.), 111	Size	Taille	Größe (f.)	Taglia
Tener fiebre (f.), 114	To have fever / to be in fever	Avoir de la fièvre	Fieber (n.) haben	Avere la febbre
gripe, 114	To have flu	la grippe	Grippe (f.) haben	l'influenza
tos, 114	To cough	Tousser	Husten (m.) haben	la tosse / tossire
Tienda (f.), 111	Shop	Boutique	Geschäft (n.)	Bottega
de deportes, 111	Sportshop	de sport	Sport-	Negozio dello sport
especializada, 111	Specialist shop	spécialisée	Fach-	Negozio specializzato
Textil (m.), 117	Textile	Textile	Textilindustrie (f.)	Tessile
Tomar un analgésico, 114	To eat an analgesic	Prendre un analgésique	ein Analgetikum nehmen	Prendere un analgesico
Top (m.), 111	Top	Top	Top (m.)	Top
Tranquilizante (m.), 114	Tranquilizing	Tranquillisant	Beruhigungsmittel (n.)	Tranquillante
Tranquilizarse, 115	To calm down / to stop worrying	Se tranquilliser	sich beruhigen	Calmarsi
Vestido (m.), 111	Dress	Robe	Kleid (n.)	Vestito / abito
Vitamina (m.), 114	Vitamin	Vitamine	Vitamin (n.)	Vitamina
Zapatería (f.), 111	Shoeshop	Magasin de chaussures	Schuhgeschäft (n.)	Calzoleria / calzaturificio
Zapatillas (f.), 111	Slippers	Chaussures	Schuhe	Scarpette
de deporte, 111	Trainers / sportshoes	de sport	Sport-	Scarpe da ginnastica
Zapatitos (m.) de bebé, 111	Baby shoes	Chaussons pour bébé	Kinderschuhe	Scarpine di bebé
Zapato (m.), 111	Shoe	Chaussure	Schuh (m.)	Scarpe

Unidad 10

ESPAÑOL	INGLÉS	FRANCÉS	ALEMÁN	ITALIANO
Abrir un restaurante, 120	To open a restaurant	Ouvrir un restaurant	ein Restaurant eröffnen	Aprire un ristorante
Atentamente, 123	Yours faithfully	Bien cordialement	mit freundlichen Grüßsen,	Attentamente
Buen nivel cultural, 122	A good cultural level	Bon niveau culturel	gute Kulturkenntnisse	Un buon livello culturale
Buena presencia, 122	Good presence	Bonne présence	gutes Aussehen (n.)	Bella presenza
Camarero (m.), 120	Waiter	Garçon de café	Kellner (m.)	Cameriere
Cambiarse de casa, 124	To move	Déménager	umziehen	Traslocare
Cárcel (f.), 119	Jail / prison	Prison	Gefängnis (n.)	Carcere
Cocinero (m.), 120	Cook	Cuisinier	Koch (m.)	Cuoco
Como pueden ver en el CV, 123	As you can see at the CV	Comme vous pouvez le voir sur le CV	laut den Angaben im CV	Come si puo vedere nel CV (Curriculum vitae)
Compartir, 119	To share	Partager	teilen	Condividere
¿Con quién vas a ir?, 125	Who are you going to go with?	Avec qui vas-tu y aller?	Mit wem gehst du?	Con chi vai?
Contrato (m.) indefinido, 122	Indefinite contract	Contrat à durée indéterminée	fester Vertrag (m.)	Contratto indefinito
¿Cuánto tiempo vas a estar?, 125	How long are you going to stay?	Combien de temps vas-tu rester?	Wie lange bleibst du?	Quanto tempo
Curso (m.), 122	Course	Cours	Kurs (m.)	Corso
básico, 122	Basic course	basique	Grund-	fondamentale
de perfeccionamiento, 122	Perfection / Improvement course	de perfectionnement	Fortbildungs-	di perfezionamento
Conocimientos (m.) de inglés, 122	English Knowledge	Connaissances en anglais	Englischkenntnisse (pl.)	Nozioni d'inglese
Conseguir un visado, 127	To get a visa	Obtenir un visa	ein Visum bekommen	Conseguire / ottenere un visto
Dejar el trabajo, 120	To resign	Abandonner son travail	die Arbeit lassen	Lasciare/ abbndonare il lavoro
Disponibilidad inmediata, 122	Prompt / immediate avaibility	Disponibilité immédiate	Verfügbarkeit (f.)	Disponibilità immediata
Doctorado (m.), 124	Doctorate	Doctorat	Doktorarbeit (f.)	Dottorato
Empezar a trabajar, 120	To start working	Commencer à travailler	anfangen zu arbeiten	Cominciare a lavorare
En espera de sus noticias, 123	Looking forward to hearing from you	Dans l'attente d'avoir de vos nouvelles...	ich erwarte eine Antwort von Ihnen,	In attesa delle sue notizie
En respuesta a la oferta, 123	In reply to your offer	En réponse à votre demande	in Bezug auf Ihr Angebot,	In risposta alla sua offerta/ al rifornimento
Especialidad (f.), 122	Speciality	Spécialité	Spezialität (f.), Fachgebiet (n.)	Specialità
Estar a su entera disposición, 123	To be always at your service	Être à votre entière disposition	Ihnen zur Verfügung stehen	Essere a la sua completa disposizione
Experiencia (f.) en el puesto, 122	Experience in the job	Expérience dans le poste	Erfahrung (f.) in diesem Bereich	Esperienza nel lavoro/ impiego
Facilidad (f.), 127	Facility / ease	Facilité	Leichtigkeit (f.)	Facilità
Ganar dinero, 127	To earn money	Gagner de l'argent	Geld verdienen	Guadagnare
el Tour, 119	To win the Tour	le Tour	die Tour gewinnen	Vincere nel Tour
Ganador (m.), 119	Winner	Gagnant	Sieger (m.)	Vincitore
Gobernador (m.), 119	Governor	Gouverneur	Gouverneur (m.)	Governatore
Incorporación (f.) inmediata, 122	Prompt incorporation	Intégré immédiatement	sofortige Einberufung (f.)	Incorporazione immediata
Irse a Venezuela, 120	To go to Venezuela	Aller au Venezuela	nach Venezuela gehen	Andarsi in Venezuela
Jubilarse, 120	To retire / to take one's pension	Prendre sa retraite	sich pensionieren lassen	Mettere in pensione
Le saluda atentamente, 123	Yours faithfully	Veuillez recevoir l'expression de mes cordiales salutations	Mit freundlichen Grüßen,	Distinti saluti
Me dirijo a ustedes, 123	I refer to you	Je reviens vers vous	Ich schreibe Ihnen diesen Brief,	Vado a voi
Obtener un permiso, 127	To get permission	Obtenir un permis	eine Erlaubnis erhalten	Ottenere un permesso
Pelearse con sus hermanos, 124	To fall out with his / her brothers	Se quereller avec ses frères	mit den Geschwistern streiten	Lottarsi / litigare con i fratelli
Permiso de residencia/trabajo, 127	Job / residence permit / licence	Permis de résidence/de travail	Aufenthalts-/ Arbeits- genehmigung (f.)	Permesso di soggiorno/ lavoro
Pintor, 120	Painter	Peintre	Maler (m.)	Pittore
Portarse bien/mal, 124	To behave right / to misbehave	Aller bien/mal	sich gut / schlecht benehmen	Comportarsi bene / male
Posibilidad (f.) de ganar, 127	Possibility to win	Possibilité de gagner	Gewinnchance (f.)	Possibilità di vincere
Prácticas (f.), 122	Working experience	Stage	Praktikum (n.)	Pratiche
Proximidad (f.), 127	Nearness	Proximité	Nähe (f.)	Prossimità / vicinanza
¡Qué bien!, 125	Fine!	Super!	wie gut!	Che buon!
¡Qué divertido!, 125	What a fun!	C'est très amusant!	wie lustig!	Che divertente!
¡Qué interesante!, 125	Interesting!	C'est très intéressant!	wie interessant!	Che interessante!
¡Qué rollo!, 125	So boring!	Quelle histoire!	wie langweilig!	Che barba!
¡Qué suerte!, 125	So lucky!	Quelle chance!	was für ein Glück!	Che fortuna!
Sacar buenas/malas notas, 124	To get good/bad results	Avoir de bonnes/mauvaises notes	gute / schlechte Noten bekommen	Prendere buoni / brutti voti
Se despide atentamente, 123	Yours faithfully!	Bien cordialement	Mit freundlichen Grüßen,	Gli introiti vanno gentilmente
Seguir estudiando, 125	To continue studying	Poursuivre ses études, 108	weiterlernen	Continuare con gli studii
Si necesitan cualquier otro dato, 123	If you need any other information	Si vous avez besoin d'un quelconque renseignement	wenn Sie andere Information brauchen	Se hai bisogno di altri dati
Tener ganas de ir, 124	To have mind to go	Avoir envie d'aller	Lust haben zu gehen	Avere voglia di
Tener éxito, 120	To have success	Avoir du succès	Erfolg haben	Avere fortuna
un bebé, 124	a baby	un bébé	ein Baby haben	un bebè
un hijo, 125	a son	un enfant	ein Kind haben	un figlio
Terminar la carrera, 124	To finish the University Studies	Terminer ses études	das Studium abschließen	Finire il corso di laurea
Trabajar de enfermera, 119	To work as a nurse	Être infirmière	als Krankenschwester arbeiten	Lavorare come infermiere
Trabajo (m.) de fin de carrera, 124	Final year project	Mémoire de fin d'études	Studiumsabschlussarbeit	Lavoro dello scopo della corsa / tesi per laudearsi

Unidad 11

ESPAÑOL	INGLÉS	FRANCÉS	ALEMÁN	ITALIANO
Alojarse, 137	To lodge	Habiter quelque part	(ein)ziehen	Alloggiarsi
Bañarse, 136	To have a bath	Se baigner	baden	Fare il bagno
Billete (m.) de autobús, 134	Busticket	Ticket de bus	Busfahrkarte (f.)	Biglietto di autobus
Catástrofe (f.) natural, 133	Natural catastrophe	Catastrophe naturelle	Naturkatastrophe (f.)	Catastrofe naturale
Catedral (f.), 134	Cathedral	Cathédrale	Kathedral (f.)	Catedrale / duomo
Descansar, 136	To rest	Se reposer	(aus)ruhen	Riposare
Disfrutar del sol, 136	To enjoy the sun	Profiter du soleil	die Sonne genießen	Godere con il sole
Divertirse, 136	To have a good time / enjoy	S'amuser	sich amüsieren	Divertirsi
Espeleología (f.), 129	Spelaeology	Spéléologie	Speläologie (f.)	Speleologia
Estar al aire libre, 136	To be in the open air	Être à l'air libre	im Freien sein	Essere all'apperto
en contacto con la naturaleza, 136	in contact with Nature	en contact avec la nature	im Kontakt mit der Natur sein	in contatto con la Natura
Experimentar emociones fuertes, 136	To feel strong sensations	Ressentir des émotions fortes	starke Emotionen erleben	Sperimentare emozioni forti
Guerra (f.), 133	War	Guerre	Krieg (m.)	Guerra
Hacer compras, 136	Shopping	Faire des achats	einkaufen	Fare le spese
deporte, 136	To play any sport	du sport	Sport treiben	lo sport
escalada, 129	To climb / scale	de l'escalade	Erklettern üben	la scalata
parapente, 129	To practice parapent	du parapente	Gleitschirmspringen üben	il parapendio
Hambre (m.), 133	Hunger	Faim	Hunger (m.)	Fame
Imprenta (f.), 132	Printing	Imprimerie	Druckerei (f.)	Stampa / tipografia
Injusticia (f.), 133	Injusticie	Injustice	Ungerechtigkeit (f.)	Ingiustizia
Invención (f.), 132	Invention	Invention	Erfindung (f.)	Invenzione
Medio (m.) de transporte, 137	Means of transport	Moyen de transport	Transportmittel (n.)	Messo di trasporto
Naturaleza (f.), 136	Nature	Nature	Natur (f.)	Natura
Paseo (m.), 134	Walk	Promenade	Spaziergang (m.)	Passeggiata
Piragüismo (m.), 129	Canoeing	Faire de l'aviron	Kanu (m.) fahren	Canoismo
Practicar una lengua, 136	To practice a language	Pratiquer une langue	eine Sprache üben	Praticare la lingua
Probar, 129	To try	Goûter	probieren	Provare / assaggiare
Progreso (m.), 133	Progress	Progrès	Fortschritt (m.)	Progresso
Salir de Madrid, 134	To leave Madrid	Sortir de Madrid	von Madrid weggehen	Patire da Madrid
Senderismo (m.), 129	Trekking	Randonnée	Wandern (n.)	Trekking
Tomar el sol, 136	To sunbathe	Prendre le soleil	die Sonne nehmen	Prendere il sole
Turismo (m.) rural, 136	Country tourism/ Farm holidays	Tourisme rural	Ländlicher Tourismus (m.)	Agriturismo
Turista (m.), 137	Tourist	Touriste	Tourist (m.)	Turista
Viajar solo, 129	To travel alone	Voyager seul	allein reisen	Viaggiare da solo / per conto proprio
Viaje (m.) de aventura, 136	Adventure trip	Voyage d'aventure	Erlebnisreise (f.)	Viaggio di avventura
Violencia (f.), 133	Violence	Violence	Gewalt (f.)	Violenza
Vivir una experiencia curiosa, 129	To live an curious experience	Vivre une curieuse expérience	eine merkwürdige Erfahrung erleben	Vivere una esperienza curiosa
Zona (f.) turística, 137	Tourist area	Zone touristique	touristische Zone (f.)	Area turistica

Unidad 12

ESPAÑOL	INGLÉS	FRANCÉS	ALEMÁN	ITALIANO
Aburrirse, 143	To be bored	S'ennuyer	sich langweiligen	Annoiarsi
Aceptar encantado/a, 147	To accept pleasant	Accepter avec plaisir	mit Vergnügen akzeptieren	Accettare con piacere
Acercarse, 144	To close	S'approcher	sich nähern	Avvicinarsi
Aclaración (f.), 144	Rinse / clarification	Éclaircissement	Erläuterung (f.)	Chiarimento
Agua (m.) potable, 141	Drinking water	Eau potable	Trinkwasser (n.)	Acqua potabile
¡Anda!, 141	Come on !	Allons bon!	Komm!	Caspita!
Árbol (m.), 142	Tree	Arbre	Baum (m.)	Albero
Ascensor (m.), 145	Lift / elevator	Ascenseur	Aufzug (m.)	Ascensore
Asignatura (f.), 141	Subject	Matière	Fach (n.)	Materia
Baja (f.), 144	Drop /fall	Basse	für krank erklären	Calo / abassamento
Caerse, 144	To fall down	Tomber	hinfallen	Cadere/ staccarsi
Caminar, 144	To walk	Marcher	laufen	Camminare
Camino (m.), 142	Walk	Chemin	Weg (m.)	Strada
Coloquial, 146	Colloquial / familiar	Familier	umgangssprachlich	Colloquiale
Confundirse, 146	To confuse	Se tromper	in Verwirrung geraten	Sbagliarsi / confondersi
Dar las gracias, 144	To thank/ to be grateful	Remercier	sich bedanken	Ringraziare
Dar un paseo, 142	To have a walk	Faire une promenade	einen Spaziergang machen	Fare una passeggiata
Dar una baja laboral, 144	To mark someone absent	Accident de travail	krank geschrieben sein	Mettersi in mutua
Darse cuenta, 146	To note	Se rendre compte	merken	Accogersi
¿De acuerdo?, 144	OK?	D'accord	einverstanden?	D'accordo?
De niño/a, 141	When I was a baby	Lorsque j'étais jeune	als Kind	Quando ero un/una bambino/a
¿De verdad?, 141	Really?	C'est vrai?	wirklich?	Davvero?
Descubrir algo con sorpresa, 147	To discover something with surprise	Découvrir quelque chose avec surprise	etwas mit Überraschung entdecken	Scoprire qualcosa di sorpresa
Enamorarse de alguien, 143	To fall in love with (sb)	Tomber amoureux de quelqu'un	sich in jemanden verlieben	Innamorarsi
Enorme, 142	Huge	Énorme	enorm-	Enorme
Enseguida, 146	As soon as possible	Tout de suite	gleich	Subito
Enviar por correo, 144	To send by mail	Envoyer par courrier	per Post schicken	Spedire
Época (f.), 139	Time / period	Époque	Epoche (f.)	Epoca
Escayola (f.), 144	Plaster	Plâtre	Modellgips (m.)	Gesso

ESPAÑOL	INGLÉS	FRANCÉS	ALEMÁN	ITALIANO
Estar empapado/a, 144	To soak	Être trempé	tropfnass werden	Essere fradicio/a
Estreno (m.) de algo, 143	Premiere / release	Étrenner quelque chose	Premiere (f.)	Debutto / inagurazione
Fantástico/a, 143	Fantastic	Fantastique	fantastisch-	Fantastico/a
Flor (f.), 142	Flower	Fleur	Blume (f.)	Fiore
Fractura (f.), 144	Fracture / break	Fracture	(Knochen)Bruch (m.)	Frattura
Gesto (m.), 146	Face / expression / gesture	Geste	Geste (f.)	Gesto/ espressione
Gracias por todo, 144	Thank you for all!	Merci pour tout	danke für alles,	Grazie per tutto
Hacer ruido, 145	To make noise	Faire du bruit	Lärm machen	Fare chiasso
Imaginar, 146	To imagine	Imaginer	vorstellen	Immaginare
¡Imagínate!, 144	Imagine!	Imagine!	stell dir vor!	Figurati!
Imitar, 146	To imitate	Imiter	nachahmen	Imitare
Instituto (m.), 141	Institute	Lycée	Institut (n.)	Istituto
Ir a urgencias, 144	To go to urgency services	Aller aux urgences	den Notdienst besuchen	Andare da pronto soccorso
al colegio, 141	to school	à l'école	in die Schule gehen	nella scuola
Juntos/as, 140	Together	Ensemble	zusammen	Insieme
Limpio/a (un lugar), 141	Clean/ tidy	Propre	sauber- (ein Ort)	Pulito/a
Llevar a alguien a urgencias, 144	To carry out someone to urgency services	Amener quelqu'un aux urgences	jemanden in den Notdienst bringen	Andare con qualcuno da pronto soccorso
Lluvia (f.), 144	Rain	Pluie	Regen (m.)	Pioggia
Mala/buena suerte (f.), 144	Good/bad luck	Mauvaise/bonne chance	Glück / Pech (n.)	Buona/ mala fortuna
Mar (m.), 142	Sea	Mer	Meer (n.)	Mare
¡No me digas!, 141	No way!	Non, c'est pas possible!	Sag es mir nicht!	Che cosa dici!
Pandilla (f.), 140	Gang	Bande	Clique (f.)	Combriccola
Pararse, 145	To stop	S'arrêter	anhalten	Fermarsi
Plancha (f.), 141	Iron	Fer à repasser	Bügeleisen (n.)	Ferro da stiro
Planta (m.), 142	Plant	Étage	Pflanze (f.) / Stock (m.)	Pianta
Playa (f.), 142	Beach	Plage	Strand (m.)	Spiaggia
Por favor, 144	Please	S'il vous plait	bitte	Per favore / prego
Por primera vez, 143	For first time	Pour la première fois	zum ersten Mal	Per prima volta
¡Qué curioso!, 141	Curious!	Comme c'est curieux...	wie merkwürdig!	Che curioso!
Reaccionar, 146	To react	Réagir	reagieren	Reagire
Recordar, 139	To remember	Se souvenir	erinnern	Ricordare
Reírse, 146	To laugh	Rire	lachen	Ridere
Respetar a alguien, 141	To respect (sb)	Respecter quelqu'un	jemanden respektieren	Rispettare a qualcuno
Romperse una pierna, 144	To break a leg	Se casser la jambe	sich ein Bein brechen	Rompersi una gamba
Sala (f.) de cine, 143	Cinema room	Salle de cinéma	Kinosaal (m.)	Sala di cinema
Seguir en contacto, 140	To be still in contact	Rester en contact	im Kontakt bleiben	Seguire in contatto
Seguridad (f.), 141	Security	Sécurité	Sicherheit (f.)	Sicurezza
¿Sí?, 141	Allo? / Really?	C'est vrai?	ja?	Pronto?
Significado (m.), 146	Meaning	Signification	Bedeutung (f.)	Significato
Soler, 142	To use to	Avoir l'habitude de...	pflegen	Essere solito
Sonido (m.), 146	Sound	Son	Ton (m.)	Suono
Sorprendido/a, 144	Amazed / surprised	Surpris	überrascht-	Sorprendito/a
Subir por las escaleras, 145	To climb / ascend stairs	Monter les escaliers	die Treppe hinaufgehen	Salire le scale
Televisión (f.) en blanco y negro, 141	Black and white television	Téléviseur en noir et blanc	Schwarz-weißfernsehen (n.)	Televisione in bianco e nero
Un abrazo, 144	Best wishes!	Je t'embrasse	eine Umarmung,	Abbracci!
Un saludo, 144	Regards!	Bien à toi	einen Grüß,	Saluti!
Verse obligado/a a pedir, 147	To be obliged to ask	Se voir obligé de demander	darum bitten müssen,	Essere obbligato per chiedere